教育部人文社会科学研究青年基金项目“城市安全发展中促进和谐劳动关系的法治机制研究”（项目编号：18YJC820019）

和谐劳动关系的法治化建构

高建东　著

The Building of Harmonious Labor Relations under the Rule of Law

人民出版社

前　言

劳动关系是最重要的社会关系之一。对于绝大多数人来讲，就业和职业发展是我们一生中必须要面对的事情。相应地，这往往就会涉及劳动关系的问题。因此，劳动关系是否和谐，事关劳动者和企业的切身利益，对城市发展和社会稳定具有直接的推动作用。我国正处于经济社会历史性变革时期，劳动关系的主体及其利益诉求越来越多元化，构建和谐劳动关系，既有市场经济国家共性的问题，更存在我国社会发展处于历史变革之中的因素。如何构建和谐劳动关系，一直以来都是学术界和实务界关注的焦点问题，其中不乏法学、经济学、社会学、管理学、政治学等不同学科的学者对劳动关系和劳动法的高屋建瓴的思考。在全面依法治国的背景下，研究和谐劳动关系构建的法治化，是建设法治中国的根本要求，也是健全社会治理的重要保障，同时也为劳动关系和劳动法提供了系统化检视和思考的契机。

法律在和谐劳动关系构建中的地位是首要的，它起到矫正和平衡劳动关系的作用。但是众所周知，徒法不足以自行。法治化并不仅仅意味着法律本身，这一点在劳动关系治理中尤其如此。在我国这样一个深受儒家传统文化影响的东方国家，要推进和谐劳动关系构建的法治化，要充分重视劳动关系的法治实践存在的土壤。面对着法治理想在现实中产生的问题，我们不得不反思为什么一般员工对劳动法的感知时而强烈时而薄弱，为什么有的企业并不怎么讲究法律规范但员工关系却依然和睦？在这些思考之下，劳动法周边的问题更加值得我们去关注。因此，基于和谐劳动关系的内涵及其特点，笔者将法治化区分为三个层面，即规制型的法治化、自治型的法治化和认同型的法治化。规制型法治化的重点在于法律的向度，这是治理法治化的重要基础。自治型法治化来源于劳动关系的伦理，它所依赖的伦理基础成为劳动关系法治化的重要社会目标，同时也成为规制型法治化存在的重要依据。认同型法治化的重点是社会心理的向度，主要体现为是否能够得到人们的理解、接受和其他社会层面的支持。法治化只有在法律规范的基础上，只有符合伦理实践，被人们认可并接受，才能够实现其治理的效果。在这一分析框架中，规制型、自治型和认同型的法治化得以相互结合，形成一个层次化、复合化、结构化的整体，共同作用于和谐劳动关系的构建。诚然，法治化并非尽善尽美，它可能会存在这样那样的问题，可能会产生诸如标准化、常规化和科层化的弊病，衍生官僚主义弊病、结构化等额外的问题，但是我们目前还没有找到一种能够普遍替代法治化本身的有效工具和方法，所以法治化依然是劳动关系治理并确保劳动关系和谐发展的常规方式。也正是因为法治化可能存在的一些不足，本书字里行间也在尝试着将制度创新和人文关怀融入法治化的建构之中。归根结底，和谐劳动关系的构建是一个复杂的、系统性的工程，法治化的构建也是一个循序渐进的过程，我们无法做到一蹴而就，任何理论思想在现实问题面前都只能保持谦虚谨慎的态度，但是时刻关注劳动关系中的变化并做些力所能及的努力，则是我们所追求并可能做到的。

本书从规制、自治和认同三个层面法治化的角度探讨如何构建和谐劳动关系的问题，共分为六章。第一章是和谐劳动关系构建法治化的背景，主要从法治建设层面的根本要求、社会发展的秩序保障和劳动关系治理的发展趋势等三个层面进行论证，既有目标导向，又有问题驱动，更加顺应未来的发展趋势。第二章是和谐劳动关系法治化的概念构造，主要对劳动关系与和谐劳动关系的基本概念进行了界定，明确了和谐劳动关系法治化的内涵，并从规制性、规范性和认同性三个层面界定了和谐劳动关系法治化的基本构成。第三章是和谐劳动关系法治化的生成及其评价，主要在总结、归纳和反思劳动关系研究问题的基础上，提出了和谐劳动关系法治化的分析框架，并对这一框架进行基本的分析。第四章是我国劳动关系治理的历史进程与经验，主要分为革命、建设和改革三大历史阶段，对我国劳动关系治理的历史发展及其经验进行归纳总结，为和谐劳动关系构建的法治化奠定重要的历史基础。第五章是和谐劳动关系法治化的机制构建，主要是在规制、自治和认同的三个层面厘定基本问题，明确其制度架构的基本内容、基本目标和行为特点。第六章是和谐劳动关系建构法治化的实践路径，主要是在前述机制构建的基础上，为和谐劳动关系构建法治化的实践方式及其构建路径提出相应的完善对策。

本书主要从一个相对宏观、综合性的视角研究和谐劳动关系构建法治化的问题。这一视角有助于我们克服“盲人摸象”式研究所存在的知识碎片化而产生顾此失彼的问题。从既往研究来看，我们所缺少的并非单一理论视角的局部性研究，而是超越单一理论视角的综合性研究，也正是如此，学科交叉才显得愈发重要。然而，这一视角下研究的缺陷也较为明显，它可能会遮蔽了劳动关系治理中客观存在的多样性、复杂性以及发展的动态性，未能对劳动关系的地域差异、所有制差别、行业区分、代际传递等方面予以展开。所以，在此基础上得出的结论可能会比经验事实或者现实劳动关系治理中的实际需求要更为简约。

研究只有起点、没有终点，对于劳动关系治理这一复杂的理论与现实问题来讲，自然也不例外。本书在撰写的过程中，积极汲取研究与实践的最新成果，并尽力吸收多个学科的有益知识，深感劳动关系研究的内容丰富、形式多样、学科交融，在资料掌握、学科视野和系统认识方面恐多有局限和谬误，虽精益求精，但难以至臻完善，只希望抛砖引玉，期盼专家前辈和同行予以斧正赐教。

目　录

第一章
和谐劳动关系构建法治化的背景

任何法律政策的实施及其评价都离不开其所处的社会与时代背景。劳动关系是现代社会最基本、最重要的社会关系之一。在社会改革与发展的进程中，劳动关系一直植根于社会发展的最基础层面，不可避免地留下了鲜明的社会和时代印迹。因此，和谐劳动关系法治化的研究，必须从社会和时代的背景入手，方能有助于把握学术研究的实际素材和发展方向，避免停留在理论的空中高阁之内。从国家政策、劳动关系的社会环境与发展趋势来看，和谐劳动关系的法治化建构是建设法治社会的重要内容，也是推动社会发展的秩序保障，更是协调劳动关系的重要途径。

第一节　建设法治中国的根本要求

法治作为一个亘古不变的话题，在中华文明的社会文化发展历史中占据着至关重要的地位。历史的周期性告诉我们，人治具有不可逆转的局限性，一个现代化强国必须是一个法治国家。① 2020 年以来，中共中央先后印发

① 参见隋戊：《论“法治”的至关重要性》，2017 年 8 月 31 日，见 http：//sc. cnr. cn/sc/2014pl/20170831/t20170831_ 523927786. shtml。

《法治社会建设实施纲要（2020—2025 年）》《法治中国建设规划（2020—2025 年）》，中共中央、国务院印发《法治政府建设实施纲要（2021—2025 年）》。在全面依法治国的背景下，法治国家、法治政府、法治社会一体建设成为我国践行法治的重要顶层设计。随着社会经济的发展与国家治理的日渐完善，我国愈发重视通过法治的途径调整劳动关系，实现劳动关系的法治化成为我国建设社会主义法治社会的重要组成部分。

一、我国全面推进依法治国的战略性要求

改革开放以来，我国经过不断的探索，依法治国的基本方略经历了正式提出、全面落实和全面推进的发展阶段，使得依法治国成为党和国家领导人民治理国家的基本方略。1997 年，党的十五大首次将依法治国确立为党领导人民治理国家的基本方略。2012 年，党的十八大将法治确定为治国理政的基本方式。2017 年，党的十九大进一步将坚持全面依法治国上升为新时代坚持和发展中国特色社会主义的基本方略之一，体现了党和国家不断推进法治理论和实践的发展。然而在“我们国家缺少执法和守法的传统”[①] 的背景之下，法治的实行、法治目标的实现依然是极其艰巨、复杂、长期的任务。当前，我国已进入需要通过全面深化改革来增强发展内生动力的阶段，改革必然会触及既有利益格局和体制机制，须臾无法离开法治的规范、保障。这使得我们更加认识到和谐劳动关系法治化建构的长期性、艰巨性和复杂性，也为劳动关系法治化建构提出了更高的要求。

第一，和谐劳动关系的法治化建构是关系到社会和谐稳定的重要问题。与法治建设的其他领域不同，劳动关系涉及的范围广泛且意义深刻，它直接面向的主要群体是生产建设中的广大劳动人民群众。他们的生存和发展往往直接影响到社会的和谐稳定。在现代社会，尽管存在要素分配和经济来源多

① 《邓小平文选》第三卷，人民出版社 1993 年版，第 163 页。

元化的形式，但是参加劳动并将劳动所得作为生活资料主要来源的劳动者，依然是现代社会中最主要的群体。只要具有劳动能力，人们都具有参加劳动的权利和创造财富的动力。这部分群体的人数相对最多、行业领域最广，直接创造的社会财富最大。他们在劳动过程中往往与特定主体形成某种程度的劳动关系。同时，劳动关系也是人们创造财富、实现人生自我价值的主要过程之一。因此，劳动关系问题的背后往往体现着整个社会中庞大的劳动力人口就业和流动的问题。随着劳动体制改革的深入和劳动力市场问题的显性化，我国越来越需要通过法治的思维和法治的方式来解决劳动用工领域面临的一系列问题，为创造和积累社会财富提供制度化的框架结构，从而有助于社会的和谐稳定。

第二，和谐劳动关系的法治化建构是关系到党和国家长治久安的重大战略问题。从阶级立场上来看，劳动关系中最广大的劳动者构成了工人阶级的主要力量，与党的阶级基础具有高度的一致性。从根本上来讲，构建和谐劳动关系，对于巩固党的执政地位、维护国家长治久安、保障人民安居乐业具有重要的作用。在全面推进依法治国的背景下，劳动关系立法往往具有重要的政治意义。特别是在社会主义中国，劳动关系以工人阶级的权利空间与行为准则为主要内容，在一定程度上代表着工人阶级治理国家的梦想和利益追求。因此，劳动关系的法治化直接关系到工人阶级的生产生活与权利的实现方式，直接反映着党的生命活力和执政基础。这就决定了劳动关系的法治化不仅是经济领域的问题，还是关乎党的执政基础的政治问题。

第三，和谐劳动关系的法治化建构是中国特色社会主义法治道路的重要体现。与其他市场经济国家相比，我国市场化劳动关系的形成过程、主体结构和调整方式具有丰富的中国元素和中国特色。我国和谐劳动关系的法治化，不仅是劳资双方实现自治的过程，也是我国社会经济转型的改革过程，它需要多途径多方式调整的综合治理方式，包括了立法机关制定规则、政府严格执法、工会维护职工权益、企业履行社会责任、员工参与管理和社会协同监督的合作博弈过程①，并可以概括为“党委领导、政府负责、社会协同、企业和职工参与、法治保障”② 的多维互动过程。这一过程体现了共同参与社会建设、共同参与劳动关系治理、共同享有治理成果的内涵，并依此诠释了劳动关系的治理依靠谁、怎么开展和为了谁的问题，充分体现了以人民为中心的法治理念。因此，和谐劳动关系的法治化建构，既是中国特色社会主义法治道路的体现，也为中国特色法治的实践提供了中国经验。

二、我国民生法治建设的保障性要求

保障和改善民生是我国社会建设的重要内容。习近平总书记强调：“要在全体人民共同奋斗、经济社会不断发展的基础上，通过制度安排，依法保障人民权益，让全体人民依法平等享有权利和履行义务。”这深刻阐述了保障和改善民生的重要性以及法治和民生的密切关系。和谐劳动关系的法治化建构，涉及劳动就业、社会保障、收入分配等诸多领域，事关人民群众切身利益。随着经济的发展，人们对改善民生的期待不断提升，因此民生法治建设任务依然艰巨③。

第一，和谐劳动关系的法治化建构有助于巩固和提升就业的民生保障。作为劳动关系形成的第一步④，就业促进为和谐劳动关系提供了前提性的保障。因此，实现劳动关系法治化建构首先就在于就业促进的法治化，解决劳动力市场的供需平衡、灵活性和安全性等问题。随着社会和经济体制改革的不断深入，我国的就业问题被置于更加优先的地位，进入民生的高度，采取

---

① 参见温松、刘剑：《社会治理视阈下和谐劳动关系的构建——以深圳市的政策实践为例》，《广东行政学院学报》2015 年第 2 期。

② 《中共中央 国务院关于构建和谐劳动关系的意见》（2015 年 3 月 21 日）。

③ 参见谢增毅：《加强重点领域民生法治建设》，2017 年 8 月 8 日，见 http：//theory. people. com. cn/n1/2017/0808/c40531-29455586. html。

④ 参见常凯：《劳动关系 · 劳动者 · 劳权——当代中国的劳动问题》，中国劳动出版社 1995 年版，第 60 页。

了就业优先和积极就业的政策，并逐步提出了实现更高质量和更充分就业的现实诉求。2007 年之后，国家相继出台了《劳动合同法》《就业促进法》《劳动争议调解仲裁法》等法律法规，为进一步完善劳动力市场、促进劳动者就业提供了相对全面的制度保障。然而，就业依然是民生保障的最大问题。新兴产业、新的用工和就业形态给劳动力市场带来诸多的挑战。通过法治化的途径来解决就业促进的问题，能够总结完善实践中行之有效的各项政策措施，解决现有举措中时限较短、范围窄、门槛高等问题，同时也有助于规范就业服务和就业管理工作，建立促进就业的长效机制。

第二，和谐劳动关系的法治化建构有助于促进劳动者利益分配的合理化。改革开放以来，我国快速而不平衡的经济增长方式带来了劳资双方的利益分配中的一些问题。尽管劳动者生活水平和劳动力商品价值在短期内得到大幅提升，但是劳动市场价格的增长却长期滞后，工资增长的幅度远远落后于经济增长的水平，更落后于所在城市生活居住的现实需求，在相当长的时间内导致了城市劳动人口的收支失衡。在“强资本、弱劳动”的劳动关系基本格局之下，和谐劳动关系并不是在劳动者委曲求全之下形成的平静状态，而是正视劳动者在经济上的弱势地位和从属性特征，通过法律的强制性干预，矫正劳资之间的不平等的现象。在劳动法倾斜保护原则的干预之下，形成具有层次的民生保障效果：在国家层面，劳动标准法律制度为劳资双方确立利益分配的底线性标准，有助于保障劳动者的基本生存权；在团体层面，劳动者以团体的形式改变自身经济弱势的地位，通过双方开展集体协商实现利益分配的合理化，有助于促进体面劳动和利益的最大化；在个体层面，法律设定解雇保护制度避免任意解雇，能够保障劳动者的职业稳定性和基本生活来源。

第三，和谐劳动关系的法治化建构是新时代劳动关系高质量发展的重要保证。党的十九大报告指出，中国特色社会主义进入新时代。2017 年底召开的中央经济工作会议指出，中国特色社会主义进入了新时代，我国经济发展也进入了新时代，基本特征是我国经济已由高速增长阶段转向高质量发展阶段。高质量的发展对和谐劳动关系的法治化建构提出了新的要求。一方面，和谐劳动关系的高质量发展既包括劳动者的高质量发展，也包括用人单位的高质量发展。劳资两大要素都会对劳动关系的质量与和谐度产生直接影响，也必然成为影响企业发展质量的关键。在贯彻新发展理念、构建新发展格局的过程中，需要解决企业创新的高质量发展与高质量人才匹配的发展驱动力问题，既需要劳动者提高自身素质满足创新性要求，又要企业通过创新的技术、管理和服务把握市场先机，吸引和留住高质量人才。另一方面，和谐劳动关系的高质量发展既包括劳动关系的当下高质量发展，也包括劳动关系的持续高质量发展①。这就要求解决劳动关系发展不平衡的问题，过去单纯追求工作岗位和就业数量的劳动关系模式已经无法满足高质量发展的诉求，劳动者随着对美好生活的追求需要更高质量的就业与更加体面的劳动。

三、我国社会治理现代化的必然性要求

法治是国家治理的基本形式，社会治理是国家治理的重要内容。推进国家治理现代化，必须加快社会治理法治化进程，提高社会治理法治化水平。党的十八大以来，以习近平同志为核心的党中央高度重视法治建设，提出法治国家、法治政府、法治社会一体建设，明确了法治社会建设的新目标新要求。这对于全面依法治国、建设法治社会，进而推进国家治理体系和治理能力现代化，具有重大意义。②

劳动关系治理是一个颇具实践意义的重要领域，也是新时代社会治理的一个重要缩影。当前我国正处于经济社会转型的关键时期，劳动关系的利益格局呈现多元化，新业态和新兴用工方式对传统劳动关系法律调整不断产生影响，共享经济、平台经济等催生的零工就业逐渐渗透到社会各领域，劳动

① 参见李雄：《如何构建新时代和谐劳动关系》，《人民法院报》2018 年 2 月 27 日。

② 参见徐汉明、张新平：《提高社会治理法治化水平》，2015 年 11 月 23 日，见 http：//theory. people. com. cn/n/2015/1123/c40531-27843327. html。

关系矛盾从隐性走向显性的趋势日渐突出。劳动关系面临着大量复杂性、紧迫性、现实性的问题，迫切需要实现和谐劳动关系的法治化建构。在新时代的发展理念下，和谐劳动关系法治化，能够从长远发展的战略角度为劳动关系治理提供制度化的长效机制与系统化的纠纷解决方式。这一实现过程本身有助于推进国家治理体系和治理能力现代化，走出了一条中国式法治现代化新道路，为人类法治文明进步提供了中国智慧和中国方案。

第一，和谐劳动关系的法治化建构是劳动关系由政策主导转向法律治理转变的必然要求。过去很长一段时间，我国对劳动关系的调整往往依赖于党和政府的相关政策。劳动关系治理的政策主导模式较好地适应了我国改革开放之初渐进式的试点改革策略，在改革目标不清晰、路径不确定的特定历史时期具有灵活高效、便于调整的优势，同时也具有推动体制改革和促进法律实施的实际效果。随着我国社会的多元化发展和改革的不断深化，政策主导模式的弊端逐步凸显，加剧了制度的碎片化和地方性，使得制度实施缺乏公平性、稳定性和安全感，不利于劳动力市场的公平和劳动者权益的保障。在全面推进依法治国的基本方略之下，劳动关系治理的稳定性、确定性和扩散性的诉求日益迫切，必然将由政策主导的调整模式转向全面的法律治理。要求善于按照法治理念与精神思考劳动关系问题，将改革实践中行之有效的经验及时上升为法律，使劳动关系的建立、运行、监督、调处的全过程纳入法治化轨道①，从而实现劳动关系的不同主体、制度规则和价值体系相互衔接、相互协同，形成完备的法律规范体系、高效的法治实施体系、严密的法治监督体系、有力的法治保障体系。

第二，和谐劳动关系的法治化建构是预防和化解劳动关系矛盾的重要保障。面对新时代我国经济社会的深刻变化，我国劳动关系矛盾将更加突出和复杂。从当前劳动关系治理的实践来看，劳动关系法治化的建构是一个体系化的过程。全面依法治国对劳动关系治理的要求就是将法治要求落实到构建

---

① 参见尹蔚民：《致力推进中国特色和谐劳动关系的构建》，《求是》2015 年第 4 期。

中国特色和谐劳动关系的各项工作中，坚持运用法治思维和法治方式预防化解劳动关系矛盾，提高劳资双方处理和解决自身事务的能力，营造积极健康向上的社会心态。2015 年 3 月 21 日，中共中央、国务院发布《关于构建和谐劳动关系的意见》提出了依法构建的工作原则，为和谐劳动关系的法治化建构指明了基本的方向。该意见提出："健全劳动保障法律法规，增强企业依法用工意识，提高职工依法维权能力，加强劳动保障执法监督和劳动纠纷调处，依法处理劳动关系矛盾，把劳动关系的建立、运行、监督、调处的全过程纳入法治化轨道。"这一系列要求明确了和谐劳动关系的法治化涵盖劳动关系的全过程，并成为健全社会立法、保障公民基本权利、完善行政执法与社会矛盾化解等社会建设领域的重要议题。

第三，和谐劳动关系的法治化建构是实现劳动关系治理能力现代化的重要途径。基于新时代国家治理的新理念和新要求，和谐劳动关系的法治化建构主要体现法治对和谐劳动关系的保障和引领作用。一方面，法治是和谐劳动关系的保障。面对新发展阶段、新发展理念、新发展格局下的新要求，劳动法律制度有明显缺项和短板，在"低标准、广覆盖"模式主导下的劳动保障在现实中已经捉襟见肘，劳动法律采取"一体适用、同等对待"的立法模式已经无法适用多元化用工的基本格局。和谐劳动关系的建构必须通过高水平的法治来得以实现。在劳动用工形式和工作方式多元化的局面下，劳动法治建设应当注重差异性、精准性、灵活性、安全性与选择性及其相互之间的关系。另一方面，法治对高质量和谐劳动关系具有引领的作用。法治还体现在法定标准基础之上契约自由的实现程度，更需要解决的是劳动关系双方的平衡问题，这包括规则标准及管理方式的科学性与合理性问题、薪酬调整及员工参与的知情权和表达权问题。而这些问题的实现不能仅仅依赖法定标准，更需要民主协商。可以说，民主协商是和谐劳动关系法治化构建的重要途径。和谐劳动关系的建立、合理劳动标准条件的确定都取决于劳动关系双方的相互尊重与理性协商。

第二节　推动社会发展的秩序保障

当前，我国正处在经济转轨和社会转型关键时期，经济体制深刻变革，社会结构深刻变动，利益格局深刻调整，思想观念深刻变化。与此同时，反映经济关系、社会关系极为重要方面的劳动关系也正在经历着前所未有的重大变化。这一变化影响社会利益结构的调整，影响人们的行为方式和价值取向，尤其是影响广大劳动者的切身利益，不仅关系到社会主义市场经济体制的发展和完善，也关系到和谐社会的构建。在经济转轨和社会转型的过程中，和谐劳动关系的法治化建构需要深刻认识当前的社会环境。

一、我国劳动争议的整体发展态势依然较为严峻

随着经济社会的改革发展，劳动关系的主体及其利益诉求越来越多元化，劳动关系面临复杂而多变的状态，劳动关系矛盾进入凸显期和多发期。由于劳资双方存在不同的利益诉求，劳动关系必然会存在矛盾，甚至发生激烈的冲突。近年来，劳资矛盾的激烈程度和影响范围在一定程度上得到了较大的缓和，但是我国劳动争议的整体发展态势依然较为严峻，劳动关系问题依然是影响经济发展和社会稳定的突出的社会问题之一。

第一，劳动争议案件的数量居高不下，基本上呈现逐年增长的趋势。根据国家统计局编写的《中国统计年鉴》的历年数据来看，全国各级劳动人事争议仲裁机构受理劳动人事争议案件的数量，除个别年份略有降低之外，从 1996 年至今整体基本上呈现逐年增加的趋势（如图 1. 1 所示）。从 1996 年的 4. 81 万件到 2020 年的 109. 48 万件，25 年间案件数量增加到了 22 倍之多。特别是 2008 年《劳动合同法》实施后，劳动争议案件数量激增，每年受理案件的数量基本均在 60 万件之上，近年已经超过了 100 万件。此外，

通过中国裁判文书网公开案例中对民事案由的检索，截至 2021 年 12 月 31 日，劳动争议、人事争议的案例数量达 331.01 万件，仅居传统民事案由三大类别（合同、无因管理、不当得利纠纷，婚姻家庭、继承纠纷，以及侵权责任纠纷）之后。

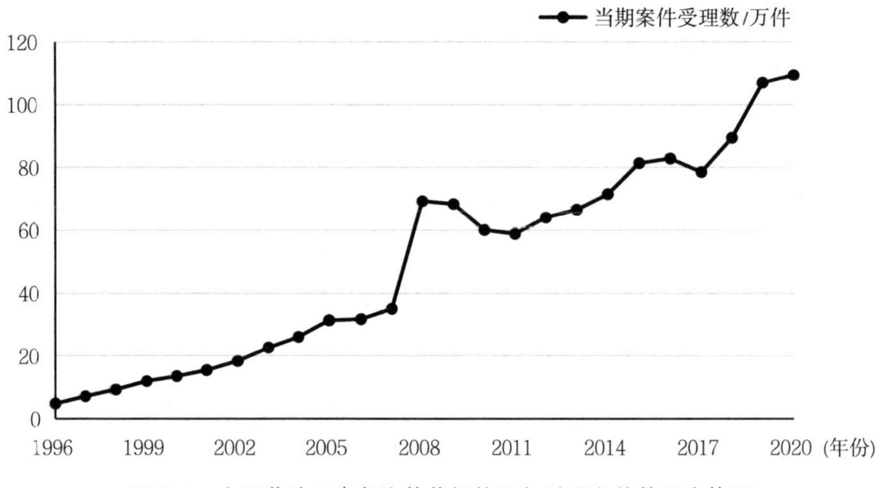

图 1.1　全国劳动人事争议仲裁机构历年受理案件数量走势图

在案件数量增长的同时，劳动者当事人数与案件数量基本上呈现一致的增长趋势（如图 1.2 所示），但是平均个案中劳动者当事人数则正在逐渐减少。1996 年劳动争议案件受理数量与当年劳动者当事人数的比例达到 3.93，此后尽管偶有增加，但是基本上呈现逐年下降的趋势，到 2020 年二者的比例仅为 1.17（如图 1.3 所示）。这在一定程度上说明劳动者在劳动争议中越来越倾向于以单个主体的形式提起劳动仲裁。

第二，劳动争议诉求内容的涉及面广，案件裁审难度增大。通过近些年劳动争议仲裁和审判案件的基本情况来看①，涉及金额给付的纠纷仍然是劳动争议内容分布的集中区域，追索劳动报酬纠纷、经济补偿金纠纷占据较大

① 主要依据：国家统计局发布的中国统计年鉴 2015—2020 年的数据；中国裁判文书网统计截至 2022 年 1 月 1 日数据。

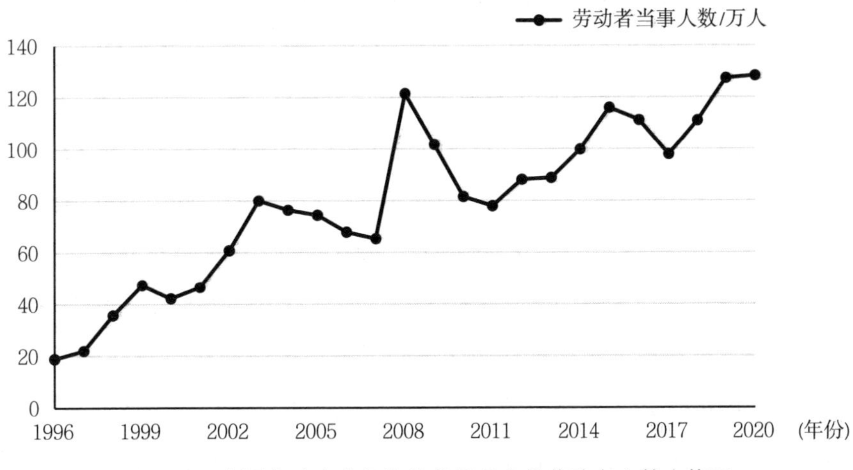

图 1.2　全国劳动人事争议仲裁受理案件劳动者人数走势图

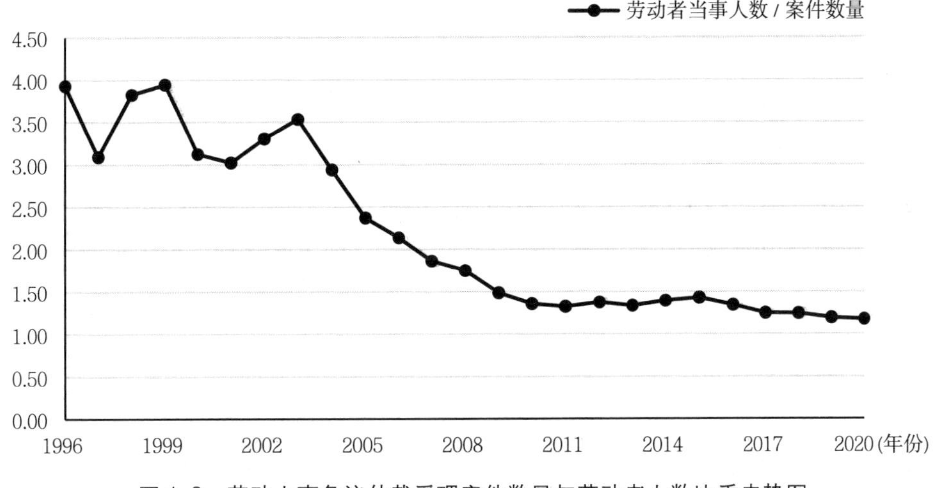

图 1.3　劳动人事争议仲裁受理案件数量与劳动者人数比重走势图

比重。不涉及金额给付的纠纷，例如确认劳动关系纠纷，也逐渐成为案由中数量较为集中的类型。其他案由，如工伤保险待遇纠纷、养老保险待遇纠纷、医疗保险待遇纠纷、生育保险待遇纠纷、失业保险待遇纠纷等社会保险纠纷，尽管从整体上来看数量相对偏少，但是有明显增加的趋势。个别案由如集体合同纠纷则相对较少，案由分布不均的情况较为明显。这说明劳动者维护自身权益的意识不断增强，诉讼请求的内容由劳动报酬逐步转向多元的利益诉求。新型案件的不断增加，反映出随着经济社会发展达到较高的水平，劳动者的需求已经从单纯关心工资收入转变为关注更深层次的劳动权益。

与此同时，劳动争议案件的裁审难度也在逐渐增加。首先，劳动者的诉求越来越呈现复合型的趋势。同一案件往往包含了多种不同类型的请求，追索劳动报酬、主张双倍工资、经济补偿金或赔偿金等多项请求的劳动争议案件占绝对多数。劳动关系问题在争议解决中一次性释放的现象，既是劳动者为了维护自身利益最大化的选择，又说明了劳动关系潜在矛盾的积累较深，劳动者以往的沉默并不能够消解其对用人单位的不满。这种普遍的复合型诉讼请求的大量出现也在客观上加大了法院的审理难度。其次，劳动争议案件本身所处的社会环境较为复杂。有的案件涉及国有企业改制、企业破产等特殊因素，由于没有做好职工安置方案，未兼顾不同主体之间利益分配的均衡。这些案件既有历史积累的问题，也存在当前改革进程中产生新的问题没有得到很好解决的情况，涉及众多劳动者切身利益，案件覆盖面广、纠纷持续时间长、调撤的难度较大。最后，随着人力资源市场的发展，劳务派遣、劳务外包、股权激励等新诉求引发的新类型案件日渐增多。而信息技术的发展又催生了以互联网平台为基础的灵活就业形式的不断涌现，用工形态也发生了新的变化。这类案件中的用工形式、管理模式、报酬支付等均区别于传统的劳动关系，审理难度较大。

第三，集体争议利益诉求突出。随着劳动关系利益诉求的多元化，劳动关系矛盾已经不再仅仅局限于法律规定和合同约定的具体权利事项的争议，劳资双方在确定和变更劳动条件等方面的利益争议逐渐凸显，并成为影响和谐劳动关系的重要因素。特别是在经济社会转型时期，企业因应经济快速的变化需要不断地调整生产经营，从而产生“关”“停”“并”“转”“迁”等情形，这些变化处理不当就会发生利益分配失衡、补偿不到位、劳动者集中下岗、企业支出困难等问题，更加易于引发群体性事件。此外，从中国统计年鉴来看，劳动人事争议仲裁中集体争议案件数量的增长尽管并不明显，但是由于具有较强的影响力和扩散性，也成为影响和谐劳动关系的重要因素。近10年来，各级仲裁机构立案受理劳动人事争议案件中，集体劳动争议案件数量每年均在1万件左右，浮动并不明显，每年集体争议劳动者人数均在20万以上，平均个案中劳动者人数接近30人。

二、劳动关系面临着市场的结构性矛盾

当前，我国劳动力市场正在发生深刻变革。随着人口老龄化进程的加快和人工成本的不断上升，劳动力供给呈现增速下降和规模减少的趋势，过去长期依赖的劳动力比较优势也正在逐渐减弱。近年来我国经济下行压力增大，外部经济环境的挑战增多，加之新冠疫情的冲击，出口、投资和消费拉动经济增长的能力下降，进一步加剧了劳动力市场的变动。在世界经济增长黄金期面向外需以及国内高速增长阶段，尽管我国劳动力实现了相对广泛的就业，但是也给劳动力市场带来了突出的结构性矛盾，劳动力资源供给与岗位需求之间的不匹配愈发突出，这种结构性矛盾成为影响劳动关系质量的常态①。

第一，劳动力供给的规模减小与劳动力需求持续增长之间的矛盾逐渐显现。随着我国人口结构的变化，我国劳动力供给与需求之间的结构性矛盾已经成为常态。通过国务院第七次全国人口普查的情况来看，我国人口增速持续下降，全国人口与2010年相比增长5.38%，年平均增长率为0.53%，比2000年到2010年的年平均增长率0.57%下降0.04个百分点。在我国老龄化进程加快和生育率走低的背景下，我国适龄劳动人口将继续减少，劳动力供给规模持续下降。2020年我国15—59岁劳动年龄人口规模为9.94亿人，占总人口的比重为63.35%，与2010年相比下降了4530万人，比重减少了

① 参见国务院发展研究中心“人口结构变化与就业形势研究”课题组：《未来十年我国劳动力供求趋势分析》，《经济日报》2020年10月15日。

6.79个百分点①。同时，2010年以来，我国劳动参与率和就业率也存在显著下降的趋势②。从世界银行WDI数据来看，我国劳动参与率已经从2000年的77.37%降至了2020年的66.82%，下降幅度超过了10个百分点，远远超过全球劳动参与率下降的幅度。根据国务院发展研究中心的预测结果表明，2020年至2030年，我国适龄劳动人口规模将下降到9.63亿人，劳动参与率也下降到65.17%，按照两项指标自身发展趋势推算，我国劳动力供给规模将不断下降，到2030年达到6.27亿人。③ 然而从总量上看，我国劳动力需求持续增长且近年来一直超过供给④。市场监测求人倍率长期保持在1以上，其中技术技能劳动者的求人倍率超过2，制造业、服务业普工难招、技术工人短缺，技能劳动者的缺口较大。我国技能劳动者尽管总量超过了2亿人，但仅占就业人员总量的26%，且高技能劳动者仅占技能劳动者总量的28%⑤。从整个就业和经济发展需求看，我国技能劳动者总量仍然不足，与德国、日本等制造业强国存在较大差距，未来高质量劳动力短缺的矛盾愈发突出。

第二，劳动力供给质量与岗位需求之间的矛盾加剧。随着全球新一轮科技革命和产业变革浪潮的到来，劳动力供求的结构性矛盾突出表现为劳动力的供给质量与岗位需求的匹配矛盾升级。企业招工难、用工荒和技工短缺的局面没有得到有效缓解，传统行业中的劳动力向新经济部门的转移就业进程

---

① 参见国家统计局、国务院第七次全国人口普查领导小组办公室：《第七次全国人口普查公报》，2021年5月13日，见http://www.gov.cn/guoqing/2021-05/13/content_5606149.htm。

② 参见吴要武、陈梦玫：《中国劳动参与率变化：继续下降还是已经反弹》，《劳动经济研究》2021年第4期。

③ 参见国务院发展研究中心“人口结构变化与就业形势研究”课题组：《未来十年我国劳动力供求趋势分析》，《经济日报》2020年10月15日。

④ 参见李强、袁志刚：《中国劳动力市场技能缺口研究》，2016年10月，见https://www.tsinghua.edu.cn/__local/4/E6/DA/A12EB75B9D564353167D4F107C5_D711D7DB_79EC7D.pdf。

⑤ 参见国务院新闻办公室：《国务院新闻办发布会介绍就业和社会保障有关情况》，2021年3月1日，见http://www.gov.cn/xinwen/2021-03/01/content_5589524.htm。

缓慢。一些传统的制造业大省，由于去产能和智能化的升级改造使其中低端产业就业产生的挤出效应愈发明显，出现“有人无岗”和“有岗无人”这样的结构性矛盾，其中的重要原因就在于劳动者的技能水平和岗位需求不匹配的矛盾越来越突出①。特别是以高校毕业生、农民工等为代表的重点群体的就业质量有待提高，技能素质与岗位需求不匹配的问题颇为突出。

我国农民工数量庞大，但存在受教育程度、技能水平与职业化程度均不高的问题。根据2020年的统计数据，我国城镇就业人口4.62亿人②，其中农民工有2.86亿人，超过城镇就业人口的60%。从受教育程度来看，农民工的学历水平普遍较低，在全部农民工中，初中以下、高中、大专及以上学历的占比分别为71.1%、16.7%、12.2%。③ 除了学历教育本身之外，农民工接受职业技能培训的比例仍然相对较低。根据国家统计局2018年公布的数据，接受过农业或者非农职业技能培训的农民工只占32.9%，其中接受过非农职业技能培训的占30.6%④，具备职业技能的农民工数量短缺，结构性失衡问题十分突出。

此外，大学生培养体系与劳动力市场需求体系之间的矛盾，加剧了大学毕业生就业的结构性矛盾。大学毕业生供给体系与需求体系的主导力量不同，由公共财政经费支撑的大学生供给缺乏弹性，而由市场力量所主导的需求充满竞争且灵活多变。在经济周期性因素驱动下，大学毕业生的供给与需求波动规律各不相同，导致大学毕业生的供给与需求存在一定不匹配。早期需求不足所产生的大学毕业生就业难，逐渐转化为供给侧无法适应需求结构

---

① 参见韩秉志：《就业结构性矛盾如何破解》，《经济日报》2019年2月3日。

② 参见国家统计局：《中国统计年鉴》，2022年1月12日，见http：//www.stats.gov.cn/sj/ndsj/2021/indexch.htm。

③ 参见国家统计局：《2020年农民工监测调查报告》，2021年4月30日，见http：//www.stats.gov.cn/tjsj/zxfb/202104/t20210430_1816933.html。

④ 参见国家统计局：《2017年农民工监测调查报告》，2018年4月27日，见http：//www.stats.gov.cn/tjsj/zxfb/201804/t20180427_1596389.html。

转型的就业难。[①] 我国自2000年起实行高校扩招，2021年大学毕业生首次突破900万人。大学生群体规模巨大，但是就业能力却严重缺乏。2019年，麦可思采用美国劳工部技能指标5大类35项指标，对中国本科和高职毕业生的工作能力和岗位要求能力进行评价，发现过去七年毕业生的整体工作能力有所提高，但基本工作能力满足度的提升程度有限，仅为4%。[②]

第三，我国劳动力用工区域分布差异明显，东部地区劳动力积聚效应较为突出。近年来，我国劳动力的分布呈现持续向东部集聚的趋势。东部地区在人才竞争上从落户、住房和生活补贴以及配套保障等方面吸引高质量劳动力，形成以高校毕业生为代表的劳动力向经济发达区已有的“人才池”中持续“注水”的格局。在高校和科研院所中，受自然条件、经济发展水平、科研平台和团队建设等诸多客观因素影响，西部留住高层次人才的难度较大。这些因素导致了我国劳动力区域分布差异的“马太效应”愈加显著。[③]

由于经济发展水平、人口分布与年龄结构、产业布局分工等不同，劳动力用工在不同地区之间的差异较为明显。从规模结构看，劳动力总量在各区域间呈东、中、西、东北四个阶梯分布。尽管从第七次全国人口普查的数据来看，四个地区15—59岁人口在总人口中的占比差异并不明显，在东、中、西、东北地区的各省平均占比为65.02%、61.75%、64.15%、64.95%[④]，然而在规模以上工业企业的用工人数则存在着较大的差异。数据显示，截至2021年6月，四大地区规模以上工业企业平均用工人数分别

---

① 参见陈建伟：《我国当前面临的就业结构性矛盾与应对之策》，《工人日报》2020年3月2日。

② 参见曾湘泉：《中国就业市场的新变化：机遇、挑战及对策》，《中国经济报告》2020年第3期。

③ 参见倪好：《新时代西部地区高质量发展的人才支撑策略》，《宏观经济管理》2020年第8期。

④ 参见国家统计局、国务院第七次全国人口普查领导小组办公室：《第七次全国人口普查公报》，2021年5月13日，见 http://www.gov.cn/guoqing/2021-05/13/content_5606149.htm。

为4322.20万人、1580.30万人、1075.20万人、332.10万人①，在总量中的占比分别为59.13%、21.62%、14.71%、4.54%，东部地区已经超过了其他三个地区的总和。东部地区在经济发展上的优越条件使其对劳动力的虹吸效应更加明显。通过2020年规模以上企业就业人员的工资数据来看，东部地区年均工资达到8.8万元，显著高于中、西、东北地区的6.4万元、7.2万元和7.0万元②。

劳动力区域分布的明显差异产生了诸多的社会问题，不同地区面临的老龄化程度也呈现着巨大的差异。以广东为例，由于吸引周边及全国年轻劳动力，广东老龄化程度低于同期的四川、河南和安徽等劳务输出大省③。此外，流动劳动力人口的社会融合与发展问题也成为当今社会面临的一大社会问题。2020年我国流动人口规模进一步扩大到3.76亿，大量流动劳动力人口持续向东部地区尤其特大城市集聚。由于仍然存在户籍制度阻碍、公共服务不均等问题，流动劳动力人口在就业、教育、住房、社会保障等方面的需求难以得到有效满足。④

三、“三新”经济为劳动法制带来新挑战

“三新”经济是以新产业、新业态、新商业模式为核心内容的经济活动的集合。近年来，随着信息技术的快速发展，我国“三新”经济蓬勃发展，逐渐成为促进传统产业改造和转型升级的新生力量。同时，基于“互联

---

① 参见张淑翠、孟凡达、谢雨奇、关兵：《警惕制造业劳动力素质差距大，加剧区域发展不平衡》，2021年11月11日，见https://www.thepaper.cn/newsDetail_forward_15294649。

② 参见国家统计局：《2020年规模以上企业分岗位就业人员年平均工资情况》，2021年5月19日，见http://www.gov.cn/xinwen/2021-05/19/content_5608865.htm。

③ 参见钱诚、刘理晖：《人口老龄化对劳动力市场产生了哪些影响》，《中国经济时报》2021年7月12日。

④ 参见童玉芬、刘志丽、宫倩楠：《从七普数据看中国劳动力人口的变动》，《人口研究》2021年第3期。

网+”平台、产品和生产组织的创新不断产生新模式，例如远程服务、共享经济、服务外包、研发众包、设备智慧运营等，逐渐打破了原有价值链，实现产业要素重组。在这种情况之下，工作场所和工作方式的多元化、平台化成为经济发展的主要趋势之一，依托互联网平台的新就业形态不断成长壮大。根据国家信息中心的数据显示，2020 年底我国依托互联网平台的新就业形态劳动者总数已约有 8400 万人①。以快递员、外卖配送员、网约车司机为代表的新业态从业人员已渗透到居民生活的方方面面。在这种情形之下，一些有别于传统类型的劳动争议开始出现并且增长迅速，使得传统的劳动法制面临着新的问题和挑战。

第一，新经济形态对用工关系法律性质的认定带来困扰。我国劳动关系的认定形成了从属性的判断标准，依据原劳动和社会保障部的《关于确立劳动关系有关事项的通知》（劳部发〔2005〕12 号），确立了同时符合用人单位和劳动者主体合法、规章制度适用于劳动者、劳动管理、有报酬劳动、业务组成部分等构成要件的规定。然而，新经济形态的用工方式、管理模式和报酬获取等方面与传统行业的用工有很大区别，虽具有某些符合劳动关系要件的特征，例如，用人单位通过特定的评价机制、商业模式等管理手段对从业人员的劳动过程和报酬分配进行监督与控制，使得这种劳动存在一定的控制性，但是从业者与用人单位之间的关系难以同时具备上述构成要件，缺乏传统劳动关系下紧密的人身从属性特征，在工作时间安排、工作任务的完成度上有更多的灵活性和自主性。因此，这种用工既有别于承揽等以提供劳务为主要方式的一般民事合同关系，又因为缺乏严格的从属性要件而难以认定为传统的劳动关系。

此外，新经济形态中复杂的用工方式导致难以认定实际上的用工主体。平台往往与从业人员签订承揽、合作等合同，或是将配送服务外包给第三方

① 参见国家信息中心：《中国共享经济发展报告（2021）》，2021 年 2 月 19 日，见 http://www.sic.gov.cn/News/557/10779.htm。

公司，通过第三方公司招募从业人员，或是让从业人员注册为个体工商户，平台甚至会设立若干关联公司，分别负责合同订立、劳动工具提供、报酬发放、押金收取等环节，层层转包的现象也时有发生。① 这就使得究竟是哪一个或哪几个主体在对从业人员进行用工并不容易确定，一旦发生纠纷，往往难以判断谁是真正的用工主体。当用工主体涉及外包、转包等较为复杂的情形时，对于侵权责任到底由哪一方承担也存在争议。

第二，新经济形态为劳动法的调整方式带来困扰。我国劳动法在调整方式上基本上呈现“一体适用、同等对待”的特点，在对所有劳动者的适用上采取“全有”或者“全无”的方式，且不同的用人单位或者不同的劳动者均同等地毫无差别地适用劳动法。这是完全建立在传统的标准化用工基础上所形成的法律调整模式。然而在新经济形态的影响下，传统就业形态逐步发生了一些变化，劳资双方在管理方式和业绩目标的达成等方面呈现了更加灵活的用工形态。同时，灵活就业形式也更加多样化，依托于互联网技术的网约工、配送员等大量用工形式，激发了劳动力市场的活力，从而扩大了劳动就业的总量。但是劳动法制对新经济新业态下出现的自雇劳动者群体或者说灵活就业人员群体缺乏关注和回应②。

当前劳动法的调整采取“一体适用”的模式，只要劳动者与用人单位之间构成劳动关系，就适用劳动法，且劳动法中的劳动合同规则、最低工资标准、工时标准、社会保险等规则对其全部适用。如果双方不构成劳动关系，则不能适用劳动法中的任何规则。在劳动法的适用上要么完全适用，要么就完全不适用，不存在任何中间的或者部分适用的状态。这给新就业形态下劳动者的权益保障带来一定的困难，使其在职业安全和社会保障上面临着巨大的风险，影响了他们生存和发展的权益。此外，劳动法对不同的用人单

① 参见北京市第一中级人民法院课题组：《新就业形态下平台用工关系法律性质的界定规则》，《人民法院报》2021 年 9 月 23 日。

② 参见涂永前：《新时代中国特色社会主义和谐劳动关系构建研究：现状、问题与对策》，《社会科学家》2018 年第 1 期。

位或者不同的劳动者均同等地毫无差别地适用劳动法。不同的用人单位均同等地适用劳动法，并未根据规模的大小、经营状况的优劣或者雇佣人数的多少进行区分。同时，劳动法也并不考虑不同劳动者在主体身份上的差别，无论是短期工还是长期工，也无论是替代性较强的辅助性操作者还是高级专业技术人员，所有的劳动者在劳动法上均适用同等的规则。这种单一、固定的调整方式忽视了不同群体的特殊性，降低了劳动法对不同群体调整上的适应性。

第三，用工形式的灵活化和非正规就业的扩大化加剧了劳动关系的不稳定性，在一定程度上弱化了劳动法的保障力度。随着新业态的发展，就业形式日益呈现多样化的发展趋势，一些全时、固定工作场所、单一雇主的标准化劳动形态在现实中逐渐发生变化，开始呈现灵活化的工作形式。除了非全日制用工和劳务派遣之外，各种灵活化的用工方式在实践中得到了广泛应用，例如在生产体系中通过转包、外包、自雇等形式对用工的灵活化处理，以及通过项目组、股权激励等形式实现工作组织和功能的灵活化。在组织的目标和生产的需求下，这些灵活性的应用满足了企业适应市场发展的劳动用工需求，使得整个组织体系聚焦于企业发展的目标，快速的劳动关系变动使得劳动关系的稳定性逐渐降低，劳动法的保障也存在一定程度的弱化。

在传统用工形式变化的同时，非正规就业部门也在逐渐呈现扩大的趋势。过去在传统产业中的固定职业和标准化的就业方式逐渐被更加灵活机动的就业方式所取代。近年来随着互联网技术的快速发展，新产业、新业态、新商业模式不断推陈出新，在聚合了传统零工市场的同时，又创造了大量新的就业岗位，非正规就业部门的劳动关系比重增加。然而在非正规就业部门中，劳动者的劳动关系松散、社会保险缺乏保障，相对于固定的劳动关系而言，他们更加注重工作所带来的经济收益。劳动者的主观需求在一定程度上也迎合了新经济下市场快速发展的用工特点，使其岗位上的稳定性普遍偏弱。此外，诸多劳动者依赖于互联网平台开展业务，并无固定工作场所，雇主难以对其进行直接监管，劳动关系的认定难度较大，给劳动者权益的保障带来一定的困难。

第三节　劳动关系治理的发展趋势

劳动关系是生产关系的重要组成部分，它关系到劳动者的基本生存和企业的生产经营，也是社会经济发展和稳定的重要风向标。随着市场化改革的深入推进，劳动关系主体及其利益需求呈现多元化，劳动关系矛盾趋于显性化、常态化，劳动争议案件居高不下，劳动关系矛盾已经成为影响我国经济和社会发展的重要因素。党的十八大以来，中国特色社会主义进入新时代，我国社会主要矛盾已经转化为人民日益增长的美好生活需要和不平衡不充分的发展之间的矛盾。同时，我国经济已由高速增长转向高质量增长，劳动关系呈现高质量发展的迫切诉求。这些变化为和谐劳动关系法治化的构建指明了未来的方向。

一、构建和谐劳动关系成为劳资双方的共识与诉求

随着我国劳动关系市场化的推进，在劳动关系矛盾凸显的同时，劳动关系的协调也呈现了一系列的转变。总体而言，劳动关系的和谐日益成为劳资双方的共识与诉求。在这一共识的影响之下，与过去相比，劳动关系在基本观念、诉求内容、争议行为、治理思路上已经呈现了一系列的变化。在基本观念上，劳动关系的现实从强调劳动者的付出和贡献逐步转向了更加注重劳资双方目标的一致性。特别是对用人单位而言，压缩劳动力成本的方式已经难以成为企业的优势竞争力。在诉求内容上，劳动关系从基本的权利保障逐步转向权利保障和利益博弈并存的格局。劳资双方关注的焦点，不再仅仅停留在劳动关系法定或者约定的权利事项上，而是在法定权利的基础上逐渐谋求劳动条件和福利待遇的改善。在争议行为的方式上，从暴力性的群体冲突逐步转向平和的维权方式。劳资双方在劳动争议的解决上越来越呈现理性的

特点，更加注重运用法律的途径、和平的方式和手段有效地处理，避免对公共秩序造成不必要的影响。在治理思路上，劳动关系逐步由传统的事后救济方式转向了事先预防为主的治理方式。传统的法律救济方式，例如调解、仲裁和诉讼往往是发生争议之后才能介入。而当前对劳动关系的协调越来越多地主动介入到事前预防，通过各种民主管理方式来协调劳动关系。从这些方面的一系列转变说明构建和谐劳动关系已经成为劳资双方的共识和诉求。

第一，劳动关系从对立冲突走向合作共赢成为劳资双方的共同目标。冲突性是劳动关系的本质特征。这种冲突性首先来源于劳资双方对生产资料占有的程度不同。对生产资料占有程度的不同，形成了占有资源并不断增殖的资本所有者，以及不得不通过雇佣劳动交换自身生存和发展所需社会财富的雇佣劳动者。在失去生产资料之后，劳动者以自身的劳动力换取劳动报酬的时候，劳动者提供的劳动就附属于资本。从劳动法上来讲，劳资双方之间的地位就是一种形式上平等掩盖了实质上的不平等，而劳动者对用人单位而言也存在一种人身上的从属关系。这种不平等的关系成为劳动关系对立冲突的重要根源。同时，劳动关系主体不同的目标诉求也成为冲突的一大重要来源。劳动关系中，工资福利与成本利润、劳动收入与企业效益、劳动保护与生产管理等多重矛盾成为劳动者和用人单位追求的不同目标。当这种内在的冲突性严重到一定程度而难以协调之时，劳动关系就会表现出外在的矛盾形式，例如产生劳资纠纷，甚至会发生激烈的冲突事件。尽管冲突性是劳动关系的本质特征，但这并不是唯一的表现形式，也并非劳资双方追求的直接目标。冲突只是劳资双方利益协调的过程，在一定时期和社会条件下，劳资双方也是可以合作共存的。在劳动关系中，用人单位要实现其资本增殖的目的，有赖于生产力的转化，它必须依靠和激励劳动的创造和生产的能力①。

① 参见孙兆阳：《平衡劳动关系的冲突与合作——关于和谐劳动关系的理论思考》，《中国劳动关系学院学报》2012 年第 2 期。

这就要求在一定程度上与劳动者进行合作，才能调动其劳动者的积极性和创造性。同时，劳动者也对维持稳定的劳动关系具有迫切的诉求。劳动关系的破裂都不利于双方目标的达成。因此，只有通过合作，才能满足劳资双方的共同诉求，才能够实现双向共赢的积极效果。

第二，劳动者对劳动关系的高质量发展诉求愈发强烈。随着物质条件和生活水平的发展，劳动者对劳动关系的希望已经不再满足于提供就业岗位的基本需要，而是具有高质量发展的迫切诉求。当前，劳动者在选择就业岗位时，开始注重工作与生活等多方面因素的平衡。从区域流动来看，尽管劳动者向东部发达地区集聚趋势明显，但是农民工跨省流动降低，且外出农民工增长率持续下降①。同时，高校毕业生在经济发达地区的比例正在逐渐下降，中西部就业比例不断上升②。从岗位分布来看，除了传统的就业岗位之外，自主创业、自雇劳动以及各种灵活就业等多样化的形式开始涌现。这说明劳动者在劳动的目的上具有了更多的选择，而不再仅仅局限于标准工作时间、固定工作地点等传统工作岗位。劳动关系表面上是一种经济关系，但是在经济性的背后存在深厚的人身关系特征。在获取劳动对价的同时，劳动者更加注重对人身关系的保障，例如民主决策的参与、劳动过程的体面以及人力资本的提升等更高层次的发展。稳定的工作带给劳动者最基本的保障，但是同时工作的灵活性、薪酬的挑战性和岗位的成长性等相关因素在劳动关系中显得愈发重要。劳动关系的高质量发展已经成为劳动者的迫切诉求。

第三，高质量的劳动关系成为企业高质量发展的重要基础与动力。劳动力始终都是最重要的生产要素之一。随着我国经济转向高质量发展阶段，企业面临着转型升级的压力和技能型人才的短缺，人力资本在未来经济发展中的贡献将日益增大。因此，企业的高质量发展，离不开高素质的技能型劳动

---

① 参见樊士德、金童谣：《“七普”数据昭示的我国人口流动新趋势》，2021 年 6 月 21 日，见 https：//www. thepaper. cn/newsDetail_forward_12902468。

② 参见天亮、刘峰：《大学生就业呈现多样性灵活性　经济发达地区就业比例下降》，2017 年 4 月 28 日，见 http：//edu. cnr. cn/list/20170428/t20170428_523730369. shtml。

者。问题就在于如何找得到、招得来、留得住企业所需要的劳动者，也就是如何构建高质量的劳动关系的问题①。劳动关系是劳动与资本结合的关系，但是资本主导的地位使得企业在劳动关系的责任和义务要更加突出，才能维持和促进劳动关系的高质量发展。如果企业还沉浸在过去廉价劳动力所带来的竞争优势之中，那么将逐渐失去劳动力这一要素所能产生的真正竞争优势。因此，劳动关系的高质量发展，对企业而言，并不仅仅意味着遵守法律规定的最基本的义务，而是要超越“走低限”“走底线”的劳动管理思路，营造相互尊重、理性协商的民主管理环境，创造更具保障性和安全性的劳动标准，更具激励性和人性化的劳动管理制度。只有将劳动者的创造性与安全性、积极性与保障性结合起来，才能使劳动关系成为促进企业高质量发展的基础和动力。

二、劳动关系治理呈现法治与改革的深度融合

我国劳动关系治理的技术路线根据时代需求不断变化，总体上呈现法治与改革的深度融合。在全面依法治国的背景下，法治是推动社会经济发展的有效方式，也是促进劳动关系治理的重要保障。然而法治不是孤立的社会元素，只有在整个社会活动中以动态的形式存在才能成为法治；它更不是替代一切社会功能的万金油，其本身的局限性决定了法治的推行还需要借助其他的力量。劳动关系治理更是如此，法治深刻地嵌入了劳动关系发展进程之中，既需要明确法治的内涵及其内部分工，还需要与其他要素的协同配合，更需要注重历史传承中与其他要素形成的特定互动方式。因此，在全面依法治国的时代背景下，劳动关系治理在技术上只有更加注重法治与其他领域的深度融合，才能有效发挥法治的积极作用。

---

① 参见郭军：《构建高质量和谐劳动关系助推高质量发展》，《工人日报》2021 年 5 月 31 日。

第一，劳动法与其他部门法进一步有效衔接。随着社会转型的加剧和科学技术的影响，社会分工和就业形态日益多样化，原先形成的“一体适用、同等对待”式的调整思路在复杂多变的用工面前显得捉襟见肘，从而在一些新问题面前导致劳动法与其他部门法之间的关系变得保守而僵化。一方面，劳动法采取一种“全有”或者“全无”的方式介入劳动用工的调整，劳动关系的认定成为劳动者能否获得全面保障的重要前提，一旦无法认定劳动关系，劳资双方权利义务的配置则完全脱离劳动法的调整。这种方式导致了诸多非典型或者新兴的劳动用工方式无法受到劳动法给予的特殊保护。另一方面，劳动法本身对所有劳动者和雇主同等适用，它并不区分不同劳动者议价能力的差异，也未考虑到雇主在经济实力和控制权力存在的巨大差异，都同等地适用劳动法所有的规则，缺乏灵活性，导致诸多学者认为我国劳动保护程度过高①。

在经济多元化发展和城乡劳动力市场一体化已经形成的背景下，劳动法与其他部门法之间的关系应当摒弃孤立和僵化的思路，将劳动法的调整思路转向分类调整和区别对待，这样才能有助于促进与其他部门法的衔接，使劳动法不至于随着时代的变化而降低其保护弱者的特殊作用。在事实上，劳动立法由最初面向的正规就业部门逐渐成为整个社会劳动领域的重要诉求并向公共部门拓展，劳动法的主要精神和基本理念不再仅仅停留在劳动关系的格局之中，而是已经成为全社会一般劳动的共识。例如职业教育法、安全生产法等法律在不同程度上都融入或者采纳了劳动法的主要目标与制度。特别是在《民法典》实施后，劳动法特殊规则与民法一般规则之间的关系在一定程度上得到了进一步的梳理，劳动法与民法的有效衔接，将进一步促进劳动法特殊规则的改革和完善。

第二，法治与改革进一步良性互动。从历史发展来看，我国劳动立法尽

① 参见谢增毅：《我国劳动关系法律调整模式的转变》，《中国社会科学》2017 年第 2 期。

管存在一些时代的缺陷，但是能够将最初基本的制度和经验延续发展至今并表现出较强的适应性和生命力，在技术上得益于法治与改革的有效互动。在全面依法治国的时代背景下，通过改革和法治的有效衔接，在改革中增强法治的能动性，在法治下推进改革的规范化，不断促进劳动用工制度的完善，依然成为劳动立法面向未来的重要技术路线。

事实上，我国的立法都是在改革背景下和改革进程中的立法①。如何处理好这一对矛盾的关系，将是未来劳动立法在技术上重点考虑的问题。党的十八届四中全会通过的《中共中央关于全面推进依法治国若干重大问题的决定》提出，实现立法和改革决策相衔接，做到重大改革于法有据、立法主动适应改革和经济社会发展需要。劳动立法必须与改革同步、交错进行，才能运用立法妥善处理好改革中的问题，才能有助于促进社会发展和国家治理的现代化。基于依法治国对法律治理的系统性要求，劳动立法要起到促进发展和保障善治的作用，在技术路线上就应当在总结历史经验的前提下立足于当前全面依法治国的法治实践，总结经济体制和劳动制度的改革与法治之间的关系，为深化劳动领域的法治实践寻求更加有效的方式。

由于劳动关系的重要性，它在社会治理中总是与多重因素相互关联，包括法律和制度、工会、社会习俗传统、管理决策和意识形态等方面。因此，法治与改革的互动不能止步于劳资双方，而应当是一个系统化的多元结构，需要考虑到社会发展的历史阶段、文化认知的程度、劳动者不同阶层的差异、科学技术发展的水平、创新人才培养的需求等方面及其影响下特定主体的利益。同时，为了确保法治与改革互动方式的行之有效，党领导立法中还应当注重听取党内外的意见和建议，开展立法调研、立法后评估等工作，并通过群团组织团结力量、搭建沟通的桥梁，从而有助于法治与其他要素的有效衔接和深度融合。

---

① 参见刘松山：《当代中国处理立法与改革关系的策略》，《法学》2014 年第 1 期。

三、劳动立法在功能定位上呈现多元化的需求

劳动法从制定初期就将劳动者权益保障的基本定位纳入了整个劳动立法的历史进程，并成为劳动法的立法宗旨。这一定位，既有平衡劳动关系的现实需求，也是巩固党的阶级基础的历史必然。然而随着新时代我国社会主要矛盾的变化，在这一背景下强调劳动者权益保障的一元功能定位，已经无法满足现实和未来劳动关系的发展需求。劳动领域暴露出的一些主要矛盾倒逼劳动立法功能定位向多元化需求的方向进行拓展和改革。

第一，劳动力市场需求的劳动力资源配置法。原先劳动立法主要通过最低工资制度、劳动合同制度、劳动监察执法以及工会影响等主要制度对劳动力市场起到间接的干预效果，在立法文本及其功能定位上仅仅止步于劳动者的权益保障，至于市场机制如何发挥，则往往通过政策干预。由于劳动政策的区域性强、时效性短，而市场机制更需要全国集中的长期谋划。因此，劳动立法明确其劳动力资源配置的功能定位极具现实意义。

在持续推进经济发展新常态和供给侧结构性改革的背景下，经济增长速度和动力的调整暴露了原先被经济快速增长掩盖的就业与用工的结构性矛盾。当前我国经济正从粗放向集约、从简单分工向复杂分工的高级形态演进，但是劳动力的资源配置却难以满足产业发展的需求。一方面，劳动力市场供求矛盾突出，沿海地区招工难、用工荒和技工短缺的局面没有得到有效缓解，同时大学毕业生、农民工等群体就业压力仍处高位。另一方面，随着人口红利的消失，数字经济不断地创造新的岗位和就业形态，但是也破坏了更多的岗位，降低了更多人的就业质量①。因此，如何解决劳动力的供求矛盾，让新技术的发展创造更多、更高质量的就业岗位，成为劳动力资源配置

---

① 参见蔡昉：《生产率、新动能与制造业——中国经济如何提高资源重新配置效率》，《中国工业经济》2021 年第 5 期。

的突出问题。

劳动立法对劳动关系的调整不能忽视我国社会未来持续面临的这些突出问题。向劳动力资源配置法的功能定位进一步拓展，与其说是应对劳动力供求和劳动力市场制度的长期举措，毋宁说是劳动立法发展的重要机遇。在这一定位之下，劳动力资源配置的法治内涵将得到进一步的提炼，从法律的层面巩固劳动力市场在资源配置中的决定性作用，劳动领域一些固有的矛盾和问题，例如劳动力市场灵活性与安全性、竞争性、公平性之间的关系，用工成本的压力与劳动用工制度的关系，将有机会在立法中得到系统性的梳理和回应。

第二，就业质量保障的劳动力资源开发法。进入新时代，我国社会主要矛盾的变化说明快速而不平衡的经济增长模式已经无法满足社会发展和人民群众的需求，劳动者对劳动收入、工作环境和发展前景的期待日益提升，分享改革发展成果的愿望愈发强烈。这种愿望的满足无法仅仅依赖于外部市场，更需要挖掘、培养、发展劳动力资源的创造性和积极性。因此，劳动立法逐步呈现出具有劳动力资源开发的重要功能。

过去劳动立法尽管以保护弱者为名，立足于从属性劳动的现实，但是在根本上却忽视了“人”的主体性地位，从而使“人”沦为从属性劳动的联合体和生产资料的附庸。劳动法以保护经济弱势的劳动者为基本立场，但却不应将劳动者本身局限于此。劳动者地位的提高，还可以表现在自身人力资本的增值。因此，通过立法明确劳动力资源开发的功能定位，有助于劳动者素质的提升，进一步实现劳资之间平等的对话。

劳动力资源的开发是一个系统的工程，需要通过职业教育、技术培训和劳动激励等各种途径促进技能型人才的开发和培养，使劳动者的素质与产业结构升级相适应。在科技创新驱动与产业升级的背景下，新旧产业不断更替，新兴产业对劳动者的知识、能力与技术等方面要求越来越高，只有通过法律的途径大力发展职业教育和技术培训，提高劳动者的适应能力、创业能力和创新精神，才能有助于从根本上提升就业质量。因此，如何通过各种途径开发劳动力资源，使产业结构和用工特征符合劳动者对体面劳动的需求，成为劳动立法在新时代面临的一大重要任务。

劳动立法在功能上走向多元化的格局，并不意味着立法中抛离对劳动者的倾斜保护。劳动者的权益保障始终是劳动立法的首要定位，多元化的功能只是从不同的角度诠释了在新时代劳动者权益保障特殊的存在空间和实现方式：劳动力资源配置的功能定位，主要从外部的整体环境和劳动关系的宏观层面上为劳动者提供更加开放的就业机会、更加公平的市场环境和就业条件。劳动力资源开发的功能定位，主要从劳动关系内部和微观层面上为劳动者提供人力资本提升的机会和途径。如果忽视了这两个方面的定位，劳动者权益保障的实现就会受到阻碍，难以落到实处。

四、中国特色劳动关系治理的格局日渐显现

随着我国社会主义事业在全球影响力的不断增强，“中国特色”经过了历史的沉淀和传承，在不断巩固的过程中为中国的劳动立法注入了时代性、民族性和实践性的特征，持续地成为维持法治传统和劳动精神的内核。进入新时代，中国特色社会主义继续焕发新的生机，对未来劳动立法中的“中国特色”理应有进一步的把握和展望，难点主要集中在基于中国国情的特殊性与基于市场经济的一般性如何结合的问题①。

第一，“中国特色”展现的民族性与其他市场经济国家一般性的结合。“中国特色”并不否定市场经济的一般规律，而是运用中国特色的制度优势避免脱离中国社会发展的实际，重蹈西方剧烈劳资冲突的覆辙。如果说最初的“中国特色”主要是一种政治制度的比较优势或者学术理论的凝练总结，那么未来的“中国特色”将成为统领社会发展和法治建设的精神内核与前进动力。

① 参见王全兴、石超：《新中国70年劳动法的回顾与思考》，《求索》2020年第3期。

我国劳动关系必然具有其他国家劳动关系治理的共性，各国之间的劳动关系治理不可避免地相互影响、借鉴和吸收，在劳动关系协调、劳动标准、劳动保障和法律救济等基本制度和治理结构上存在共同的理论基础和制度渊源。但是，我国劳动关系治理由始至终都是在中国共产党的统一领导下形成的民族化的法治发展道路。这决定了我国的劳动关系治理不是劳资政之间相互妥协的产物，更不是多重政治势力和垄断财团之间相互博弈的结果。我国形成的工会组织、集体协商、职工民主管理、集体争议处理等一系列劳动制度，具有“中国特色”的制度内涵，能够有效契合中国社会的时代需求和文化观念，又为世界工人运动提供了中国的法治经验。

“中国特色”在全球大环境中仍然存在着时代的挑战。在经济全球化的背景之下，跨国企业用工、境外劳务输出不断加剧着不同国家市场经济的一体化，劳动标准受发达国家的影响存在升级的压力，中美贸易争端加剧了西方对中国崛起的警惕，全球暴发的新冠疫情给劳动就业带来持续性和不确定性的影响。具有中国特色的这些劳动关系制度，与西方国家的政治和法律会发生一定的摩擦。在这种内外交织的复杂环境中，如何既保持继续发挥“中国特色”的劳动制度优势，又让“中国特色”融入全球劳动治理的环境之中，无疑成为未来我国劳动立法的一项重要议题。

第二，“中国特色”展现的时代性与中国发展过程一般性的结合。科学准确地把握时代本质、明晰发展阶段，是推进立法、制定政策和创新理论的基本前提。“中国特色”本身就是在认清中国国情的基础上不断顺应时代发展的结果。但这并不是说“中国特色”是一种灵活化的应对策略，更不意味着将一些特殊问题长期地独立于一般的劳动立法。未来劳动立法的“中国特色”必然会将社会发展的时代性总结进入一般性的劳动立法之中。

在中国社会发展的历史进程中，社会转型不断加剧、科学技术突飞猛进、人民需求不断增长，我国劳动关系治理的制度实践把握时代发展的脉搏，经历了多次重要的转折和变革，能够抓住每个发展阶段的本质与要害，胜利地解决了每个时代的突出问题，形成了“中国特色”的劳动关系治理体系。随着中国特色社会主义进入新时代，我国社会主要矛盾已经转化为人民日益增长的美好生活需要和不平衡不充分的发展之间的矛盾。劳动关系治理必须要适应社会主要矛盾变化的需求，才能让人民群众共享改革发展的成果，才能让“中国特色”更加鲜明，从而不断提高劳动关系治理的适应性。

“中国特色”的劳动关系治理仍然面临着社会发展中的一些特殊性问题。我国经济改革中存在的一些阶段性问题以及为了解决这些问题所形成的特殊措施，已经成为“中国特色”构成要素的一环。例如农民工问题是我国快速而不平衡的工业化发展进程中的突出表现，如何实质性地将农民工问题纳入劳动法保障的一般性规则之中，既要考虑到传统与现代从业形态的不同和差异，也要考虑到农民工的意愿和市民化进程的要素。同时，新一轮的信息技术革命带来了新业态的用工问题，同时也暴露了原先遗留的大量非正式从业人员的保障问题。如何通过立法调整不同的用工形态，将是完善我国劳动法调整模式及其适应能力的重大契机。此外，劳动关系群体性事件的形成及其解决方式也颇具“中国特色”。对于这种非正式化的维权，既有经济转型与企业发展中的阶段性问题，也存在市场经济劳资矛盾的一般性问题。这两种问题来源显然不能同等对待，对于其中短期性、阶段性的问题，如何通过法治方式得到解决，在全面依法治国的背景下，依然考验着我国劳动关系治理的制度张力与可操作性。

第二章

和谐劳动关系法治化的概念构造

和谐劳动关系的法治化应当从基本概念入手明确其内部构造。劳动关系是以劳动者向用人单位提供从属性劳动为基础所形成的社会关系。和谐劳动关系就是劳动关系在其分化与整合、冲突与合作、自治与他治等多重矛盾的有机结合和动态平衡中，运用其对立面的同一性不断发展的过程。我们研究和谐劳动关系法治化的概念构造，不宜将法治化仅仅停留在法律规范的层面，而必须深入考察其适用的空间及其存在的整体环境。在此基础上，和谐劳动关系构建的法治化的概念应当包括三大要素，即规制性要素、规范性要素和认同性要素。这三个要素一同构成了法治化的内涵。

第一节 劳动关系的基本界定

从学术研究和实践活动上来看，劳动关系的概念有着多种表述形式。在西方，工业关系或者产业关系（Industrial Relations）和雇佣关系（Employment Relations）等术语的使用较为常见，且在一定程度上都具有劳动关系的内涵。这些用语在关注的重点和理解上也存在着一定的差异。工业关系或者产业关系，与全职的体力劳动者有关①，一般强调建立在产业或行业层级雇佣方式之上形成的劳动关系②。而雇佣关系则更加广泛，一般是以就业为基础所形成的与雇佣劳动相关的更加广泛的社会经济关系③。在我国法学界，雇佣关系作为一个民法的概念，在使用上与劳动关系的内涵差别较大，通常是指劳动法不予调整的以劳动给付为主要内容的经济关系。我国与劳动关系近似的概念主要有劳资关系、员工关系（雇员关系），在相关领域也有劳雇关系、劳使关系等不同称谓。这些不同的概念在一定程度上与劳动关系作为同义语使用，但是均存在特定的不同语境。劳资关系一般用于指向非公有制领域的劳动关系，具有一定的对立意味，其所展开的关系强调了劳动与资本内在矛盾的特殊意义。员工关系（雇员关系）在我国法学界并不常见，主要见诸人力资源管理，在组织体系内研究与雇佣行为管理有关的问题。劳雇关系与劳资关系的内涵基本相同，突出双方权利义务的结构安排。劳使关系的概念使用主要受到日本语的影响，它排除了价值上的意味，在技术上侧重于劳动者与劳动力使用者之间的关系。

就我国习惯而言，最常见、最普通的概念主要是“劳动关系”，这也是在立法和相关规范性文件中广泛使用的用语。本书沿用约定俗成的中文习惯，使用“劳动关系”的概念。同时，这一概念的使用，还有如下两方面的考虑。

第一，劳动关系的概念具有一定的模糊性，它难以体现某些领域的现实特点，甚至会忽略某些主体之间的特殊性。正是由于这种概念的模糊性和宽泛性，对这一问题的探讨，恰恰有助于拓展相应的学术基础。只有直面劳动关系概念使用中的异同，才可能在比较之中产生创造性的冲动，并追求知识的不断发展，使概念本身的内涵和理论更加丰富。如果沉迷于谨小慎微的定

① 参见冯同庆：《劳动关系理论研究》，中国工人出版社 2012 年版，第 2 页。

② 参见孟泉、刘明月：《什么是社会劳动关系？——概念辨析、调整对象与分析框架》，《中国人力资源开发》2017 年第 6 期。

③ 参见常凯：《中国特色劳动关系的阶段、特点和趋势——基于国际比较劳动关系研究的视野》，《武汉大学学报（哲学社会科学版）》2017 年第 5 期。

义，将很可能会扼杀智慧的火花①。因此，本书无意在概念用语上标新立异，而是更加期望在遵循传统的基础上进一步丰富和完善这一概念的理论内涵和现实特征。

第二，劳动关系的概念本身也具有一定的价值意味，它以“劳动”为中心展开对社会关系的分析，赋予了劳动者特殊地位和意义。我国继承了马克思主义的劳动理论，劳动被置于创造人类社会和决定人的本质的高度，“劳动最光荣”“劳工神圣”等观念得以成为现实。这些朴素的价值观念使得我国的劳动法具有深刻的主体性价值，它并未采纳在自由主义范式内调节劳资冲突和雇佣劳动的基本路线，而是始终立足于劳动正义的基本理念，坚持劳动者的主体性地位，将保护社会弱者和促进体面劳动的价值深刻地嵌入其中。

关于“劳动关系”的概念，我国立法并未明确其定义，学界的诸多解释也存在一定的差别。“劳动关系”的定义存在不同类型的角度区分，例如狭义和广义的区分。有学者从主体形态区分，认为狭义的劳动关系仅指个别劳动关系，广义的劳动关系还包括集体劳动关系和社会劳动关系②。有学者则从法律调整的范围区分，认为狭义的劳动关系仅指劳动法调整的劳动关系，广义的劳动关系则还包括民法、公务员法调整的劳动关系③。事实上，诸多学者的概念界定主要立足于狭义层面的劳动关系，即劳动法调整的个别劳动关系。有的定义为“劳动者与用人单位之间在实现社会化劳动过程中产生的社会关系”④。2008 年《中华人民共和国劳动合同法实施条例（草案）》（征求意见稿）曾将劳动关系定义为“用人单位招用劳动者为其成员，劳动者在用人单位的管理下，提供由用人单位支付报酬的劳动而产生的权利

① 参见刘家和、陈新：《历史比较研究的一般逻辑》，《北京师范大学学报》2005 年第 5 期。

② 参见郭捷、冯彦君、郑尚元、谢德成：《劳动法学》，高等教育出版社 2014 年版，第 16 页。

③ 参见王全兴：《劳动法》，法律出版社 2017 年版，第 33 页。

④ 刘俊：《劳动与社会保障法学》，高等教育出版社 2017 年版，第 17 页。

义务关系”。这一定义突出的要点除了主体和劳动过程之外，还包含了组织管理、从属劳动和劳动报酬等要素。有的定义为“劳动力所有者（劳动者）与劳动力使用者（雇主或用人单位）之间，为实现劳动过程而发生的一方有偿提供劳动力由另一方用于同其生产资料相结合的社会关系”①。这一定义突出的要点，除了主体、劳动过程和有偿劳动之外，重点强调了劳动力和生产资料的结合。

本书认为，劳动关系的定义应当立足于其本质属性。无论是强调社会化劳动过程，还是劳动力与生产资料的动态结合，都体现了生产力的性质。在劳动经济学的视角下对劳动关系的解释无疑都具有高度的理论价值，但是在法学研究的范畴内，它显然忽视了劳动力和生产资料结合过程中不同力量的地位，难以直接体现其最本质的属性。无论作出何种界定，劳动关系都以劳动给付为主要目的，且在这一关系中，除了债的经济要素之外，还含有身份的社会的要素②。身份和债的特殊性将劳动关系从民法调整的雇佣关系中相互区别开来，并由此决定了劳动给付的从属性特征。因此，劳动关系的本质属性是劳动者向用人单位提供从属性劳动。在定义中对劳动关系标准形态的特征描述或者对类型化的区分设计，尽管有利于加强对劳动关系的认识，但是也可能会屏蔽了一些非典型的形态，使研究的范围在客观上无法反映劳动关系的全貌，给学术研究上设定了不必要的障碍。此外，定义应当力求简洁明了，有的定义中概括的部分要素只是本质属性下衍生的结果，并不必然起到决定性的作用。因此本书认为，劳动关系可以界定为：以劳动者向用人单位提供从属性劳动为基础所形成的社会关系。

在这一“从属性劳动”的概念界定之下，劳动关系是一个相对广泛意义上的概念，它并不仅仅指向个别劳动关系，任何层面的劳动关系均存在这一本质属性。在这一概念下，劳动关系具有多个双重属性的特征，包括财产

① 王全兴：《劳动法》，法律出版社 2017 年版，第 33 页。
② 参见史尚宽：《劳动法原论》，世界书局 1934 年版，第 2 页。

关系和人身关系的双重属性、平等关系和隶属关系的双重属性、冲突性关系和一致性关系的双重属性。

第一，劳动关系兼有财产关系和人身关系的双重属性。其中，劳动者提供劳动和用人单位支付报酬是基于债的要素所形成的财产关系，这是劳动关系中最主要的内容。但是，除了这一财产关系之外，劳动关系还具有人身关系的属性。劳动者在提供劳动的过程中，由于劳动力只能以劳动者为载体，劳动力与劳动者的人身都不可能发生分离。因此，劳动者将自己的劳动力转让给用人单位，在事实上就是将自己的人身在一定限度内交由用人单位进行支配。在劳动法的制度设计中，人身关系往往是劳动关系的重点。例如，劳动法更加关注劳动关系的稳定性、劳动者的民主管理、劳动安全卫生等身份上的保护。即使在财产关系的调整上，劳动法也更加注重满足人身关系上的实际需求。例如，在劳动合同上，劳动法更加注重解雇保护制度的设计；在工资支付上，劳动法通过最低工资标准制度以及支付周期、方式等规定来满足劳动者基本生活的需要。

第二，劳动关系兼有平等关系和隶属关系的双重属性。劳动关系建立在劳动者和用人单位双向选择的基础之上，劳动关系是否建立以及以何种形式建立，均由平等主体之间进行协商确定，劳动关系的变更、中止、解除、终止或者延续等在很大程度上往往也体现了平等主体之间的合意，在适用法律和相关规则上也是平等的。因此，劳动关系具有平等关系的属性，这种平等关系主要体现在合同之债的层面上。同时，劳动关系还具有隶属关系，这是由其中的身份关系所决定的。当劳动关系建立之后，劳动者就成为用人单位组织体系中的成员，并在劳动过程中受到用人单位的支配和监督管理，从而使劳动关系产生了不平等性。在劳动过程中，劳动者提供的劳动并不具有自主性，而是在用人单位的组织、指示和管理下，以用人单位名义从事的劳动。劳动者在劳动中处于从属性的地位，受到用人单位劳动规章制度的约束并执行用人单位的意志。在职工民主管理中，特别是在劳动规章制度的制定上，尽管劳动者或者工会享有讨论、提出意见、协商、纠正等各种权利并具有重要的意义，但是劳动者不能起到决定性的作用，决定的权力仍然归于用人单位。

第三，劳动关系兼有冲突性关系和一致性关系的双重属性。主体的不同需求使得劳动关系具有内在的冲突性。劳动者追求工资福利的最大化，并希望能够在劳动过程中获得更多的保障和职业上的发展；而用人单位则往往追求利润和效益，更加期望通过成本的控制来获得劳动力使用的最大化。这种冲突性是劳动关系的内在矛盾，当矛盾加剧难以协调之时，还可能会酿成严重的社会危机。但是，劳动关系还存在着一致性的关系。劳动者和用人单位对彼此都存在着依赖性，劳动者只有将自己的劳动力转让给用人单位才能实现自己的追求，用人单位也只有使用劳动力才能实现其经营的目标。因此，双方是相互依存的状态，缺少了任何一方，另一方的目标都无法满足。实践中，劳动关系的冲突性和一致性往往处于此消彼长的变动状态，而协调劳动关系的根本方式就在于如何通过一致性来化解冲突性的问题。

第二节 和谐劳动关系概念的提出、内涵及其特点

一、和谐劳动关系的提出

“和谐”这一概念肇始于古希腊先哲们的言论，文艺复兴后许多思想家都把“和谐”视为重要的哲学范畴。其一般认识是“和而不同”，即事物的对立统一性，具有差异性的不同事物的结合、统一、共存。“和谐”是劳动关系一直以来追求的目标，而“和谐劳动关系”这一概念及其价值理念则是在改革开放以来在构建和谐社会的背景之下逐渐形成的。2002 年 11 月，党的十六大在阐述全面建设小康社会目标时，提出了实现社会更加和谐的要求。2004 年 9 月 19 日，党的十六届四中全会在《中共中央关于加强党的执

政能力建设的决定》中把提高构建社会主义和谐社会能力确定为加强党的执政能力建设的主要任务。由于“劳动关系”问题之重要性，此后的学术研究均开始将“和谐劳动关系”视为“和谐社会”的基础和重要内容，国家和地方相关部门也对“和谐劳动关系”给予足够的重视。

和谐劳动关系重要论断在我国官方首次正式提出是在 2006 年 10 月 11 日党的十六届六中全会通过的《中共中央关于构建社会主义和谐社会若干重大问题的决定》中。该决定在社会事业建设中提出发展和谐劳动关系以及相应的政策措施。和谐劳动关系的提出，立足于劳动关系的本质诉求和未来目标，对我国劳动立法及社会政策带来深远的影响，至少体现在三个层面上。

一是构建和谐劳动关系成为党和国家高度重视的大政方针。从 2006 年开始，党和国家在全国层面的社会建设领域愈发重视劳动关系问题，党的十七大、十八大、十九大报告中均包括了劳动关系的重要内容。2007 年党的十七大报告提出规范和协调劳动关系，2012 年党的十八大报告和 2017 年党的十九大报告中也均明确了构建和谐劳动关系的重要论述。在推动高质量发展的背景下，党的二十大报告明确了构建和谐劳动关系高质量发展的基本思路，提出“健全劳动法律法规，完善劳动关系协商协调机制，完善劳动者权益保障制度，加强灵活就业和新就业形态劳动者权益保障”。

二是构建和谐劳动关系成为劳动立法的基本价值。在党的十六届六中全会之中，我国通过的劳动法律法规和相关规范性文件，都将“和谐”作为劳动关系或者社会治理的价值导向和基本理念而普遍融入到立法文本之中。2007 年通过的《劳动合同法》《劳动争议调解仲裁法》和《就业促进法》，2008 年通过的《劳动合同法实施条例》、2010 年通过的《社会保险法》、2021 年修改的《工会法》等法律法规，其目的和任务中均特别强调了“和谐”二字。“构建和谐劳动关系”也成为一些部门规章、地方立法和相关规范性文件规范劳动关系的基本价值导向。

三是构建和谐劳动关系成为协调劳动关系的重要使命。2015 年 3 月 21

日，中共中央、国务院出台《关于构建和谐劳动关系的意见》，进一步阐述了构建和谐劳动关系的重大意义、指导思想、工作原则、目标任务和政策措施，包括依法保障职工基本权益、健全劳动关系协调机制、加强企业民主管理制度建设、健全劳动关系矛盾调处机制、营造构建和谐劳动关系的良好环境等内容，使和谐劳动关系成为党和政府、有关部门、群团组织、用人单位和劳动者在劳动关系工作的重要使命，并从根本上推动了和谐劳动关系的法治化建设。

二、和谐劳动关系的内涵

（一）和谐劳动关系的相关概念理解

关于“和谐劳动关系”的概念，法律和政策上并没有明确的界定，学者论述往往见仁见智，难以形成统一的定义与内涵。纵观学界的主要研究成果，关于和谐劳动关系概念的相关理解主要有如下几个视角。

1. 平衡论。这一类视角将和谐劳动关系理解为协调劳动关系矛盾的动态过程，主张通过各种措施来调整劳动关系主体之间的关系、预防和化解劳动关系矛盾，使得劳动关系达到平衡的状态。对于主体之间平衡状态及其形成的过程，学界在概念界定中存在不同的侧重点。

一是市场机制促进的劳资平衡。有学者将劳动关系的市场机制作为和谐劳动关系的重要内涵，代表性学者有董保华、冯喜良、程延园和乔健等人。董保华从分层保护的角度提出和谐劳动关系的界定，认为市场经济条件下的和谐劳动关系是在不断解决市场经济发展中问题的基础上形成的动态和谐，各层次劳动者应当采用不同的保护方式①。冯喜良从劳资博弈的角度进行界定，认为和谐的劳动关系需要实现资本与劳动、劳动力与劳动者、经济理性

① 参见董保华：《和谐劳动关系的思辨》，《上海师范大学学报（哲学社会科学版）》2007年第2期。

与社会人性、市场竞争与社会规制、效率与公平、雇主博弈力量与雇员博弈力量、财产权与劳动权（生存权）等多种平衡①。程延园、乔健等人从三方协调机制、集体协商、劳动争议处理等角度对和谐劳动关系进行了界定②。

二是劳资合作形成的平衡。有学者将劳资之间在经济上的合作作为和谐劳动关系的基本内涵，代表性学者有韩喜平和徐景一、张嘉昕、王俊杰、刘铁明和罗友花等人。韩喜平和徐景一认为，中国特色和谐劳动关系应当是以个人经济自由为基础的劳动与资本的深度合作，并通过国家适度干预来平衡双方实力③。张嘉昕认为，构建社会主义和谐劳动关系要使劳动者与用人单位双方进行主动合作，实现利益均衡并追求利益最大化④。王俊杰认为，和谐劳动关系就是企业与劳动者互惠互利、合作共赢、和谐融洽的良性状态，劳动双方在公平、公正的前提下，通过正当途径提出自己的利益主张，以平等对话、民主协商的方式解决双方的利益矛盾，在共同发展中有效实现各自的利益诉求⑤。刘铁明和罗友花认为和谐劳动关系是劳动关系中的主动合作，而被动合作则是一种潜在的和谐劳动关系⑥。

三是权利和义务相对均衡的平衡。有学者对和谐劳动关系内涵的界定主要表现在契约层面上劳动关系双方权利和义务的平衡，代表性学者有李培志、于桂兰、高爱娣等人。李培志认为，“和谐劳动关系的实质是劳动关系主体双方利益的和谐，是劳动关系主体双方权利和义务的平衡”⑦。于桂兰

---

① 参见冯喜良：《雇主在构建和谐劳动关系中的作用机制研究》，《中国人力资源开发》2013 年第 19 期。

② 参见程延园：《世界视阈下的和谐劳动关系调整机制》，《中国人民大学学报》2011 年第 5 期；乔健：《略论中国特色和谐劳动关系》，《中国劳动关系学院学报》2015 年第 2 期。

③ 参见韩喜平、徐景一：《和谐劳动关系的演进逻辑及发展方向》，《社会科学战线》2011 年第 3 期。

④ 参见张嘉昕：《马克思经济学与现代西方经济学劳动关系理论的比较研究》，《经济纵横》2011 年第 9 期。

⑤ 参见王俊杰：《和谐劳动关系构建中的利益协调》，《求实》2013 年第 1 期。

⑥ 参见刘铁明、罗友花：《中国和谐劳动关系研究综述》，《马克思主义与现实》2007 年第 6 期。

⑦ 李培志：《试论和谐劳动关系的构建》，《中国劳动关系学院学报》2005 年第 6 期。

等人认为，企业和谐劳动关系是劳动关系主体双方形成履行各自责任、保障对方权利的良性循环，双方权责对等、各得其所，雇员与雇主劳动关系满意度均高的动态平衡状态①。高爱娣认为，中国特色社会主义新型劳动关系是在国家、社会、企业、劳动者根本利益一致的基础上，劳动关系双方有着不同的具体利益要求，但权利与义务相对均衡的劳动关系；是能够将劳动关系各主体的利益诉求纳入法律和制度框架范围内，依法予以实现和保障的劳动关系；是能够通过市场调节与国家干预相结合，自我化解和消除利益冲突，促进社会的公正与公平的劳动关系②。

在平衡论的视角下，和谐劳动关系的主要内涵包括三个方面：首先，在主体上对和谐劳动关系的理解主要定位于劳动者和用人单位双方主体。尽管并不否认第三方在构建和谐劳动关系中的作用，但是并不将其视为劳动关系的主体。其次，在效果上注重劳动关系主体之间的平衡，主张通过各种方式来预防和化解劳资冲突、协调劳资利益分配，促进劳动者和用人单位在利益、力量对比、权利义务等方面达成平衡的状态。最后，均认可劳动关系主体之间存在矛盾和利益分化，劳动者和用人单位有着不同的利益诉求，因而认为和谐劳动关系并非是静止的、没有矛盾和冲突的真空状态，而是一种动态的平衡状态。

2. 价值论。这一视角主要从价值的层面阐述和谐劳动关系的内涵，将相应的价值因素融入劳动关系及其协调机制之中，并以此作为劳动关系状态的重要标准。在这一视角之下，关于和谐劳动关系的内涵，主要有如下几种界定方式。

一是从综合性的角度通过相应的价值标准来界定和谐劳动关系。部分学者在综合性的角度下对和谐劳动关系的价值进行界定，亦即并未区分不同的主体、类型、阶段等内容，而是采取一种概括性的方式进行价值的界定。例

---

① 参见于桂兰、梁潇杰、孙瑜：《基于扎根理论的企业和谐劳动关系质性研究》，《管理学报》2016 年第 10 期。

② 参见高爱娣：《社会主义和谐劳动关系理论概述》，《工会理论研究》2006 年第 5 期。

如胡磊认为，和谐劳动关系是指在我国社会主义初级阶段，劳动关系处于契约自由、公正合理、平等合作、协调有序、互利共赢的状态①。李桂华认为和谐劳动关系就是要让劳动者更有尊严，生产更加安全，分配更加公平，生活更有保证，在组织中形成一种和谐的社会工作环境②。王贤森认为，“所谓和谐劳动关系，是指处于一定组织状态之下相互沟通、依法协调、有序参与、积极有为、公平正义、和睦相处的劳动关系”③。周春梅认为，和谐劳动关系应当是建立在法治基础上的、民主化的、体现公平正义、有化解矛盾冲突的有效机制、处于良性运行中的劳动关系状况④。夏明月认为，构建和谐劳动关系就是使劳动关系双方达到和谐稳定状态，使生产要素达到优化组合，资源达到合理配置，促进社会经济发展，有利于社会稳定和个人幸福的获得⑤。韩桂君认为，劳资正义是和谐劳动关系的基础价值理念⑥。

二是从多层次的角度通过相应的价值标准界定和谐劳动关系。部分学者对劳动关系制度的不同层面进行价值上的界定，包括劳动关系主体、劳动过程、劳动条件等均有不同的价值目标。杨云霞认为，和谐劳动关系的内容理论包括了维护劳动者权益、实现体面劳动和促进劳动者全面发展、构建共建共享理念、社会主义协商民主机制和以法治维护劳动者权益等⑦。陈春萍认为，和谐劳动关系就是指在社会主义生产关系中，秉承以人为本的人本理念，贯彻劳动者、劳动对象和劳动资料等劳动要素协调发展的和谐思想，坚

---

① 参见胡磊：《和谐劳动关系构建中的政府行为优化研究》，《行政论坛》2014 年第 2 期。

② 参见李桂华：《和谐管理：中国特色的企业人力资源管理模式》，《中国流通经济》2011 年第 12 期。

③ 王贤森：《当前和谐劳动关系构建中的新视角——〈工会法〉实施中若干问题的反思》，《中国劳动关系学院学报》2005 年第 5 期。

④ 参见周春梅：《构建和谐劳动关系的困境与对策》，《南京社会科学》2011 年第 6 期。

⑤ 参见夏明月：《劳动关系伦理的提出及其价值旨归》，《哲学研究》2014 年第 5 期。

⑥ 参见韩桂君：《从劳资正义角度思考和谐劳动关系之构建》，《云南社会科学》2016 年第 6 期。

⑦ 参见杨云霞：《习近平中国特色社会主义和谐劳动关系思想研究》，《中国特色社会主义研究》2018 年第 6 期。

持自主性、互利性、正义性、人道主义等原则，体现劳动主体全面发展、劳动关系和谐稳定、劳动过程互利共赢、劳动条件规范有序、劳动成果公正分配的和谐性劳动形态①。卢萍认为，和谐的劳动关系就是要为劳动者提供良好的工作环境，并建立便于协作沟通、有助于调动各方面积极性的工作制度；和谐的劳动关系要求职场关系平等、管理民主，每一位劳动者都应当拥有参与竞争的机会和展示自我的平台，拥有合理表达意见诉求的渠道和维护自身合法权益的权利，这是对劳动者人格的尊重②。

三是通过价值的平衡与协调来界定和谐劳动关系。有些学者并不是直接明确具体的价值目标，而是主要强调了不同价值目标之间的冲突进行平衡与协调。例如冯彦君认为，劳动法所追求的和谐应是一种“和而不同”的和谐、一种相对的和谐、一种矫正的和谐③，他进而认为，和谐劳动关系法律构建的核心与关键是依法促进劳动关系各种价值目标的平衡与协调④。李磊认为，和谐劳动关系本身暗含着非常浓厚的伦理倾向，意味着和谐劳动关系的构建必须注重伦理价值的引领，促进劳动关系的伦理化⑤。

在价值论的视角下，和谐劳动关系的主要内涵包括三个方面：首先，和谐劳动关系体现着一系列的价值标准，反映着劳动关系运行的状况。其次，无论从哪一角度来看，这些价值诉求主要彰显了对劳动正义和劳动者权益的格外尊重。最后，价值目标成为协调劳动关系的基础理念。

3. 整体论。这一视角主要从劳动关系的整体性角度界定和谐劳动关系。它并不仅仅完全依赖于劳动者和用人单位的双方，更不局限于契约和法律的层面，而是强调了不同的社会现象总是相互联系在一起的，将劳动关系纳入

① 参见陈春萍：《论和谐劳动关系的人本价值》，《湖南科技大学学报（社会科学版）》2016 年第 6 期。

② 参见卢萍：《马克思劳动价值论的时代境界及实践意义》，《财经问题研究》2021 年第 3 期。

③ 参见冯彦君：《中国特色社会主义社会法学理论研究》，《当代法学》2013 年第 3 期。

④ 参见冯彦君：《“和谐劳动”的观念塑造与机制调适》，《社会科学战线》2015 年第 7 期。

⑤ 参见李磊：《和谐劳动关系构建的伦理视角》，《工会博览》2021 年第 34 期。

与其紧密联系的社会生活之中，以整体性的视角来界定和谐劳动关系的构成及其影响因素。关于整体性的不同安排，主要区分为如下几种不同的界定方式。

一是治理结构的整体性，除了劳动者和用人单位之外，还特别强调了政府和社会的作用。秦国荣认为，和谐劳动关系实现乃是一个社会系统工程，需要政府、社会组织，尤其是劳资双方能够建立起有效维护劳资和谐共处的运行机制，其实质在于寻求作为劳动法治顶层设计的两大元素——管制与自治之间的最佳契合点①。钱箭星认为，建设和谐的劳动关系需要政府与劳资建立三方合作机制，有效地运用三方机制平台，密切配合，通力协作，深入开展创建劳动关系和谐企业、和谐工业园区活动，推动企业建立规范有序、公正合理、互利共赢、和谐稳定的社会主义新型劳动关系②。

二是制度体系及其运行机制的整体性。李雄从整体性和谐劳动关系的角度，提出新时代我国和谐劳动关系建设应当以党的十九届四中全会精神为根本遵循，坚持以人民为中心的发展思想，立足劳动力市场和劳动关系领域新的主要矛盾，植入预防法学、激励法学、包容妥协等新理念，以健全劳动关系协调机制及劳动关系矛盾调处机制为主要“抓手”，以弘扬企业家精神为“推手”，以欠薪治理、底线保护、职工安置、职业培训等为主要工作，以促进广大劳动者实现体面劳动和全面发展以及经济社会可持续发展为目标模式③。郭庆松认为，和谐劳动关系是建立在劳动合作基础之上的层次更高、范围更广、程度更深、内容更丰富的劳动关系各方之间的相互尊重、民主协商、有序参与、依法协调、有效沟通、和睦相处的全面关系，它的实质就是劳动关系的组织化、规范化、市场化、契约化、法制化。④

---

① 参见秦国荣：《论全面建成小康社会中和谐劳动关系的法治保障》，《东南学术》2021年第5期。

② 参见钱箭星：《劳动者维权中的政府行为》，《国家行政学院学报》2007年第1期。

③ 参见李雄：《新时代我国劳动关系治理的重大转型》，《学术界》2020年第8期。

④ 参见郭庆松：《发展国有企业和谐劳动关系的理论反思与实践启示》，《中国人力资源开发》2007年第6期。

三是劳动关系层次化的整体性构造。陈晓强认为，和谐劳动关系，作为一种类型，它是与社会主义生产力发展相适应的新型的劳动关系；作为一种状态，它是主体双方达到动态平衡状态的劳动关系；作为一种和谐图景，它是个别劳动关系、集体劳动关系、社会劳动关系互为基础、相互促进的多层次的和谐图景。①

在整体论的视角下，和谐劳动关系的主要内涵包括三个方面：首先，在主体范围层面上，和谐劳动关系是一个范围更加广泛的系统，包括了用人单位和劳动者，以及政府、社会组织、劳动力市场等多方的主体。其次，内容上，和谐劳动关系包含的内容更加丰富，并不仅仅包括劳资合作、劳动关系的法治化、发挥工会作用等内容。最后，和谐劳动关系更加注重顶层设计的作用。

（二）和谐劳动关系的概念内涵

当前学界对和谐劳动关系的理解，主要停留在劳动关系治理及其制度实践的诉求与美好愿望之上，尚缺乏对和谐劳动关系的理论设计。从当前和谐劳动关系概念的提出及其应用来看，如果将其定位于特定的制度层面，就会面临着解释与适用上的局限而难以成为劳动立法的指导性理念。反之，如果将其仅仅定位于一种价值上的指向，则可能使劳动关系问题陷入存在过于宽泛的境地而偏离了本身的固有特点，此外，这些不同的价值标准并不能准确地诠释“和谐”作为劳动关系的附加定语。诚然，劳动关系并不是一个孤立的社会领域，它需要面对各种相关的因素并处理与它们之间的关系，但是和谐劳动关系并不能作为一个包括万象的体系而成为社会治理的同义语。因此，对和谐劳动关系的概念界定，应当在“和谐”这一基本价值的指导下，从劳动关系的特点出发，准确理解概念的本义。笔者认为，所谓和谐劳动关系，就是劳动关系在其分化与整合、冲突与合作、自治与他治等多重矛盾的

① 参见陈晓强：《和谐劳动关系探析》，《长白学刊》2009 年第 3 期。

有机结合和动态平衡中，运用其对立面的同一性不断发展的过程。

在这一概念内涵的基础上，构建和谐劳动关系，应当厘清其蕴含的法律价值目标。伴随着社会利益的分化，劳动关系的法律价值目标必然是多层次、多元化的。“价值的多元，既意味着主体的自由，同时也意味着价值冲突的几率必然上升，冲突也必然会加剧。”① 而“和谐”这一概念在当前劳动关系所处社会背景下的法律价值目标则是强调劳动关系秩序的安定状态。每一种法律价值目标都不是孤立的，与其他法律价值目标是相互联系在一起的。这种联系既可能是一种相互配合与促进的关系，也可能是相互冲突与抵触的关系，而且两者之间往往不是一成不变的，也存在相互转化的关系。对价值目标的冲突，即秩序的安定状态与自由、公平、正义等多元化价值目标的冲突作出选择，正是解决“和谐劳动关系”概念的法律价值目标的根本问题。

秩序的安定状态和多元化价值目标两者之间并不是一对不可调和的矛盾。事实上，秩序是其他法律价值目标存在的基础。“秩序究其本质是组织化的活动方式，而任何价值追求都是有组织的、具有目的性和方向性的活动，即是说都必须依赖一定的秩序进行，所以秩序价值是其他价值实现的基础，在实现其他价值的时候秩序价值也就同时实现了。”② 在此意义上，劳动关系在市场转型中的多元化法律价值目标，如自由、公平、正义的实现，必然需要以“和谐”所强调的秩序作为基础。此外，秩序必然依附于其他法律价值目标而实现。秩序本身的价值是中立的，但是现实中不包含其他价值目标的秩序价值是不存在的。其包含了什么样的价值，取决于秩序建构的方法和社会背景。譬如，计划经济时期建构的劳动关系秩序，往往具有一元化的法律价值目标特征；市场经济时期建构的劳动关系秩序，往往体现为多元化的法律价值目标特征。

---

① 谢晖：《法律哲学》，湖南人民出版社 2009 年版，第 202 页。

② 龙文懋：《“自由与秩序的法律价值冲突”辨析》，《北京大学学报（哲学社会科学版）》2000 年第 4 期。

因此，秩序并不必然与某种法律价值目标相冲突，所存在的冲突实际上是某种特定的价值目标与秩序中其他价值目标的冲突。“和谐劳动关系”中的“和谐”并不必然与劳动关系的多元化法律价值目标相冲突，所存在的冲突仅仅是对“和谐”的理解片面限于秩序的安定状态这样一种固化的思维模式。也正是如此，对“和谐劳动关系”的法律目标价值冲突的选择应当以秩序为基础，这种秩序的建构必然应当依附于劳动关系市场转型过程中的多元化法律价值目标。基于此，笔者认为，对“和谐劳动关系”的理解和解读，不应当单纯强调秩序中的安定状态，甚至不应当过于强调秩序本身的价值目标，而要达至“劳动关系”之“和谐”的价值目标，务必应当通过劳动关系的内外因素，保障劳动关系调整的意思自由，即劳资自治，促进公平与正义的实现。

其一，劳动关系的内部因素。从我国劳动关系发展历程来看，在劳动行政关系走向市场化转型的过程中，劳动法必然要经历“公法私法化”的过程。在这个过程中要建立市场化主体，务必要保障劳动者和用人单位充分的劳资自治之实现。劳动关系的从属性特征就决定了劳动者在经济上的弱势地位，强势与弱势之间的自治在力量不对等的前提下是难以实现的，劳资自治就可能成为一句空话。从利益平衡的角度来看，为保障劳资自治的实现，就应当赋予劳动者团结权。通过“弱势”力量的集合——自主参加和组织工会，劳动者（工会）与用人单位的“强势”相互制衡，方能保障劳资自治的实现，改善“资强劳弱”中对劳动者不利的局面。赋予劳动者团结权是为了促进劳动关系的公平和正义，但更是对劳动者自由的一种保障。如果这种自由无法得到保障，那么法律的公平和正义之价值目标必然大打折扣。

其二，劳动关系的外部因素。无论是我国“公法私法化”还是西方国家“私法公法化”的发展趋势，劳动关系外部因素对于劳动关系本身都起到一定的限制作用，甚至在一定程度上影响着劳动关系的传统含义。保障劳动者的自由是劳动关系内部因素的要求，但在其内部因素往往是无法自行实现的，这就需要外部因素的法律机制保障。通过外力对劳动关系的干预，一方面是劳动法对劳动者最直接的倾斜性保护，如劳动法规定的劳动者的单方解约权与用人单位的单方解约权相比，明显对劳动者更加有利；另一方面是政府介入的劳动关系“三方机制”，通过政府劳动部门、用人单位和劳动者三方之间共同处理劳动关系相关问题，以此改善劳动者的不利地位。其价值目标直接在于通过法律机制的运行对劳动者实行倾斜性保护，以此体现公平与正义的法律价值目标。

因此，法律调整的劳动关系集中了自由与公平、正义等一系列的法律价值目标，是多元化、多层次的法律价值目标。内部因素更加注重劳动关系调整的意思自由，外部因素更加注重劳动关系的公平和正义。而这种自由的实现，必然要通过一系列符合公平和正义价值目标的举措。当然，公平和正义也正是为了保障自由的实现。

三、和谐劳动关系的特点

根据基本概念的界定，和谐劳动关系主要是劳动关系所追求的一种状态或者相应的价值目标。正是由于赋予了特定的价值内涵，和谐劳动关系展现了劳动关系的内部构造及其运行过程的特殊性。总体而言，它主要有如下几方面的特点。

第一，在基本条件上，它蕴含着劳动关系中的差异性和对立性。在市场经济条件下，劳动关系本身就具有内在的差异性与对立性。和谐劳动关系产生和形成的基本前提条件就是劳动关系中的差异。主体之间没有差异的利益一体化局面，是不可能构成劳动关系的。《国语·郑语》有云：“夫和实生物，同则不继。以他平他谓之和，故能丰长而物归之；若以同裨同，尽乃弃矣”。这就是说，和谐确实能使万物生长，完全相同就不能发展继续。“和”是一种差异化的对立统一，因而能促使事物的生成丰富和发展；“同”则强调去掉差异化趋向一致，因而也就没有了互补性，从而限制了事物的继续发展。因此，和谐劳动关系并不是要消除劳资对立、劳资矛盾和劳资冲突，而是将这种对立、矛盾和冲突以特定的秩序和规则来呈现，使之统一于劳动关系的法律制度、规范体系及其认同的路径之中。

第二，在理论架构上，它阐释了劳动关系差异性要素的有机结合与动态平衡。仅有差异性和对立性要素，无法形成劳动关系，更不可能形成劳动关系的和谐体。只有将那些有着内在联系并相互依存的要素有机地结合起来，使它们之间的协调性、平衡性成为劳动关系的作用机理，才能形成真正的"和谐"。因此，和谐劳动关系是多重矛盾的动态发展过程。一方面，劳动关系是多重矛盾的结合体。和谐劳动关系不是仅仅指向劳资双方主体的利益，也不仅仅指涉法律适用和契约履行的完整，它涉及劳动关系在主体、环境、意识形态和劳动规则等多方面因素。在这些因素的影响之下，劳动关系的分化与整合、冲突与合作、自治与他治等之间的矛盾日渐突出。当它们以一定的方式有机结合之后，劳动关系就会凸显新的性质，和谐才逐渐成为现实。另一方面，劳动关系是动态发展的过程。和谐劳动关系不宜作为已经完成的状态，因为劳动关系本身就处于不断变化的状态，阶段性、短暂性的状态描述并不必然成为劳动关系的固有特点，因而和谐劳动关系不是最终状态的评价结果，它也没有终点，而是一种动态发展的过程。

第三，在思维方式上，它强调一致性因素对劳动关系的内生和驱动作用。和谐是非对抗性矛盾以同一性为主的矛盾存在状态①，它对待同一矛盾的不同方面的态度是不同的，更加强调对立面的同一性在事物发展中的内生和内驱作用②。因此，和谐劳动关系的特定思维方式表现在，它注重发挥一致性因素的作用并将其作为劳动关系的内生和驱动力量。但是这并不意味着和谐劳动关系就否定或者排斥了劳动关系的对立性特点。从根本上来讲，对立性是劳动关系的本质特点，是无法否定的，而和谐劳动关系在思维方式上只是更加注重一致性的因素对这种对立性的影响和引导。例如，在分化与整

---

① 参见刘林元：《和谐与矛盾》，《毛泽东邓小平理论研究》2007年第5期。

② 参见左亚文：《论和谐思维、矛盾思维与辩证思维的关系》，《哲学研究》2009年第5期。

合中，它更加强调整合对劳动关系的积极作用；在冲突与合作中，它更加关注如何预防和缓和冲突并强化劳资合作；在自治与他治中，尽管自治是劳动关系的重要基础，但是它更加注重他治对劳动关系的矫正和平衡。

第四，在价值目标上，它追求的是劳动关系的高质量发展。无论对其价值做何种归纳总结，和谐劳动关系的根本目标都在于适应社会发展的变化不断地实现高质量的发展。和谐劳动关系并不是一种固定的、一成不变的状态，它必然根据主客观的情况而不断发展变化，并寻求劳动关系的最佳状态。这一目标就是劳动关系的高质量发展，既要根据客观经济情况而不断改善和提高劳动关系的保障水平，又要满足劳动关系主体适应外部环境变化而产生的高质量发展的主观需求。随着经济发展水平和生活质量的提高，劳动关系状态既要突破原先的固有条件进行同步的调整，根据客观发展情况改善劳动标准、提高劳动保障条件，又要不断满足劳动关系主体高质量发展的需求，例如提升劳动者的人力资本、改善企业民主管理方式等，从而使劳动关系的条件、标准和状态持续不断处于改善和发展的过程中。

第三节　和谐劳动关系法治化的内涵及其构造

一、和谐劳动关系法治化的内涵

“法治化”是学界使用频率非常高的一个术语，法学、社会学、政治学、经济学、管理学领域的学者都在不同的程度上使用这一概念，一般将其与确定性和可预期性的特征相联系。学者们对法治化概念的使用，主要有如下几个方面的类型。

一是将法治化理解为法律的适用或者法治的实现。这一视角主要从法的作用角度来理解法治化的内涵，强调法律而非其他手段对社会关系的调节作用，但在法的作用指向上存在一定的差异。有些学者从法的规范作用上对法治化的内涵进行界定，指出法治化就是运用法律手段而非伦理道德、地位、权势等其他手段规范社会行为、调节社会中的一切关系①。而另外一些学者则从法的规范作用和社会作用相互结合的角度对法治化的内涵进行界定，例如有的认为法治化就是“法治”价值的外化，是使“法治”价值得到具体的实现②；有的则详细界定了具体的内容，即坚持以法律和法理为依据，界定权利义务、明确责任界限、规范社会行为、整合社会秩序、保障社会治理良性运行③；有的则提出法治化是一种规范体系和法律规制逐渐介入各个领域的动态过程④。这些观点的共性在于指出了法治化的核心就是法律的适用，因而它是动态的。

二是将法治化理解为一种治理模式或者社会秩序。这一视角从法治化的状态特征上进行界定，并将这些特征表述为法的统治、权利保障和权力限制等方面。有些学者从概念的概括性和整体性出发，认为法治化是相对于政治化和人治化的治理模式⑤；或者从最终目的的角度认为是一种法律秩序状态⑥。诸多学者则从社会秩序或者法治的具体特征的角度来界定法治化的概念，例如有的认为法治往往只是规则之治，因此法治化主要就是规则化、程序化⑦，这一界定突出了法的统治的特征；有的则从公权力运行的层面认为

---

① 参见杨海蛟：《政治行为论》，山西教育出版社 2001 年版，第 88 页；孙午生：《网络社会治理法治化研究》，法律出版社 2014 年版，第 116 页。

② 参见莫纪宏：《法治与小康社会》，《中国法学》2013 年第 1 期。

③ 参见杨述明：《智能互联驱动公益慈善现代化转型——基于武汉公益慈善抗疫实践的研究》，《社会科学动态》2021 年第 8 期。

④ 参见罗伦：《法治化：代际、困境与选择》，《江苏社会科学》2017 年第 3 期。

⑤ 参见张千帆：《国家主权与地方自治——中央与地方关系的法治化》，中国民主法制出版社 2012 年版，“前言”第 3 页。

⑥ 参见朱振：《国家治理法治化进程中的包容性秩序观》，《法制与社会发展》2022 年第 3 期。

⑦ 参见李贺楼、王郅强：《信访制度的现实处境与改革方向：制度传统和现实需求视角下的分析》，《中国行政管理》2017 年第 1 期。

法治化就是制约化①，这一界定突出了权力限制的特征；有的则从国家治理的层面认为法治化是民主化、科学化、效率化、文明化的完美结合及形式表现②，突出了权利保障和权力限制的功能。

三是将法治化理解为法治方法的运用。这一视角在国家治理的层面强调了法治作为一种方法的运用，并明确这种方法的核心要义就是法治思维和法治方式。在这一视角下，不同学者对法治方法的运用存在不同界定方式。有的学者注重了运用法治的过程和能力，并将法治化视为对构成法治的结构要素的实践运用和执行状态的判定③。有的学者在国家治理现代化的层面将这种法治方法界定为党领导人民治国理政的基本方式④。此外，也有众多学者从公权力和公民权利（或者领导干部和广大群众）的双重角度提出了法治方法的运用⑤，即运用法治理念、法律价值、法律规范程序、法律思维方法等来限制权力以及保障权利的实现⑥。

四是将法治化理解为治理方式转变的过程。这一视角的观点主要基于“化”这一用语的特点，将“法治化”理解为法治的实现过程。有的学者将法治化理解为“纳入法治的轨道，从而实施法治和实现法治的过程”⑦。多数学者对法治实现的过程强调了状态的转变，即从人治、专制等非法治社会

---

① 参见肖凤城：《行政程序法的三个前提》，《行政法学研究》2005 年第 4 期。

② 参见杨海坤、郝炜：《国家治理及其公法话语》，《政法论坛》2015 年第 1 期。

③ 参见黄竹胜、陈国华：《论中国宗教事务治理法治化》，《广西师范大学学报（哲学社会科学版）》2017 年第 2 期。

④ 参见崔文静：《国家治理现代化视阈下宗教治理法治化路径探析》，《科学与无神论》2021 年第 5 期。

⑤ 参见徐铜柱、张恩：《乡村微腐败的异质性表现及其法治化治理之维》，《湖北民族大学学报（哲学社会科学版）》2021 年第 2 期；龚维斌：《打造共建共治共享的应急管理体系》，《社会治理》2017 年第 10 期。

⑥ 参见陈金钊：《现代化语境的法治化探寻》，《山东大学学报（哲学社会科学版）》2021 年第 4 期。

⑦ 孙育玮：《法治文化：都市法治化的深层底蕴——关于上海都市法治文化的理论思考》，《上海师范大学学报（哲学社会科学版）》2006 年第 2 期。

的传统状态向法治社会的转变①，将市场化、民主化作为法治化的前提基础或者相伴而生的重要因素，并将法治社会的形成或者法治目标的实现作为目标指向。有些学者并未表明转变的初始状态，而是强调了转变的趋势或者方向，例如有学者从国家治理的角度提出“使善法得到真治”的转变②，有的学者则提出以西方的法治思想与实践为参照系对东方社会进行改造以实现其社会转型的过程③。

从上述观点来看，法治化在不同的语境之中往往会存在各自不同的解释。但是明确的内涵有助于增强我们对法治运行一般规律的理解，起到促进法治、健全国家治理和社会治理的效果。事实上，上述观点主要将法治化视为一种稳定的状态或者属性的变量，从概念应用的差异中，我们依然能够分析出法治化概念的内部构造。

首先，如果将学者们的观点按照时态进行区分的话，就会发现法治化存在完成时、进行时和将来时的不同认识。有的学者在完成时的意义上使用法治化的概念，将法治化视为一种结果，并从法治表现的特征上来界定法治化的内涵，认为行为体已经内化了某种法治的效果，遵从法治是理所当然的。事实上，这是对法治化进程最终所产生一种效果的阐述。也有学者在将来时的意义上使用法治化的概念，将法治化视为一种目标，认为法治化是国家治理的目标和社会治理的愿景。多数学者将法治化视为一种进行时的状态，认为法治化是一个动态发展的过程。有的则从多个时态来理解法治化，认为法

---

① 参见卢建峰：《行政决策法治化研究》，光明日报出版社 2011 年版，第 16 页；赵冬鸣、张蓓蓓：《高校学生管理法治化探微》，《学校党建与思想教育》2016 年第 18 期；石佑启、陈咏梅：《行政体制改革及其法治化研究：以科学发展观为指引》，广东教育出版社 2013 年版，第 23 页；高志宏、党存红：《企业法律风险管理导论》，东南大学出版社 2014 年版，第 5 页；陈章乐：《社会主义法治化初论》，博士学位论文，中共中央党校，2002 年；苗伟明：《困惑与选择——上海市保安服务市场规范发展研究》，上海人民出版社 2013 年版，第 59 页；莫纪宏：《法治化的最低制度性要求》，《检察日报》2013 年 5 月 23 日。

② 参见魏治勋：《“善治”视野中的国家治理能力及其现代化》，《法学论坛》2014 年第 2 期。

③ 参见徐永康：《法理学》，上海人民出版社 2003 年版，第 185 页。

治化既是目标，也是过程①。

其次，在法治化内涵所针对的对象方面，亦存有不同的区分，大致可以分为主体行为的模式化以及法律本身的法治化。在主体行为模式化上，有的关注的是相关主体的法治化，例如从公民权利保障和公权力限制角度界定的法治化，其对象是公民和公权力机关；有的主要将国家治理作为法治化的对象；有的则对法治化的对象进行了扩大化，不再局限于特定的主体，而是将一切社会关系都视为法治化的对象。另一种法治化的对象则是法律或者法治本身，通过法律适用或者法治运行所呈现的特点、价值和方法等来界定法治化的概念。当然，有的在概念界定上往往包括了两种不同对象，既有行为的模式化，也有法律本身的法治化。

最后，关于法治化的运用来看，存在方式方法和价值追求的不同角度。有的在方式方法的层面界定法治化，将其作为一种现代化的治理方式或者法律适用的技术方法，往往注重其动态性、规则性和应用性的意义。有的在价值的层面界定法治化，将法治化作为一种价值融入法治活动之中，并在具体内涵中赋予法治化民主、科学、效率、文明、权利保障、权力限制、善治等相应的价值，或者将法治化视为某些价值的外化，例如有学者认为法治化是让“公平正义”的价值核心外化为管理制度和管理方法②。此外，有的对法治化的界定则兼具方式方法和价值追求的层面，将法治化视为一种价值理念和治国方略③。例如有学者指出，法治化所具有的包容品格，使其不仅包括规范和程序，也包括人类对美好生活的价值追求，同时还包括对法律运用技术的思维探索④。

由上可知，法治化是一个应用极为广泛而又极具伸缩性的概念，我们很

---

① 参见陈军亚：《法治化、“缝隙社会”与国家建构》，《理论与改革》2022 年第 3 期。

② 参见胡建淼：《国家治理现代化关键在法治化》，《学习时报》2014 年 7 月 14 日。

③ 参见莫纪宏：《国家治理现代化首先是国家治理法治化》，《学习时报》2014 年 10 月 13 日。

④ 参见陈金钊：《现代化语境的法治化探寻》，《山东大学学报（哲学社会科学版）》2021 年第 4 期。

难用一个能够消除所有差别的标准化定义来涵盖不同指向、层次和视角，甚至从语义学上对法治化的概念进行精确的界定并不现实，但是从形式逻辑上看，法治化应当具有明确的内涵。笔者并非要从根本上对法治化进行标新立异的界定，而是力图从学术争论之中探求其共同性，避开对概念定义的争执，以问题导向的视角，转向从法治化的功能和内容的角度来探索和谐劳动关系法治化的本质。

在完成时态的意义上理解法治化，可以解释主体的某些行为特征，但是劳动关系始终处于主体的多层次互动之中，这一理解所能提供的只能是一种结构性的解释。这种解释的不足在于难以把握劳动争议复杂的成因及其动态的过程。而以将来时界定法治化，对目标的把握又往往因特定时代的需求而存在诸多不确定性的变化。因此，将法治化以“进行时”的动态过程来理解，研究和谐劳动关系会更有学术价值和实践意义。如果法治化作为“进行时”的过程来理解，那么就必须将劳动关系主体的行为作为主要的研究对象之一，这样的法治化比仅仅谈论法治本身的法治化操作起来更有意义。在此基础上，对法治化应用的理解不宜过于狭隘。法治化兼具方法论和价值论的功用，它既是社会治理的一种方式，也是主体行为和法律本身追求的一种理念。因此，笔者对劳动关系的法治化理解为从治理规则到协调机制的动态发展过程，同时也包括了行为的法治化，而且这一法治化是以能动性为基础。

根据这一理解，和谐劳动关系法治化在内容指向上，应当有助于劳资双方的关系保持在相对平衡的状态，有效发挥劳动关系制度的效能，促进劳动关系的社会治理，形成健全的劳动关系治理机制。一般而言，制度是一个社会的博弈规则，它们通过建立一个人们互动的稳定的结构来减少不确定性，即使并不一定是非常有效的①，但是和谐劳动关系的构建需要一种稳定的结

---

① 参见［美］道格拉斯·C. 诺思：《制度、制度变迁与经济绩效》，杭行译，格致出版社 2014 年版，第 3—6 页。

构来减少主体互动及其治理过程的不确定性。在社会转型和产业升级过程中，劳动关系不均衡的现实性，不断加剧着劳动关系制度的演化，因而也在不断改变着对劳资双方甚至政府作出选择的可能性。而法治化则体现为法律制度有效变迁的过程，在内容上应当体现为如下三个方面的内容指向。

一是稳定性指向，强调法治化为劳动关系系统中主体的行为提供确定性和可预期性的指引。法治化是一个状态依赖的过程，这一过程限制了选择的随意性并减少了工具理性的色彩。在劳动关系治理中，不断地因应环境的变化而通过社会治理创新工具谋求劳动关系形式上和谐的功效，尽管具有效率的追求，但无法形成法治化所要求的稳定性，而“制度框架的总体稳定性使得不受时空限制的复杂交换成为可能”①。在这一制度框架中，劳动关系治理的参与主体不会因为外界形式的变化而遭受到破坏。

二是持续性指向，强调法治化对劳动关系治理能够持续发生作用。从动态发展过程的角度来理解，法治化本身就是治理的可持续性，它能够保持一定的过程和状态，维持劳动关系制度的活力。理解法治化，要求我们考虑随着时间的推移，规则之间应当如何相互适应，以及与环境如何适应②，使得法律在规范和引导人们行为的过程中能够持续地发挥积极作用，而并非是在某种特别要求下的临时起意。

三是扩散性指向，强调法治化能够引起行动主体间的共鸣。一项制度通过各要素的扩散，使得行为主体能够在规范、价值等方面形成共识，并进而达到被接受的程度。衡量某一制度结构的力量是否能够不断增加的一个重要指标就在于这套规则与结构的扩散程度。在这种意义上，法治化的研究完全就是对制度扩散的研究。对劳动关系治理的法治化，在本质上就是将治理的规则和价值观等方面在政府、社会和劳资之间进行扩散的一个过程。

---

① ［美］道格拉斯·C. 诺思：《制度、制度变迁与经济绩效》，杭行译，格致出版社 2014 年版，第 98 页。

② Michael E. Smith，*Europeps Foreign and Security Policy*：*The Institutionalization of Cooperation*，New York：Cambridge University Press，2004，p. 26.

二、和谐劳动关系法治化的构造

法治化的上述三个方面的指向，与组织社会学家 W. 理查德·斯科特（W. Richard Scott）的制度理论具有高度的一致性。斯科特指出，“制度包括为社会生活提供稳定性和意义的规制性、规范性和文化—认知性要素，以及相关的活动与资源”①。他强调了制度是由符号性要素、社会活动和物质资源构成的持久性的社会结构，并将规制性、规范性和文化—认知性系统分别确定为制度的关键性要素。他主张对这三种构成要素进行突出强调，比较它们之间在基础假定、机制和指标的差异以推进制度理论。根据制度的三大基础要素，如表 2. 1 所示，我们将和谐劳动关系构建的法治化要素区分为三个要素，即规制性要素、规范性要素和认同性要素。根据斯科特的制度理论②，笔者列出了法治化的三大基础要素各假定之间差异的比较。

表 2. 1　制度的三大基础要素

	规制性要素	规范性要素	认同性要素
遵守基础	权宜性应对	社会责任	视若当然、共同理解
秩序基础	规制性规则	期望约束	制约机制
扩散机制	强制	规范	模仿
逻辑类型	工具性	正当性	正统性
系列指标	规则、法律、奖惩	合格证明、资格承认	共同信念、共同行动逻辑
情感反应	内疚/清白	羞耻/荣誉	确定/惶惑
合法性基础	法律制裁	道德支配	可理解、可认可的文化支持

法治化的运行通过单一要素很难取得稳定和积极的效果，而往往有赖于

① ［美］W. 理查德·斯科特：《制度与组织：思想观念与物质利益》，姚伟、王黎芳译，中国人民大学出版社 2010 年版，第 56 页。

② 参见［美］W. 理查德·斯科特：《制度与组织：思想观念与物质利益》，姚伟、王黎芳译，中国人民大学出版社 2010 年版，第 59 页。

各个不同要素之间的相互作用。和谐劳动关系的构建必然要整合规制性要素、规范性要素和认同性要素，通过这些要素的共同作用形成劳动关系的制度环境。这一综合性的环境决定了和谐劳动关系构建的取向，并影响和引导劳动关系主体的行为方式和价值取向，从而影响到治理的效果与目标的实现。

（一）规制性要素

规制性要素包括法律法规和国家政策等正式制度的来源，通过强制性的机制来为劳资双方的行为提供确定性的指引，使其能够处于一个稳定性的社会结构之中，增强行为的预见性和有序性，进而减少不确定性。此外，对于司法者和执法者而言，应当能够为其提供可供断案的强制性的规则，在构建和谐劳动关系的过程中能够起到定分止争的效果。构建和谐劳动关系需要在依法治国的战略目标下系统设计，规制性要素不但要与社会结构相适应，还要与劳动关系的调整模式相融合，更应当与社会主义法治理念和法治体系相一致。规制性要素通过强制性机制展开劳动关系的治理、法治资源的优化及社会秩序的保障等活动，提高劳动关系治理的效率，为劳资双方的法律适用提供一个可供参照的标准。

规制性要素的遵守基础是权宜性应对。劳动关系主体行为方式的选择并非按照正式制度事先确定的规则进行，而是根据劳动关系所处的场景条件作出行为的选择，依赖于自身的判断去完成的。从主体行为的过程来看，并不是先有规则而后在规则的基础上进行选择，因为人们对任何约束并不是内在的自然选择。劳动关系主体的行为方式一般呈现这样的逻辑：首先存在内心的选择和判断，这种选择可能是基于趋利避害作出的，也可能是无意识下作出的；之后，将这种选择与制度确立的规则进行权衡和比较，并判断规则是否有利于选择的实现；最后，结合规则对主体选择的利弊对行为进行不断的调整。从这一过程来看，规制性要素的遵守基础是将规则作为一种暂时适宜的措施纳入主体选择的过程中，而不是主体行为选择和判断的唯一确定性准则。

规制性要素的秩序基础是规制性的规则。以法律为典型代表的正式制度是社会正式制度的主体，是以国家统治阶级的意志为转移的，在社会发展中有着道德、习俗等非正式制度无可比拟的优势，是不可替代的。从作用或功能上讲，法律作为一种具有国家强制力的规范，具有指引、评价、预测、教育和强制的规范作用。通过这种规范作用，法律实现其社会作用。[①] 通过规范性的指引，法律能够为人们的行为提供模式标准、样式和方向，可以预先判断人们相互之间将采取怎样的行为以及会产生怎样的行为后果，并进而对自己的行为作出合理的安排。通过强制力的保障，法律得以实现对违法行为的制裁，增进社会成员的安全感。法律在对一般人的行为进行指引、预测、评价、保护和强制的过程中，也直接或间接地影响着人们的思想，并进而影响人们的行为选择。

规制性要素的扩散机制是强制。规制性要素主要通过强制来实现其作用和效能。任何的规则都必须附加一定的强制力保障实施，强制既能够保障规制性要素的目的实现和有效实施，同时更是规制性要素得以扩散的重要途径，它使行为主体之间在规则方面形成共识，进而达到被接受的程度。原因在于：其一，规制性要素的遵守和扩散不能始终或者主要依赖于行为人的自愿，基于各种各样的原因，违反规则的行为始终会存在，规制性要素能够通过一种“压制”或者“强迫”的力量来促使行为主体遵守规则。其二，规制性要素无法自行实施，必须由特定机关或者主体加以执行，通过强制的程序和手段为规制性要素的实现提供保障。规制性要素的强制性，主要有如下几种表现：一是对违反规制性要素的行为的否定和制裁；二是对符合规制性要素的行为的肯定和保护；三是权利人在遭受损害时具有请求获得相应救济的权利。强制性也是衡量规制性要素的决定性标准。当人的行为符合规制性要素的要求时，强制力只是潜在的，不为人们所感知；而当人的行为与规制

① 参见沈宗灵：《从〈中国21世纪议程〉看法律的作用》，《中国法学》1994年第5期。

性要素的要求相抵触时，强制力就会显现出来。

规制性要素的逻辑类型是工具性。规制性要素是社会制度与规则外化的表现，它必然具有工具性，而且应当具有工具性。规制性要素运行存在特定的目的，它将制度规则视为一种外在于人的价值中性的东西，为人的有目的的使用而实现其工具的效用性。在构建和谐劳动关系的进程中，规制性要素具有保障和谐劳动关系的目的性的工具作用。规制性要素必然以工具性作为其运行的逻辑，主要体现在四个方面：一是从主体层面来看，规制性要素是工具而不是主体，“人始终是主体”，人的本质也就是主体的本质。因此，规制性要素需要服务于劳动关系主体的目标。二是从基本属性来看，它一般不涉及人的情感和精神价值，将客观化的制度规范确定下来，避免主观臆断和随机性。三是从外在形态来看，它具有特定的目的、程序和手段，以程式化的、体系化的形式将规制性要素展现出来。四是从运行方式来看，它以制度规范的实施和制度规则的适用为运行方式，行为者需要从效益最大化的角度理性地考虑预期目的的实现方式。

规制性要素的系列指标主要有规则、法律、奖惩等。规制性要素需要通过载体及其特定的形态呈现出来，这些就是规制性要素的系列指标。其中，法律是规制性要素中最典型的一项指标。法律是由国家制定或认可的规范体系。这种规范体系，依靠国家的强制力保证实施，以权利义务为调整机制，以人的行为及行为关系为调整对象，反映了由特定物质生活条件所决定的统治阶层或人民的意志。其目的在于确认、保护和发展统治阶层或人民所期望的社会关系和价值目标。① 同时，法律之外的规则也在规制性要素中占据着重要的地位，包括执政党和行政机关的政策及其他规范性文件和命令、司法实践中确立的裁判规则和指导性意见等。此外，奖惩也是规制性要素的系列指标之一，例如劳动保障监察和劳动行政处罚、中央和地方政府对构建和谐劳动关系企业的表彰等。

---

① 参见刘星：《法理学导论》，法律出版社 2005 年版，第 40 页。

规制性要素的情感反应主要有内疚、清白。根据遵守或者违反规制性要素所产生的不同后果，通常会产生内疚或者清白这两种不同的情感反应。这些情感反应有可能是外在的表达，也有可能是内在的表达而不易识别。当行为方式与规制性要素一致时，主体的情感反应表现为清白，更加愿意以外在的形式表达出来，且自身权益受损时主张权利的意愿往往更大。当行为方式不符合规制性要素时，主体的内疚情感成为其接受制裁的思想基础。内疚的来源则是多方面的，既可能来源于对规制性要素的敬畏，也可能来源于对方的同情和理解，还可能来源于自身行为的自责，更可能来源于对制裁和责任承担的顾虑。在劳动关系治理的现实中，由规制性要素引起的不同情感反应往往相互交织、难以识别，更多地需要协调者、执法者或者裁判者在争议解决的过程中加以梳理和引导。

规制性要素的合法性基础是法律制裁。合法性赋予规制性要素以权威或者具有约束力特征，从而将其转化为权威。规制性要素获得这一特征的基础就在于其以法律制裁作为终极保障。同时，法律制裁也是规制性要素强制作用的重要体现。法律为保障其自身能够得以实现，必然会运用国家强制力制裁、惩罚违法行为，保证法律明令得到遵守与执行，强迫“行为符合业已确立的秩序”①。规制性要素如果缺少了法律制裁，就会形同虚设，沦为“没有牙齿的老虎”，丧失其强制力与合法性基础。法律制裁的方式多种多样，有违宪制裁、行政制裁、刑事制裁和民事制裁等。在法律制裁的保障基础上，规制性要素得以保障劳动者的合法权益，增强法律的严肃性和权威性，保证法律秩序的稳定性，促进劳动关系的和谐稳定。

（二）规范性要素

规范性要素主要包括劳动关系主体所持有的价值目标及其行为规范。劳

---

① ［美］博登海默：《法理学：法律哲学与法律方法》，邓正来译，中国政法大学出版社1999年版，第341页。

动关系系统中的不同主体持有不同的价值观念，在劳动关系中对现存结构或者行为的价值判断也必然不同。也正是如此，我们才有必要确立不同主体行为的正当性方式。规范性要素的运行机制是在劳动契约实质不平衡的基础上，通过共同的期望和价值观将各种规范内化到参与者的行动之中，为劳动关系的协调提供规范框架的准则结构，并成为稳定管理和秩序的重要基础①。劳动关系治理的规范性要素主要表现为在劳动契约履行过程中的政府行为、劳动者诉求、企业愿望和社会期望等。劳资双方和政府对治理的价值导向、劳动者的追求、公开透明的企业民主管理等都会对劳动关系规则、行为标准等的建立产生极大的影响。良好的规范性要素会为劳动契约的履行提供一个和谐、畅通的制度环境。和谐劳动关系的构建，实际上是通过行为规范对不同主体的价值目标进行协调的过程。

规范性要素的遵守基础是社会责任。社会责任是指人们基于自身与社会的联系而为社会承担的责任。无论是劳动者还是用人单位，他们为了生存和发展，必然都要与其他社会成员和社会群体建立一种关系，因为他们有共同的需求。同时，由于人们有不同的特点和需求，通过相互的帮助寻求利益一致的共同体才能实现其共同的需求。在劳动关系中，规范性要素对不同主体的要求显然不能等同。对劳动者而言，他们之间具有提供从属性劳动的共同特点和需求，这使其社会责任更多地集中于劳动者的共同体制中。因此，社会责任的承担往往更加体现在劳动者的敬业、与同事的协作、民主参与等方面。而对企业而言，社会责任承担的内容要更加丰富，在劳动关系中主要体现在其对就业、工作条件和社会保护、民主管理和集体协商、职业健康安全、工作场所中人的发展与培训等方面②。这些社会责任成为劳动关系主体遵守规范性要素的基础。

---

① 参见史璞、孟溦：《我国大学绩效管理的制度基础探究——基于新制度主义社会学的视角》，《华东师范大学学报（教育科学版）》2012 年第 3 期。

② 参见《ISO 26000：社会责任指南标准》，见 https：//www. iso. org/files/live/sites/isoorg/files/store/en/PUB100258. pdf。

规范性要素的秩序基础是期望约束。与规制性要素不同，规范性要素的秩序基础并不依赖于制度规则，而是对约束的期望。这就是说，规范性要素形成的秩序主要依赖于本人对他方的期待，而非取决于本人的意愿，更非取决于确定的制度规则。但这并不意味着期待约束是一种“无能为力”的做法，而是需要发挥自身的能动性，通过对对方的判断来调整自身的行为选择，并期望对方能够接受本人提出的意愿的约束。劳动关系中，劳动者可以通过对用人单位的判断来采取针对性的行为，并希望用人单位能够受到约束。例如劳动者基于企业利润增长的现实主张提高劳动报酬，并希望企业能够接受这一规约。同理，用人单位也能够通过对劳动者的判断采取相应的措施并期望他们接受这一规约。这种相互之间的期望约束，成为规范性要素的秩序基础。

规范性要素的扩散机制是规范。规范性的规则提供了法治化的说明性、评价性和义务性的维度，它规定事情应该如何完成，并规定追求所要结果的合法方式或手段。在劳动关系治理中，规范的扩散效应主要体现在如下几方面：一是确立基本的价值规范和行为准则，为劳动关系主体提供既定的行为模式，引导其在适当的范围内活动，并对不断加入到该工作场域中的劳动者与管理者起到扩散的效应。二是对劳动关系主体的行为进行评价，能够帮助他们判断、衡量对方的行为是否符合自己的利益和预期，从而对自己的行为选择或者应对策略进行调整，使规范性的规则在工作场域的内部能够得到相互的交流。三是规范性要素对准备作出相同或者类似行为的人具有相应的教育意义和积极影响，使得规范性规则能够持续性地发挥作用。当人的行为不符合规范性要素的期待而承受不利时，他人就会对这种行为予以规避；而当人的行为符合规范性要素而产生收益时，他人就会采取同样的行为。无论是前者还是后者都通过规范的方式对规范性要素进行了扩散。

规范性要素的逻辑类型是正当性。规范性要素并不追求客观的工具性规则，而是以正当性为运行逻辑。正当性追求的是共同的期望和价值观，一般是指符合道德原则和规范的行为，也指社会对这一行为的肯定评价。正当性的运用呈现如下逻辑：首先，需要正视劳动关系主体存在多元化的价值追求和目标。劳动者追求工资福利、工作岗位的稳定性或者工作内容的挑战性，但是用人单位则追求经营成本和利润以及劳动用工的灵活性、稳定性和实效性。这种差异性使得正当性的运行成为可能，如果不存在差异，就没有必要考虑适当与否的问题。其次，劳动关系的形成使得不同的价值追求和目标相互碰撞在一起，主体之间开始寻求双方的共同点。这一共同点有可能符合强制性的规则，也可能无法体现强制性规则，但是它要求双方对此持有共同的期望和价值观，它是适合双方实际情况或者客观要求的一种规范。最后，根据正当性的客观要求，劳动关系的一方或者双方开始逐渐调整自己的行为和预期，使之更加接近正当性。当双方的行为和预期越发接近正当性，劳动关系的状态就更加和谐；当双方行为和预期越发偏离正当性，劳动关系就更可能产生矛盾和冲突。

规范性要素的系列指标是合格证明、资格承认。与规制性要素不同，规范性要素的系列指标并不要求第三方形成的具有强制效力的形态载体，而是主要在于合格证明或者资格承认，它们通过对行为施加某种限制或者赋予某种力量而起到将劳动关系维持在一定标准的作用。劳动关系主体会因为遵从、依照这些指标而得到进一步的利益回报。合格证明主要是从自身的角度出发通过限制、调整各自的力量来满足劳动关系的需求。例如劳动者证明自己符合用人单位的预期和要求，用人单位证明自己符合劳动者的追求，都是对自身是否合乎劳动关系标准的一种确定性判断。资格承认则主要是对其他主体行为的一种判断，通过赋予权利或者施加义务、实施命令的形式来得以实现。例如用人单位参加工资集体协商或者接受工会的监督，都是对工会权利义务资格的一种许可或者承认。

规范性要素的情感反应是羞耻或者荣誉。规范性要素的情感反应与因违背规制性规则而引起的情感存在一些差异。它并不建立在具有规则确立的强制标准之上，但这种情感对人的重要性及其影响并不一定会弱于强制性规则。因违反规范而引起的情感，主要包括羞耻感。它主要来源于行为的异常所带来的内心上的不舒适感，或者由于对自我行为的否定性评价产生的自卑感和自我缺陷感。而对于遵守规范的行为者来说，引起的情感主要是骄傲与荣誉感。它是一种自我肯定的情感状态。遵守或违反规范，会涉及大量关于正当性的自我评价：强烈的懊悔、自责，可能对自尊产生重要的影响。① 这样的情感为行为者遵守主流规范提供了重要的动力来源。通过上述情感反应，规范性要素内化于人的行动之中，具有稳定劳动关系的重要作用。

规范性要素的合法性基础是道德支配。道德是以善恶为评价标准调节社会关系的行为规范。道德与法律不同，它依靠社会舆论、传统习惯和内心信念来维持。道德总是扬善抑恶的。评价一项规范的合法性及其效能的关键因素就在于其是否合乎正义精神和善良道德。符合善的道德标准的规范，它就能够有效协调劳动关系，促进公平正义，进而有利于劳动关系和谐秩序的建构和良好劳动关系伦理的塑造。相反，恶的规范不仅会破坏劳动关系秩序，而且会消解主体的道德信念，扰乱人的心灵秩序，降低劳动关系治理效能，从而难以获得其成为规范的权威。道德支配为规范的合法性确立了基本的评价准则，成为维护和稳定劳动关系的价值基础。如果缺少立足于价值观的道德衡量，就会产生两种极度：一是强势主体的力量支配会替代道德支配，从而加剧劳动关系矛盾的发生；二是合法性基础的欠缺将会导致强制规则扩大至规范的领域之中，加剧人们对法律产生不切实际的过高期望。

（三）认同性要素

认同性要素包括共同的信念、共同的符号系统以及共同的意义框架，在行动主体的互动中通过模仿性机制、经验性安排使社会实在得以建构②。这就是说，通过被认可的认知系统、意义系统来影响主体的偏好、价值观念，

---

① 参见［美］W. 理查德·斯科特：《制度与组织：思想观念与物质利益》，姚伟、王黎芳译，中国人民大学出版社 2010 年版，第 64 页。

② 参见［美］W. 理查德·斯科特、［美］杰拉尔德·F. 戴维斯：《组织理论——理性、自然与开放系统的视角》，高俊山译，中国人民大学出版社 2011 年版，第 65—67 页。

从而影响主体的行为。因此，意义系统对劳动关系中的个体行为、集体行动具有重要的影响力，是理解劳资双方行为的根本所在。在劳资双方的互动中，行动主体对符号系统、意义系统逐渐获得理解、达成共识并形成一般化的信念。行为被不断重复、模仿和赋予意义的过程就是法治化的过程。法律规则的制定及其制度的设计只能说完成了法治的初始工作，但是法治化还并没有实现，法治化的关键在于能够被人们所认知和理解、达成共识，最终产生广泛的认同。这种认同不仅会影响到劳动者和雇主的行为和偏好，还在劳动关系中实现了群体强大的向心力和凝聚力，并内化为满足和谐劳动关系的自觉行动。

认同性要素的遵守基础是视若当然、共同理解。与规制和规范不同，认同性要素的遵守并不建立在强制和道德的基础之上。它来自于人们内心的认同，可以是一种想当然的主观认知和判断，表示对外在行为的一种确定或者肯定，也可以是人们形成的共同的理解。例如劳动者对某项规章制度、管理决策或者法律是否认同，往往是建立在共同理解的基础之上，或者是将这些规范视为一项自然而然就应当遵守的事情。尽管规则和规范发挥着不可缺少的作用，但是这些并不是它们获得认同的基础。从这个角度来说，即使规则并不是很完美，甚至是苛刻的，但是人们在内心上却认为这是一件非常自然的事情，同样能够获得人们的认同。

认同性要素的秩序基础是制约机制。认同性要素之所以能够形成一种秩序，被人们所接受，主要在于它确立了一种制约性的机制。这种制约来自于行为者内心对行为的主观认知和接受，而非外部力量的直接干预。劳动关系和谐稳定秩序的形成，固然存在外部力量的干预，但是其秩序形成的基础则是劳资双方对行为的理解、认同和容忍。即使用人单位的行为不符合规则或者规范，但是只要劳动者能够接受或者容忍这种行为，也并不会对劳动关系秩序造成破坏。即使劳动者破坏了劳动契约所约定的内容，用人单位能够理解和接受劳动者的这些行为，也能够维持劳动关系的稳定秩序。

认同性要素的扩散机制是模仿。通过自觉或者不自觉地重复着其他人的行为，认同性要素能够在群体之间得到传播与扩散。在一个认知环境中，语言、神态和行为方式等符号都会赋予活动以特定的意义，并被用来理解持续不断的互动，从而得以维持和强化。通过模仿来实现认知的扩散，主要体现在如下方面：一是个体的劳动者自觉或者不自觉地通过对其他劳动者行为的模仿，能够有效地融入组织体系之中，实现团队协作和组织化的管理；二是劳动者之间行为的相互模仿促进共同利益的形成，既能使劳动者团体成为现实并促进其作用，又有助于增进实现劳动关系协调的效率；三是用人单位通过效仿其他单位和行业的共同做法，促进管理上共同观念的形成。

认同性要素的逻辑类型是正统性。它并不依赖于任何工具的强制性或者道德规范的正当性，而是基于人的心理认知向度确立的正统性观念。它主要强调人的主体性，重视共同意识以及劳资双方对劳动关系的认识和忠诚度。对劳动关系主体的任何一方而言，劳动关系治理或者内部规范是否能发挥有效的作用，其运行逻辑并不在于规则或者规范的本身，而是其是否能够形成正统性。这种正统性取决于相对方是否普遍认可和接受。它并不考量是否合乎法律规则、是否符合道德规范。之所以能够获得认同，就在于其符合人们一脉相承的内心判断，使得人们内心能够普遍认可和接受。

认同性要素的系列指标是共同信念、共同行动逻辑。这些指标主要强调了共性及其影响。这种共性确立了行为者之间的联系，并促进他们共同思想观念的形成。共同信念是行为者之间及其对人或事形成的信赖状态。劳动关系中的共同信念既可以指向劳动者之间形成的相互信赖的状态，也可以指劳动者与用人单位形成的信赖状态，还可以是劳动关系一方或者双方对法治形成的信赖或者认可的状态。共同行动逻辑是主体针对某项行为具有规律性的思维方式的一致性。通常情况下，它并不具备任何形态，因而是无法被视觉察觉的，但是却无时无刻不在影响着人们的行为方式。主体之间行动逻辑一致时，例如劳动者之间保持着相同的行动逻辑，或者劳动者对用人单位保持着相同的行动逻辑，是不易发现的。当意识到不同主体的不同行动逻辑已经导致了劳动关系发生矛盾或者冲突时，主体才会发现自己的行动逻辑。只有共同当行动逻辑对彼此之间的行为产生阻碍时，行为主体才会向自己和对方发出相应的请求或者意思表示，以此来识别并转变相应的行动逻辑。

认同性要素的情感反应是确定或者惶惑。违反或者遵守认同性要素所产生的情感反应，并不以外在的规则或者规范作为其基础，而主要是基于自身行为在群体中的主观感受而获得的一种情感反应。由于遵守认同性要素，行为者对自身与其他主体行为的一致性而产生确定的感受，从而产生安全感。如果行为者违反了认同性要素，而表现出自己与其他主体的不一致时，内心就会存在惶恐，对自己行为产生不确定性的判断。例如劳动者已经适应了劳动规章制度并已经将其视为共同的行动逻辑形成了固定的行为方式，并没有任何异常的表现，大家对此是确定的，而新加入的劳动者对制度产生不满时就会心生顾虑和担忧。

认同性要素的合法性基础是可理解、可认可的文化支持。规则和规范并不必然构成认同的决定性因素。规则的合法性来源于法律制裁，如果缺少制裁，规则就丧失了其存在的意义。规范的合法性来源于道德支配，这是规范之所以存在的基础。但是，认同的合法性并不完全受制于此。它无须法律制裁，强制力并不会促进认同。它也无须道德支配，道德上的束缚和价值导向并不一定能够获得行为者的认同。从根本上来说，可理解的、可认可的文化支持，使行为者的认同成为可能并成为认同存在的基础。这种文化支持，是一个社会或者群体中多数成员共有的习惯、偏好、特点和观念构成的复合体，同时也蕴含了法律、伦理、风俗、知识、信念、艺术等多种因素，作为一种潜在的影响力、驱动力对行为者的认同发挥着作用。

第三章

和谐劳动关系法治化的生成及其评价

和谐劳动关系法治化的生成依赖于规制、规范和认同三个方面的要素，进而形成规制型的法治化、自治型的法治化和认同型的法治化。法治化的形成，有助于劳动关系治理的稳定性、持续性和扩散性，但是同时也应避免法治走向异化产生过多的负面效应。

第一节　法治化背景下劳动关系研究问题及其反思

一、劳动关系法治化问题研究的主要梳理

关于如何促进劳动关系的法治化，学术界的研究已经汗牛充栋，并贯穿于不同的学科和研究领域。总体而言，这一问题的研究主要可以归纳为劳动法调整模式的研究、劳动关系调整多层次结构的研究、劳动法与其规制对象之间的适应性研究。从当前研究的重点来看，这几大领域既有劳动法本身的问题，也有劳动法调整对象及其适应性的问题，更存在与法律相关但是却并不直接受到劳动法调整的一些问题。

（一）劳动法调整模式的研究

劳动法的调整模式是法治化研究的一个关键领域。劳动法作为调整劳动关系、规范各方主体行为的重要法律规范，在和谐劳动关系的构建过程中无疑发挥着至关重要的作用。在我国市场经济发展过程中，劳动关系的发展与劳动法的进程存在着紧密的互动关系。一方面，劳动关系的发展及其面临的时代问题对劳动法不断提出新的诉求，劳动关系主体希望将各方权利义务以法律的形式确定下来，这些主客观的发展状况不断推动着劳动法的发展；另一方面，劳动法对劳动关系体制机制的改革会起到相应的促进作用，同时，劳动法也在影响着劳动关系的发展和变化，劳动法确立的新规则、新制度都会对劳动关系的运行产生重要影响。在这一互动过程中，如何发挥劳动法调整的作用促进劳动关系构建的法治化，关系到解决我国劳动关系问题的重要走向，也是反思和检视劳动法问题的关键所在。纵观学者们的研究，主流观点对我国劳动法的调整模式均表现出整体性的担忧。学者们的批评主要可以概括为如下三个方面。

第一，劳动法调整模式的固有缺陷。此类观点主要立足于我国劳动法本身固有的特点来反思劳动法在适用过程中面临的问题。其中最为主要的体现为民法和劳动法的“两分法”调整思路，即针对劳动给付的法律调整，从属性劳动由劳动法调整，而其他的劳动给付则由民法来调整。在这一思路之下，劳动法对从业者提供的是全方位的劳动保障，有劳动关系则全部适用劳动法的工资工时标准、最低工资制度、社会保险、经济补偿等全部保障，无劳动关系则全部不适用。学界将劳动法的这一特点概括为“全有或者全无”的保障机制。诸多学者对这种模式提出了近乎高度一致的批评意见，认为其调整模式“僵化”“缺乏灵活性”。王全兴等认为劳动法现行保护模式的不足，即保护手段缺少分层分类且保护范围偏①。董保华认为，“劳动法律统

① 参见王全兴、王茜：《我国“网约工”的劳动关系认定及权益保护》，《法学》2018年第4期。

一适用于所有用人单位和劳动者，对用人单位不分类，对劳动者不分层，法律适用缺乏针对性"①。谢增毅认为，劳动法单一调整模式带来了劳动法保护范围受到限制、劳动者权利义务配置不合理、用人单位差异性受到忽视等问题②。王天玉认为，"劳动二分法"在结构上是两极化的，两极之间缺乏过渡性保障机制，未建立起多层次的保障体系③。

第二，劳动法尚存多个空白领域和盲区。在集体劳动关系、反就业歧视、劳动标准等方面的立法仍然存在较大的缺陷，对传统劳动关系之外的劳动者保护明显不足。常凯基于我国劳动关系向集体劳动关系调整转型的现实，认为我国劳工政策亟待调整和完善，包括劳动关系理论指导和调整模式的选择、集体劳动法的健全、劳动者集体权利的确认等④。王显勇认为，现行反就业歧视法律制度被视为特别的私法制度，平等就业权司法救济实践中呈现出来的诸多问题亟须通过制定专门的反就业歧视法予以解决⑤。林嘉认为，劳动基准制度并未起到预期的效果，我国劳动基准法立法迫在眉睫⑥。谢增毅认为，立法和实践对劳动关系的认定十分谨慎，从而将许多务工人员排除在劳动法之外⑦，对此类群体的权益保护极为不利。谢德成认为，劳动法对非正规就业的劳动者保护就显得不足⑧。

第三，劳动法传统制度在多元化用工中的挑战。诸多学者在多元化用工格局中探讨劳动法传统制度存在的主要问题。涂永前认为，灵活用工表现出

① 董保华：《〈劳动合同法〉的十大失衡问题》，《探索与争鸣》2016年第4期。

② 参见谢增毅：《我国劳动关系法律调整模式的转变》，《中国社会科学》2017年第2期。

③ 参见王天玉：《超越"劳动二分法"：平台用工法律调整的基本立场》，《中国劳动关系学院学报》2020年第4期。

④ 参见常凯：《劳动关系的集体化转型与政府劳工政策的完善》，《中国社会科学》2013年第6期。

⑤ 参见王显勇：《论平等就业权的司法救济》，《妇女研究论丛》2020年第2期。

⑥ 参见林嘉：《论我国劳动法的法典化》，《浙江社会科学》2021年第12期。

⑦ 参见谢增毅：《我国劳动关系法律调整模式的转变》，《中国社会科学》2017年第2期。

⑧ 参见谢德成：《新时代劳动法的功能拓展与制度调适》，《当代法学》2019年第4期。

来的许多新特征还无法在现有的劳动法制中找到现成的规定，存在法律漏洞，传统劳动法制在调整灵活用工过程中出现的现实问题时显得捉襟见肘①。班小辉认为，零工经济的任务化特征模糊了用工关系的继续性、人身从属性、组织从属性及经济从属性，进一步推动了去劳动关系化的现象②。在这些挑战中，最为主要的则是在互联网平台经济影响下我国劳动关系认定标准能否适用的问题。关于新就业形态从业者的劳动关系认定，学界和实务界对平台与从业者之间是否构成劳动关系存在较大争议。杨伟国等人认为，传统劳动关系已不适用分享经济新业态，而去劳动关系化则被视为数字经济时代用工的特点③。谢增毅认为，尽管劳动关系理论在互联网平台用工背景下遭遇了巨大挑战，但传统劳动关系概念和判定标准具有较强的弹性和适应性，并非完全过时，仍可包容网络平台用工关系④。王天玉认为，在我国现行的制度框架下，不应当认定基于互联网平台提供劳务属于劳动关系⑤。

（二）劳动关系调整多层结构的研究

由于劳动关系的特殊性，劳动法对劳动关系的调整既不同于民法调整平等主体关系的私法自治方式，也不同于行政法调整行政关系直接决定当事人的权利（权力）义务的方式，而是采取私法和公法相融合形成的特殊方式，从而形成了劳动关系调整的多层结构。一般而言，劳动关系的多层次结构分为微观层面的个别劳动关系、中观层面的集体劳动关系和宏观层面的社会劳动关系三个层次。其中个别劳动关系，也有学者称之为单个劳动关系，是指

---

① 参见涂永前：《应对灵活用工的劳动法制度重构》，《中国法学》2018 年第 5 期。

② 参见班小辉：《“零工经济”下任务化用工的劳动法规制》，《法学评论》2019 年第 3 期。

③ 参见杨伟国、张成刚、辛茜莉：《数字经济范式与工作关系变革》，《中国劳动关系学院学报》2018 年第 5 期。

④ 参见谢增毅：《互联网平台用工劳动关系认定》，《中外法学》2018 年第 6 期。

⑤ 参见王天玉：《基于互联网平台提供劳务的劳动关系认定——以“e 代驾”在京、沪、穗三地法院的判决为切入点》，《法学》2016 年第 6 期。

个别劳动者与雇主形成的劳动关系。所谓集体劳动关系又称团体劳动关系，通常指劳动者集体或团体一方（通常以工会为代表）与雇主或雇主组织，就劳动条件、劳动标准以及有关劳资事务进行协商交涉而形成的社会关系①。社会劳动关系又称工业关系或产业关系，不仅涉及工人、劳工组织与雇主，也与政府和各类公众有关②。劳动关系调整的多层次结构，基本上已经成为劳动关系和劳动法学界的共识，但是其中的集体劳动关系作为学界广泛关注的焦点问题，其中涉及的一些劳动关系转型、政府职能和相关立法问题，则在学者间存在不同的见解。

第一，关于劳动关系的集体化转型问题。基于劳动关系转型的判断，有相当部分学者主张我国劳动关系转向集体劳动关系，并确立以集体谈判等制度为主的集体劳动关系。常凯认为，中国劳动关系的发展阶段，正在经历从个别劳动关系的构成和调整到集体劳动关系的构成和调整的转型③。谢玉华等认为建立集体劳动关系调整方式、以用集体谈判解决劳资冲突，是当下中国劳动关系转型的核心④。谢天长认为，只有确立集体劳动关系法律制度才能从根本上和总体上稳定劳动关系，促进社会经济的健康发展⑤。然而，也有学者对劳动关系的转型持有另外一种见解，并不认同当前已经是一种集体化的转型。游正林认为集体化转型并非一种历史进程；工人自发的集体行动即使存在推动集体谈判和工会改革的作用，那也只是局部的、短期的作用，并未在整体上对我国的劳动关系产生根本性的影响；在党和政府的大力调控

---

① 参见常凯：《劳动关系的集体化转型与政府劳工政策的完善》，《中国社会科学》2013年第6期。

② 参见常凯：《论社会保险权》，《工会理论与实践：中国工运学院学报》2002年第3期。

③ 参见常凯：《中国特色劳动关系的阶段、特点和趋势——基于国际比较劳动关系研究的视野》，《武汉大学学报（哲学社会科学版）》2017年第5期。

④ 参见谢玉华、李红、杨玉芳：《集体行动走向集体谈判的条件——基于珠三角案例的分析》，《中国人力资源开发》2015年第23期。

⑤ 参见谢天长：《集体劳动关系抑或群体劳动关系：现状、根由与进路》，《东南学术》2012年第6期。

下，我国私营企业的劳动关系一直在转型，但并非是“集体化转型”，其基本特征是党和政府的力量和影响逐渐深入私营企业，致使私营企业劳动关系的处理方式发生了根本性的变化①。

第二，我国劳动关系调整的法制架构。在劳动关系调整的整体架构上，诸多学者立足于当前劳动关系调整的不足提出了自己的学术观点及其政策架构。有的对不同层次的劳动关系的结构安排进行了设定，有的对不同主体及其制度的功能定位进行了设计。常凯基于劳动关系集体化转型的立场认为，规范的市场经济下劳动法的作用，是从个别劳动关系的从属性出发，通过集体劳动关系的对等性，来实现社会劳动关系的协调性②。王全兴认为，现代市场经济的劳动关系协调机制，如由劳动者方、企业方、政府方构成的三方协调，由单个劳动关系、集体劳动关系、劳动行政构成的三层协调，在我国已基本形成，但克服协调失灵尤其要强调劳动关系稳定化、劳动关系协调社会化和劳动关系协调法治化③。刘金祥则从劳动关系调整的多元化路径提出了未来的制度创新：以政府调整劳资关系模式为主导；以充分发挥工会作用，建构中国化的集体谈判调整模式为主要手段；以通过公司治理，从根本上改变劳动者的弱者地位来实现劳动权的保护的调整模式为基础条件，三者共同构成我国劳资关系调整多元化模式④。

第三，劳动关系调整中不同主体的作用。党和政府、工会、雇主及其组织、其他社会组织等主体在劳动关系调整中的功能和定位，也得到了诸多学科的广泛关注。相当部分学者关注了政府在劳动关系中的地位和作用。例如程延园认为政府应当具有五种职能，即劳动者基本权利的保护或管制者、集

---

① 参见游正林：《对中国劳动关系转型的另一种解读——与常凯教授商榷》，《中国社会科学》2014 年第 3 期。

② 参见常凯：《劳动法调整对象再认识与劳动法学科重构》，《法学论坛》2012 年第 3 期。

③ 参见王全兴：《经济新常态形成中和谐劳动关系构建的思考》，《中国人力资源社会保障》2015 年第 8 期。

④ 参见刘金祥：《多元化路径：我国劳资关系调整模式的反思和重构》，《社会科学研究》2011 年第 1 期。

体谈判与雇员参与的促进者、劳动争议的调停者或仲裁者、就业保障与人力资源的规划者、公共部门的雇佣者①。有学者研究了工会在劳动关系调整中的作用，例如许晓军认为面对劳动力市场化过程中的社会转型及利益主体多元化，符合中国国情的工会行为模式，是在法律制度框架下表达、维护和实现劳动者权益，以合作博弈方式达成劳资之间的利益平衡②。同时，其他社会组织或者非正式的社会力量对劳动关系调整的影响，也得到了关注。例如汪建华等认为，新生代农民工已经十分明确地要求实现集体团结权和谈判权，他们的行动推动了工会和劳工 NGO 的转变，围绕劳工问题形成的跨阶层团结网络也在逐步形成③。此外，尽管国内学者对雇主及其组织作用的研究相对较少，但是值得肯定的是，雇主组织本身也在开始探讨自身的定位和走向问题。全国工商联课题组曾经提出，工商联作为以非公企业、中小微型企业为成员的人民团体与商会组织，应在劳动争议调解和仲裁中发挥更积极的作用④。

（三）劳动法与其规制对象的适应性研究

在市场经济条件下，“强资本、弱劳动”的现实不断加剧着劳动关系失衡的局面。契约自由的任意发展，往往会导致一些社会问题的出现。这种表面平等而实质上不平等的关系，需要第三方的力量进行平衡和矫正。因此，劳动关系的自治和管制问题成为劳动法的重要研究范畴。自治和管制是劳动关系治理的一对重要矛盾，与劳动关系本身的特点是一脉相承的。劳动关系本身是一种经济关系，它在形式上表现为劳动者提供劳动与雇主支付报酬的

---

① 参见程延园：《政府在劳动关系中的角色思考》，《中国劳动保障报》2002 年 12 月 10 日。

② 参见许晓军：《中国工会在构建和谐劳动关系中的合作博弈》，《中国劳动关系学院学报》2011 年第 1 期。

③ 参见汪建华、郑广怀、孟泉、沈原：《在制度化与激进化之间：中国新生代农民工的组织化趋势》，《二十一世纪》2015 年第 4 期。

④ 参见全国工商联课题组：《工商联参与劳动争议调解仲裁问题研究》，《中国劳动》2012 年第 9 期。

一对关系。双方完全是在自愿、平等的基础上建立的契约关系。这是劳动关系自治的基础。但是与此同时，劳动关系在契约自由的背后还存在人身关系的从属性特征，使得劳动关系在实质上具有不平等性。这种不平等性成为劳动关系管制的重要基础。劳动关系自治和管制的问题，是学界对劳动关系法律规制研究的重要领域，主要存在如下几种不同的探讨视角。

一是劳动关系自治与管制的关系问题。诸多学者从整体性的视角探讨劳动法对劳动关系自治和管制的影响。有的提出了劳动法调整中自治和管制的关系，有的探讨了自治和管制在劳动法中的地位，有的则对劳动法中自治和管制的状态进行了检讨。林嘉等认为，对劳动关系的调整不能简单地适用私法自治，而需采取多种调整方式，尤其是强调团体自治和国家强制，以协调劳动合同双方当事人的利益以及社会安全的利益①。穆随心从劳动力市场结构性矛盾的解决思路出发认为，精准劳动法治的实质，在于寻求作为劳动法治顶层设计的两大元素——管制与自治之间的最佳契合点②。董保华认为，《劳动合同法》对《劳动法》的诸多规则进行了改造，既压缩了双方当事人的协商自治空间，也对用人单位的自主管理权进行了多方面限制，导致个别劳动关系中管制与自治的系统性失衡，具体表现为“劳动力市场灵活性不够”的三大失衡、“企业用工成本比较高”的三大失衡以及立法过度倾斜的四大失衡③。

二是劳动关系自治的方向与模式。如何促进劳动关系的自治，既是劳动关系领域学者关注的焦点，也是现实的难点问题。有学者通过对劳动法的问题反思，提出劳资自治面临的问题和制度缺陷。例如谢德成认为，从目前我国劳动法的精神和价值取向上看，重基准、轻合意，重干预、轻自由，体现和谐共享和诚实守信的规范过少，《劳动合同法》的有关诟病和集体合同制

① 参见林嘉、范围：《劳动关系法律调整模式论——从〈劳动合同法〉的视角解读》，《中国人民大学学报》2008 年第 6 期。

② 参见穆随心：《论精准劳动法治——以劳动力市场结构性矛盾的解决为中心》，《思想战线》2018 年第 5 期。

③ 参见董保华：《〈劳动合同法〉的十大失衡问题》，《探索与争鸣》2016 年第 4 期。

度的缺失，就是这种表现①。有学者对劳动关系自治的方向和模式进行了研究。例如洪芳认为，没有一个国家可以完全通过国家干预的方式解决劳动关系领域的所有问题，我国劳动关系的调整模式必须向协约自治模式转型②。陈步雷等基于珠三角地区的考察认为，工人自发推选谈判代表、争议行为代表的“工人代表制”，具有使无序的群体性争议向有序的集体性争议转化的自组织功能，为集体性与工人理性维权模式提供了微观的生产机制和可靠证据，个案式、短暂性解决了“集体性”难题，具有自我赋权、寻求正当性的合法化趋向③。关于如何实现劳动关系的自治，曹燕认为，劳资私法自治根植于“劳动关系的善良风俗”，并因符合劳动法秩序而获得合法性，只有得到劳动关系道德基础的支撑，劳动法中的合意才有广阔的发展空间④。

三是政府在劳动关系自治和管制中的地位。劳动关系中“市场失灵”的存在决定了政府凭借其优势成为介入劳动关系的主要理由。有的认为应当坚持政府主导，有的则分析了政府主导模式的缺陷，有的认为政府应当促进劳资自治，有的则对政府的角色进行了多元的界定。沈琴琴认为，在目前我国劳动关系协调机制尚不完善的现实情况下，应当主要通过充分发挥政府在协调劳动关系中的主导作用来维持劳动关系的和谐与基本稳定⑤。同时，也有学者认识到政府主导的思路在劳动关系调整中存在的现实缺陷。冯同庆认为，在多元化利益主体形成和互动的背景下，自上而下规制性的行政化主导，缺少了自下而上多种社会化权利的建构，未能充分考虑劳动者的主体性需求和社会的自治性功能⑥。大多数学者认为应当充分发挥政府在集体劳动

---

① 参见谢德成：《新时代劳动法的功能拓展与制度调适》，《当代法学》2019 年第 4 期。

② 参见洪芳：《我国劳动关系调整模式转型》，《人民论坛》2014 年第 14 期。

③ 参见陈步雷、陈朝闻：《劳资自治中的劳动者“自赋权维权模式”——以广州利得鞋业公司集体劳动争议为例》，《中国人力资源开发》2016 年第 8 期。

④ 参见曹燕：《合意在劳动法中的命运》，《政法论坛》2016 年第 3 期。

⑤ 参见沈琴琴：《全球化下的劳动关系调整路径变化及其启示》，《中国劳动关系学院学报》2011 年第 3 期。

⑥ 参见冯同庆：《成长和展现中的工人主体性：一个延续 30 年的判断及检验》，《广东社会科学》2011 年第 3 期。

关系中的作用，通过政府的积极作用，最终目的应当服务于劳资自治。常凯认为，逐步实现政府协调下的劳资自治，是政府劳动关系政策的最终目标……由于目前劳资主体双方都不成熟，政府工作的重点应该是创造劳动法治环境，培育劳资双方主体，逐步扩大劳资自治的程度①。肖竹从群体性劳动争议治理的角度认为，应当发挥政府优势，从政府控制到政府主导、政府引导，最终走向劳资自治、劳资合作②。

二、劳动关系研究问题的反思

这些研究紧密结合中国特色社会主义事业建设进程中劳动关系面临的现实问题，关注劳动关系治理的发展动态和重要诉求，直接影响着我国劳动关系理论的发展，丰富和创新了中国特色劳动关系理论，具有较高的理论品格与现实主义价值。但是同时，在我国构建和谐劳动关系的法治化背景下，这些研究也存在着一些不足。

第一，对法律本身过于理想化，对完美的法律有着迫切的诉求。在人类发展的历史上，从来没有放弃过追求完美的法律体系的梦想。即使在今天，面对劳动争议层出不穷的现象、劳动者权益保护缺失的问题，很多人也在不断地为立法进行呼号呐喊，旨在建构一个完美的劳动法律体系。人们希望能够建构一个完美无缺的法律体系来将现实的全部社会生活包容进去，以达到对各种案件的全面涵摄。

无论这种尝试最终是否得以成功，他们致力于体系化的努力都是建立在这样的一种思想观念上：成文法体系或者法典是“被写下来的理性”的写照，是完美无缺的，由于法典本身的“逻辑自足性”使得成文法体系没有什么漏洞可言。因此，建立一个完美无缺的法典体系不仅是可能的，而且通

① 参见常凯：《劳动关系的集体化转型与政府劳工政策的完善》，《中国社会科学》2013年第6期。

② 参见肖竹：《群体性劳动争议应对中的政府角色》，《行政法学研究》2014年第2期。

过法律规范的制定使法律的确定性得以明确，任何人的行为都能够从法律的适用之中获得答案，特别是保证司法者和执法者决定和行为具有足够的明确性。西方的自然法学派、概念法学派和纯粹法学派都认为法律不存在漏洞。例如自然法学派认为，在实定法之上存在永恒不变的自然法，而法官的任务就是要去揭示存在于习惯法和自然法中的法律，因此法律不存在什么漏洞①。这种法律完美主义的思想在英美法系的国家也一样流行过。在英国虽然没有大规模的立法运动，但法律完美主义的思想则是通过另一种方式对法律人进行渗透，即没有被写下来的普通法的规则依然在发挥着作用，它也能够为法官裁判提供标准的尺度②。

“法律中的概念都明确无疑”，“关于一切事实都存在着基准且它们之间毫无矛盾”，这些不过都是法学上的一种理想、一种乌托邦而已，现实中的司法制度只是具有其近似的形式。③ 这可以作为法律制度和司法正义追求的目标，但我们永远不能假设这种目标实现并已经嵌入了我们的现实生活。在现实生活中，由于种种原因的存在，构建完美法律规范体系的努力始终无法成功。例如我国台湾地区黄茂荣教授提出因为下列几种类型的原因导致法律漏洞的存在：其一，立法者思虑不周，或者根本没有考虑到该案型，或者曾考虑到但不周详；其二，在法律上有意义之情况的变更，例如演变式体系违反；其三，立法者自觉对拟予规范之案型的了解还不够，而不加以规范④。而且，在概念化的体系下，立法政策或者技术上的缺失、法律概念的不确定性、法律规定的授权式类推适用、法律规范之间以及价值判断的冲突和矛盾⑤，都决定了法律体系本身并非是圆满的。

---

① 参见舒国滢、王夏昊、梁迎修：《法学方法论问题研究》，中国政法大学出版社 2007 年版，第 398 页。

② 参见张其山：《法律体系的建构：从完美无缺到不完备》，《东岳论丛》2010 年第 4 期。

③ 参见［日］棚濑孝雄：《纠纷的解决与审判制度》，王亚新译，中国政法大学出版社 2004 年版，第 17 页。

④ 参见黄茂荣：《法学方法与现代民法》，中国政法大学出版社 2001 年版，第 335 页。

⑤ 参见黄茂荣：《法学方法与现代民法》，中国政法大学出版社 2001 年版，第 294—329 页。

从现在看来，人们对法典的这种崇拜似乎已经不再具有过多的实际意义，法典与其他法源共同构成法律应用的大前提。一方面，人们不得不承认法律漏洞广泛存在于制定法之中，法律规范本身也会在一定程度上存在模糊、冲突和缺失等技术性问题；另一方面，人们又不想放弃对法律完美主义的信仰，于是就发展出一套针对法律规范的解释技术，即承认法官拥有法律解释权的同时明确反对法官造法。① 当前劳动关系治理的现实也在不断告诉我们，面对诸多的劳动争议，例如社会转型期出现的群体性劳动争议以及新就业形态从业人员的用工争议，劳动法律法规并没有给我们过多的直接答案，从法律法规之间也很难找到能够直接适用的法律条文。法典的完美主义固然是我们所追求的一种法治的理想状态，也是在立法技术层面上的目标，然而从历史上来看，立法完美主义的思想终究是很难实现，通过立法来谋求劳动关系治理的最佳方案，终究是将问题过于理想化了。

第二，对我国劳动关系现实的融合过于理论化。关于劳动关系的研究成果基本上都来源于理论工作者，而实务工作者的成果显著偏少。这种状况的形成主要在于他们对成果业绩的需求不同。实务工作者对研究成果往往凭借工作中的积累和兴趣，研究成果对他们而言并不是一种必须具备的工作业绩，只是起到“锦上添花”的作用。对于理论工作者而言，由于研究成果直接影响理论工作者的绩效考评、职称晋升、专业发展，与其收入存在较大关联性。因此，理论工作者对研究成果有着迫切的需求，不得不将主要精力放在成果的创造和产出方面。同时由于其在理论研究上的优势，理论工作者更加容易利用相关的理论工具对劳动关系问题进行分析。这就导致了当前劳动关系的理论研究与现实之间的融合过于理论化，主要表现在如下三个方面。

首先，部分劳动关系理论成果立足于宏观的研究视角，基于劳动关系问

① 参见张其山：《法律体系的建构：从完美无缺到不完备》，《东岳论丛》2010 年第 4 期。

题的完善进行了多样化的制度重构和设计，但是这些设想却突破了现实的制度基础，使操作性与可行性大打折扣。任何层面的制度设计如果仅仅依赖理想化的价值观念一味地追求其自身的圆满而打破赖以存在的基础，那么就失去了其应用的意义。这也不是法学研究者应当重点关注的问题。“假使法学不想转变成一种或者以自然法，或者以历史哲学，或者以社会哲学为根据的社会理论，而想维持其法学的角色，它就必须假定法秩序大体来看是合理的。所谓的‘批判理论’，其认定的现行法不过是片面‘支配关系’的规定，也因此否定现行法的正当性，它不必费神审究个别规定、决定的争议内涵，因为消极的结论已经预设在那儿。而这种工作却正是法学所应致力的。它所关心的不仅是明确性及法的安定性，同时也致意于：在具体的细节上，以逐步进行的工作来实现‘更多的正义’。谁如果认为可以忽略这部分的工作，事实上他就不该与法学打交道。”①

其次，部分劳动关系的相关理论观点，主要是从西方国家劳动关系经验中抽象出来的一种理论化的界定，与中国劳动关系的现实特点存在较大的差距。中国与西方国家劳动关系固然存在大量的共性问题，这是市场经济国家劳动关系运行和发展的基本规律，然而二者劳动关系发展的基础、历史文化的传承还面临着较大的差异，直接影响着劳动关系的运行特点。我国劳动关系的发展从计划经济国家用工的体制转向市场经济体制逐步放开管制促进自治，在法律的发展方向上基本呈现公法私法化的过程。这与西方国家劳动关系的发展恰恰相反，他们劳动关系的发展则经历了自由资本主义条件下劳资双方的私法自治，公权力逐渐介入到劳动关系之中，在法律的发展上呈现私法公法化的趋势。诸多研究成果运用西方的理论来分析或者指导中国劳动关系的实践，但是缺少对中国劳动关系传统文化元素的分析，对中国社会治理中党的领导和意识形态在劳动关系的影响力分析相对欠缺，从而导致研究结论与实际需求存在偏差。

---

① ［德］卡尔·拉伦茨：《法学方法论》，陈爱娥译，商务印书馆 2003 年版，第 77 页。

最后，从研究方法上来看，不同学科之间在劳动关系问题的研究上仍然存在明显的界限，尽管受到多个学科的关注，但是它们基本上处在“各说各话”与“就事论事”的程度。然而，劳动关系的治理作为社会治理的一部分，与其说是学术问题，毋宁说是实践性的问题。而任何实践问题由于与其他方面的关联性和系统性，难以凭借单一学科得到圆满解决。学者们只是运用各自擅长的分析工具对劳动关系进行学术研究，但是任何研究均存在一定的理论缺陷，特别是不同学科在劳动关系方面的分歧要远远大于其共鸣。不同的学术理论概念模型的抽象化与现实多变性之间的矛盾难以调和，导致理论总是与实践之间存在一定的偏差。

第三，对法律实施的环境与状况判断过于理想化。改革开放以来，我国劳动立法取得了突飞猛进的发展。然而当前关于劳动法实施的环境和状态的判断却总是容易陷入理想化的境遇之中。学者们对法律往往抱有颇高的期望，并希望通过立法来解决劳动关系面临的问题，但是从实际研究的现状来看，却呈现如下几方面的不足。

一是诸多研究成果注重法治的宏观叙事与整体架构，对我国劳动关系发展的实际状况缺乏有效的融合，特别是相对具体、量化、微观层面的深入研究相对不足，因而得出的结论过于理想化和理论化。一些劳动法研究对劳动用工的新问题、新热点、新趋势有着较高程度的关注，但在一定程度上主要还停留在法律解释、理论分析和比较研究等层面，对我国劳动关系的整体环境及其特色分析不足，特别是对劳动关系的中国特色、中国风格、中国气派的提炼略有欠缺。同时对法律实施状况还缺乏系统化的调查研究，相关的定量研究相对较少，对法律实施状况的个案分析、分类研究、田野调查略显不足，不同地区、不同行业、不同所有制企业对劳动法实施反馈的研究还相对欠缺。此外，立法后的评估工作流于表面，出现形式化、机械化的现象，未能有效协同我国立法活动持续进步。

二是劳动法的研究相对孤立，与其他元素的互动和融合还存在着很大的不足。劳动关系问题的解决是一个循序渐进的过程，法律要发挥作用必须存在一定的社会环境和前提要件，它不可能孤立地发挥作用，必须与当前中国的政治、经济、社会、文化在不同层面、不同阶段有一个相互适应的发展过程。不同的发展阶段对法治具有不同的发展要求，同时法律的实施也受到一系列社会条件的限制。习近平总书记在 2016 年哲学社会科学工作座谈会上的重要讲话中指出："当代中国的伟大社会变革，不是简单延续我国历史文化的母版，不是简单套用马克思主义经典作家设想的模板，不是其他国家社会主义实践的再版，也不是国外现代化发展的翻版，不可能找到现成的教科书。"正是因为处于一个伟大的社会变革时期，我国劳动关系的法治实践为学术研究提供了丰富的素材。我国劳动关系的地域差异、历史传承、文化发展、代际传递、所有制差别等，都为劳动关系治理提供了更加广阔的研究空间。

三是对法律有着过度的依赖和迷信，将劳动关系众多问题的解决方案诉诸劳动法律本身，却没有注意到法律在实施过程中有可能会产生的一些弊端。在法律实施的过程中，劳动关系的治理呈现为从不稳定、不严谨、非结构的形式，逐渐发展到稳定的、有序的、有结构的形式的过程，或者是从非正式的控制到正式的控制的过程。这一过程，可能会产生诸如标准化、常规化和科层化的弊病以及衍生的官僚主义弊病、结构化等额外的问题①，刚性的制度调控的领域不断扩大，柔性的道德约束在逐渐收缩，原本由非正式规则调整的私人领域逐步让位于正式的制度领域。尽管私人领域的基本权利得到了更多的保障，但是公共权力调整范围的扩大将传统上属于私人领域的事务置于公共权威的规范之下，公权力的膨胀在一定程度上也形成了对私权利的某种威胁。如何通过制度创新和人文关怀尽量弥补法治刚性所带来的问题，仍然还需要进一步拓展和研究。

---

① See Charles Tilly, *From Mobilization to Revolution*, New York City: Random House, 1978, p. 167.

第二节 和谐劳动关系构建法治化框架的提出

作为一种动态过程的法治化是如何生成的？斯科特的制度理论能够给我们提供一些基本的思路。斯科特基于制度的规制性、规范性和文化—认知性三大基础要素，提出了制度化过程中具有基础作用的三种竞争性机制：基于回报递增的制度化、基于承诺递增的制度化和随着日益客观化而出现的制度化。基于回报递增的制度化，旨在表明制度形成的路径依赖过程存在一种“正反馈”的过程，也就是随着进一步的发展，如果坚持同样的方向就会得到奖赏或者积极的肯定；而向与此相反的路径转化则需要付出成本或者其他否定性的评价，而这种成本或者否定性评价会随着时间的推移而逐渐增加。它的核心是强调强制性激励对社会生活的驱动、引导、规制等作用。基于承诺递增的制度化，表明承诺或者忠诚机制的作用，包括规范和功能、结构与程序，以及个体和集体行动者。当人们的行为和利益取向被嵌入相互依存的社会关系之中时，人们选择的空间和活动的余地就会受到必要的限制。基于承诺递增的制度化产生于特定社会关系的形成过程中，强调承诺、忠诚、公平、照护等因素对社会关系的重要作用。这就是说行动主体之间能够寻求一种平衡，并随着这些要素发挥作用的增强，这种平衡得到巩固。随着日益客观化而出现的制度化，强调了在文化—认知的社会建构下共同的思想观念在制度化中的作用。行为者在社会互动的过程中产生的价值观念、认知判断等各种意义系统对行动者而言，逐渐成为外在于行动者的客观事实。如此，制度世界的客观性“日益浓厚和固化”①。这三种机制相互作用并相互强化，

① ［美］W. 理查德·斯科特：《制度与组织：思想观念与物质利益》，姚伟、王黎芳译，中国人民大学出版社 2010 年版，第 130—135 页。

共同维持并促进制度化的顽强生命力。

斯科特对制度理论的基本阐述，对于解释法治化的生成具有较强的解释力。然而对于劳动关系所存在的现实问题而言，它无法囊括法治化过程中的劳动关系主体的多元化、利益诉求的多样化和治理规则的特殊性等一些内在方面的具体差别。特别是在经济转型时期，我国社会的理性规则秩序尚未完全建立，劳动者权利意识膨胀和规则意识泛化，在此背景之下法治化的生成与衡量更需要面向我国的特殊问题所在。根据斯科特的制度理论在三大基础要素中“秩序基础”维度以及“系列指标”上的区别，笔者将构建和谐劳动关系法治化的生成机制划分为如下三种类型：规制型的法治化、自治型的法治化和认同型的法治化，其相关要素如表 3.1 所示。

表 3.1　构建和谐劳动关系法治化的生成

法治化类型	规制型	自治型	认同型
秩序基础	强制性规制	契约性规则	制约性机制
扩散机制	强制	规范	模仿
逻辑类型	合法	适当	正统
系列指标	立法、法律适用	行为标准	共同信念
建构基础	法律制裁	道德支配	文化支持

劳动关系治理法治化的三种机制之间存在着相互联系、相互作用、相互影响、相互牵制的密切关系。规制型的法治化是法治化的基础性保障，它为法治化建构提供确定性的指引，因而同时也具有导向性意义；自治型的法治化是法治化的运行关键，它基于劳动契约履行的现实对劳动关系的构成要素进行平衡和调整；认同型的法治化是法治化的主观要素，它基于劳动关系治理的实践促进一致性共同信念的形成。这三方面的内容完整而不可分割地统一于劳动关系治理的法治化建构之中。

一、规制型的法治化

（一）规制型法治化的意义

构建和谐劳动关系，必然应当充分注重法律作用的发挥，这也是社会主义法治的必然要求。规制型法治化通过强化法律的指引、评价和强制作用，为和谐劳动关系构建的法治化确立了运行规则、制度基础和机制保障，是法治化得以实现和有效运行的首要前提，对劳动关系治理的意义重大。

第一，规制型法治化为市场经济的基因与活力奠定了基础。市场经济具有自由、平等、竞争和开放的特点，是以市场为主配置社会资源、适应社会化大生产的有效机制。它包括了价格、供求、竞争以及激励和约束等一系列机制。要维持市场经济的制度机制和良好秩序，必须有法治作为基本的保障。法律作为维护国家和社会稳定的重要规则，尽管在计划经济和其他经济形态下也存在，但是只有在市场经济条件下，才能形成具有法治特征的法律制度。市场经济越发达，法治化就越发展。伴随着社会主义市场经济的开启，我国劳动法制的建设也逐渐提上议事日程。在我国确立建立市场经济体制的背景下，《劳动法》确立了劳动力资源市场配置的基本导向，为劳动力这一重要的生产要素在价值规律作用下，按照市场规则自由流动打开了通行的闸门，同时也形成了劳动合同制度、集体合同制度和社会保险制度确立的统一的规则①。在我国从计划经济向市场经济转型的过程中，劳动制度的改革并不是自然而然的过程，它需要改变当时的企业和职工对国家和政府过度依赖的状态，解放和发展社会生产力。改革固然具有社会发展的动力，但是更加需要通过法律的形式将改革的意愿和成果确定下来。这表明了劳动制度改革的国家意愿，通过国家强制力实现推动改革的作用。同时，通过法律的

---

① 参见郭军：《〈劳动法〉伟大的历史作用和现实意义》，2014 年 7 月 8 日，见 http：//politics. people. com. cn/n/2014/0708/c1001-25252124. html。

形式，给人们的行为提供确定性的预期和判断，能够有效引导人们的行为。法治化为劳动关系治理提供了基本的导向，它使得劳动关系治理不再依附于国家的计划指令和行政命令，遵循了劳动关系的市场规律和客观需要，为市场经济的发展注入了强大的生命力。

第二，规制型法治化促进了劳动关系的公平与和谐。劳动关系从属性所决定的用人单位和劳动者“强资本、弱劳工”的格局成为劳动法倾斜保护原则的法理依据。在绝对的自由条件下，资本由于具有经济上的优势，导致侵害劳动者利益可能性增加，劳动关系难以实现意思自治。规制型的法治化，旨在通过劳动法确立的对劳动者倾斜保护的原则和方法来矫正失衡的劳动关系。劳动法的倾斜保护原则在于弥补平等原则的不足，并通过矫正劳动关系事实上的不平等而实现法律的公平价值。劳动法规定了订立劳动合同应当遵循“平等自愿、协商一致”的原则。① 这表明劳动者和用人单位在形式上是平等主体之间的合同关系。然而，劳资双方在实质上则是不平等的。劳动合同具有形式上的平等性和实质上的不平等性，这是由劳动者提供劳动的从属性所决定的。因此，倾斜保护实质上也是对现实中劳资双方地位的利益衡量，是符合“弱势公平”价值的。倾斜保护仅仅是国家通过法律制度的干预来调整劳动关系，适度地倾斜保护劳动者的合法权益。但劳动关系调整模式，除了国家法律的适度干预外，劳动者和用人单位双方还可以基于意思自治对各自的权利、义务进行分配，而用人单位实质的强势地位，使得其在协商中占得优势。国家的干预只是基准性的，倾斜保护不可能消除合同双方的利益和实力差别。倾斜保护原则作为劳动法的基本原则，深入贯彻到劳动法的具体制度之中，主要体现在劳动者的解雇保护、劳动条件基准、劳动保障与法律救济等方面。正是法律规制的层面对劳动者的倾斜保护，劳动关系才能够实现相对的平衡稳定，才使得在利益多元化背景下劳动关系双方的利

---

① 《劳动法》第十七条第一款规定：订立和变更劳动合同，应当遵循平等自愿、协商一致的原则，不得违反法律、行政法规的规定；《劳动合同法》第三条规定：订立劳动合同，应当遵循合法、公平、平等自愿、协商一致、诚实信用的原则。

益能够得到相对稳妥的处理和协调，才保证了社会转型和经济全球化背景下我国经济发展状态的持续向好和社会生活持续稳定的大好局面。

第三，规制型法治化促进了劳动法治的建设与完善。以法律为主体的规制体系形成了规制型法治化的重要来源。在规制型法治化方面，我国促进和谐劳动关系的法律规范不断得到发展，劳动法治建设不断完善。《劳动法》是我国第一部全面系统规范劳动关系的基本法律，在劳动法治建设史上具有里程碑的意义。进入 21 世纪以来，为促进劳动关系的发展和劳动者权益的保障，我国劳动立法进入了黄金时期，国家先后出台了《安全生产法》《劳动合同法》《劳动争议调解仲裁法》《就业促进法》《社会保险法》等一系列法律，并对一些法律进行了修改和完善。在法律的基础上，我国还出台了一系列行政法规和其他规范性文件，促进了法律的实施和法治的发展。地方立法也伴随着国家劳动法治的完善而不断地得到强化。法律法规的出台，既推动了劳动者权益保障事业的发展，也促进了我国的劳动法治建设，法治观念更加深入人心，法治思维和法治方式成为整个社会的内在自觉和基本遵循。

（二）规制型法治化的演进和形成

法律是不断地发展的。以法律的形式为代表的规制型法治化，必然也应当根据劳动关系治理的客观情况而不断发展。根据马克思的观点，如果现行法律和社会发展刚刚达到的阶段发生显著的矛盾，那么法官们的职责恰恰就是要在过时的律令和社会的迫切要求的斗争中讲出自己有分量的话。那时他们的任务就是要超过法律，直到认识到必须满足社会的要求为止。在这种情况下，法律的文字本身就便于法官执行这个任务。法官只是应当根据我们的时代、我们的政治权利、我们的社会要求来解释它。① 马克思肯定了法律和社会发展之间存在矛盾的状态，继而在这种状态之下，他并非主张推翻法

① 参见《马克思恩格斯全集》第 6 卷，人民出版社 1961 年版，第 274 页。

律，而是对适用法律和解释法律的过程提出了要求，即落脚于“我们的时代、我们的政治权利、我们的社会要求”。马克思肯定了法律的重要意义，他认为“规则和秩序本身，对任何取得社会固定性和不以单纯偶然性与任意性为转移的社会独立性的生产方式来说，都是一个必不可少的要素。这种规则和秩序，正好是一种生产方式的社会固定的形式，因而是它相对地摆脱了单纯偶然性和单纯任意性的形式。在生产过程以及与之相适应的社会关系的停滞状态中，一种生产方式所以能取得这个形式，只是由于它本身的反复的再生产。如果这种再生产持续一个时期，那么，它就会作为习惯和传统固定下来，最后被作为明文的法律加以神圣化。”①

劳动关系治理法治化需要对劳动者权益进行倾斜保护，但是劳动者权利的确认和实现往往需要经历复杂的发展过程。在西方发达资本主义国家的发展历程中，劳动者的权利并非是自然实现的，而是经历了一个由不承认到承认并进而通过法律制度对行为进行规制的历史过程。

18 世纪中后叶，英、法、德等国相继完成产业革命，资本主义生产方式取得统治地位，资本主义的雇佣劳动关系最终确立。处于自由竞争时期的资本家为了获取高额利润，采取增加劳动强度、延长工作时间等方式剥削压榨工人，劳资矛盾尖锐，工人集体行动频发，劳动关系呈现激烈的对抗性和斗争性。同时，成长壮大起来的工人阶级也组织工会作为自我保护的社团，并运用罢工手段对抗资产阶级经济剥削和政治压迫，为改善自己的劳动经济条件进行不懈斗争。在最初阶段，工人斗争被视为洪水猛兽，不论普通法还是成文法都给予严格禁止，例如英国 1799 年、1800 年的《结社禁止法》和法国 1791 年的《夏勃利尔法》都宣布一切工人罢工或集会结社都属非法，违者将受到严惩。德国俾斯麦政府也以镇压社会民主党的名义于 1878 年通过《反社会党人非常法》，将工会组织和工人运动置于非法地位。美国则将针对工商企业垄断行为的 1890 年《谢尔曼法》适用于工会和罢工，即认为

① 《马克思恩格斯文集》第 7 卷，人民出版社 2009 年版，第 896—897 页。

工会和罢工构成“贸易限制”（Restraint of Trade）应判处违法。

19 世纪的英国正处于自由竞争资本主义阶段，激进的资产阶级鼓吹自由竞争。由于存在着庞大的产业后备军，劳动者之间存在着激烈竞争。“自由竞争使工人遭受极大的痛苦，引起他们的痛恨；自由竞争的拥护者即资产者成了工人的死敌。完全的竞争自由只会使工人遭殃。”① 工人们的不满和抗议促使他们认识到，必须要采取进一步的行动。“现在工人已经一天比一天懂得竞争给他们带来了什么害处，他们比资产者更懂得，即使是有产者之间的竞争，由于会引起商业危机，也对工人造成影响，所以也必须消灭这种竞争。很快他们就会懂得，他们应当怎样着手做这件事情。”②

从 19 世纪中叶到 20 世纪初，随着资本主义的发展和劳资冲突上升，劳动关系问题日益成为影响广泛的社会问题。工人运动在艰难的社会制度环境中持续发展，与资产阶级的直接或间接的斗争风起云涌，特别是欧洲三大工人运动兴起，迫使民主化的资本主义国家在立法上先后解除罢工禁令，欧美国家相继承认罢工的合理性，20 世纪罢工在这些国家逐步取得了合法地位。例如 1824 年英国议会通过《结社禁止废止法》，1864 年法国对结社、集会、罢工予以解禁，1890 年德国废除《反社会党人非常法》。③ 发生这些变化的原因在于资本意识到：“没有工人阶级的帮助，资产阶级永远不能取得对国家的完全的社会统治和政治统治。这样，两个阶级之间的相互关系就逐渐改变了。从前让所有工厂主望而生畏的工厂法，现在他们不但自愿地遵守，甚至还容许把它推广到所有工业部门中去。从前被看做恶魔现形的工联，现在被工厂主们当作完全合法的机构，……甚至直到 1848 年还被宣布不受法律保护的罢工，现在也被认为有时很有用处，特别是当工厂主老爷们遇到适当时机主动挑起罢工的时候。”④ 但是关于组织工会和罢工斗争的不合理限制

---

① 《马克思恩格斯文集》第 1 卷，人民出版社 2009 年版，第 469—470 页。

② 《马克思恩格斯文集》第 1 卷，人民出版社 2009 年版，第 455 页。

③ 参见闫海：《罢工权的法理分析与规范设计》，载吴志攀主编：《经济法学家（2003 年）》，北京大学出版社 2005 年版，第 560—568 页。

④ 《马克思恩格斯文集》第 1 卷，人民出版社 2009 年版，第 373 页。

仍大量存在，直至第二次世界大战以后，罢工权才逐步成为各国立法普遍承认乃至保护的法律权利。

随着第三次科技革命的发展，西方主要资本主义国家逐渐进入到国家垄断资本主义时期。同时，第二次世界大战之后，随着凯恩斯主义的盛行以及罗斯福新政的实施，政府在协调劳动关系中发挥了越来越重要的作用，三方机制的成熟，对劳动者集体行动的解决逐步制度化和法律化。此外，随着知识经济的兴起，企业对劳动者的依赖性逐渐增强，主动采取劳资合作的战略，提高员工的主动性和积极性，以实现共同的利益诉求。20 世纪世界人权运动取得了重大进步。1948 年联合国大会发布的《世界人权宣言》第 23 条第 4 款明确指出："每个人有权成立及加入工会以保护其利益。"1961 年 10 月 18 日签署的《欧洲社会宪章》第 6 条（4）规定："在权利冲突的情况下，工人和雇主只要遵守由以前所达成的集体协议所派生出来的义务，就享有受采取集体运动的权利，包括罢工的权利。"1966 年 12 月，联合国通过了《经济、社会及文化权利国际公约》（1976 年 1 月 3 日正式生效），规定了劳动者的一系列权利内容。1976 年生效的《公民权利和政治权利国际公约》也有类似规定，显示了联合国对劳动者和工会权利的重视。国际劳工组织（ILO）作为联合国主管劳工和社会事务的机构，制定了 8 个核心劳工公约，对于明确和保障劳动者权益具有重要的作用。

20 世纪 80 年代以来，随着劳资冲突的数量减少，工会组织在世界范围内的衰落，以及政府逐渐转向新自由主义并放松市场管制，传统劳动关系的基础，即大规模的生产、工会组织和集体谈判都处于变化的过程中。与此同时，全球化信息化给劳动关系带来了巨大影响，劳动关系呈现灵活化和个别化、多元化的发展趋势，跨国劳动关系、跨国集体谈判、无工会的劳动关系、特殊群体（非全日制工等）的劳动关系在现实中愈发突出。这些都促使全球化背景下的劳动关系治理的法治化出现新的发展趋势。

劳动关系治理法治化过程中存在的问题，亦被诸多学者归因于法律不完善。在我国，矛盾尖锐的社会领域往往在一定程度上存在着法律制度的缺位，这或者表现为立法的空白，或者是法律不能满足社会的需要。面对劳动关系领域出现的新问题，劳动关系立法的调整完善速度比较慢。我国劳动关系立法的力度还应该加大，有关部门应该积极研究劳动关系领域出现的新问题，尽快修改和制定法规，防止法规的滞后性①。针对法律与社会的关系，马克思指出："社会不是以法律为基础的。那是法学家们的幻想。相反地，法律应该以社会为基础。法律应该是社会共同的、由一定物质生产方式所产生的利益和需要的表现，而不是单个的个人的恣意横行。"②"社会的迫切需要将会而且一定会得到满足，社会必然性所要求的变化一定会进行下去，迟早总会使立法适应这些变化的要求。"③

（三）规制型法治化的内涵释义

所谓规制型法治化，是指以规制性要素为基础实现的法治化。规制型的法治化，是立法者根据社会经济生活的需要和一定的治理愿景，将某一领域的实际运行秩序置于法律规范之下的愿望，也是人们对于理想的法律目标模式及其实现的基本途径和方式的一种信仰、期待和追求。这种规制型的法治化凭借强制力来发挥其功能和作用，但是在立法目标和规制方式上，仍然需要平衡一些特定的要素，赋予特定主体相应的权利或者义务。

第一，规制型法治化应当立足于劳动关系主体的自由。一个正义的社会必须是人们能在其中享有充分自由的社会，一种被称为良好的法律必然包含着对个人自由的促进和追求。劳动者的诸多权利经历了一个契约自治或者计划经济下的行政指令到劳动者不断追求的道德权利，最后到法律权利的过程。自由是法律上的权利，规制型法治化理应将劳动关系主体的自由作为先

---

① 参见刘彩凤：《英国劳动关系的调整路径及其对中国的借鉴意义》，《中国劳动关系学院学报》2009 年第 6 期。

② 《马克思恩格斯全集》第 6 卷，人民出版社 1961 年版，第 291—292 页。

③ 《马克思恩格斯文集》第 3 卷，人民出版社 2009 年版，第 231 页。

验理念。具有积极的权利性质的权利立法赋予劳动者的个人自由应当是积极自由[①]。劳动者是否愿意与用人单位建立劳动关系，是否愿意与其协商、变更和解除劳动合同，是否愿意接受用人单位提出的条件，他的意志是自由的，即现有法律制度框架下，他可以选择接受，也可以选择拒绝。然而，由于劳动者提供的劳动具有从属性的特点，劳资双方的地位存在着实质上的不平等性，资本权力是容易滥用的，劳动者在很多情形下，很难真正实现自己的自由。因此，立法应当使劳动者和用人单位具备自由实现其自由的条件。当然，上述自由的前提是"不受外在压制和束缚"的消极自由的存在。这就需要通过立法使劳动者不受身份、地位等歧视性因素的压制和束缚[②]。如此，在"人是其自利的理性最大化者"和"资源的最优化配置有赖于资源的有效流动"[③] 的前提下，规制型法治化在立法中应当树立这样一个理念：促进劳动者权利实现和选择的自由。

第二，规制型法治化应当处理好效率和公正的关系。美国法律经济学家理查德·A. 波斯纳主张，法律的公正必须以经济上的可行性、合理性为基础。公正不仅是指一定程度的经济平等——享有机会平等，而且其最一般的含义就是效率——维权救济成本的最小化。"所有的法律活动和全部的法律制度都应当以有效地配置资源、最大限度地增加社会财富为目的。"[④] 效率和公平一直是经济社会发展中一对矛盾的结合体，更是规制型法治化需要重点处理的问题。党的十四届三中全会提出"效率优先、兼顾公平"的收入分配政策；党的十六大提出"初次分配注重效率""再分配注重公平"；党

---

① 英国自由主义一代宗师伊赛亚·伯林于 1958 年当选牛津大学齐契利社会与政治理论讲座教授时，在他的就职演说中提出了两种自由概念，即积极自由和消极自由。"积极自由"即是"依自己独立意志行事的能力"。（参见张文显：《法理学》，法律出版社 2007 年版，第 345 页）

② 参见张文显：《法理学》，法律出版社 2007 年版，第 345 页。

③ 刘大伟、康健：《迁徙自由的法经济学分析》，《辽宁大学学报（哲学社会科学版）》2008 年第 9 期。

④ 陈国富：《用效率诠释正义》，《读书》2001 年第 5 期。

的十七大提出“初次分配和再分配都要处理好效率和公平的关系，再分配更加注重公平”；党的十八大提出“初次分配和再分配都要兼顾效率和公平，再分配更加注重公平”；党的十九大提出“努力实现更高质量、更有效率、更加公平、更可持续的发展”。我国经济发展已经从“效率优先，兼顾公平”转向“有效统筹效率和公平”。在劳动关系的法律规制层面，我们不能仅仅将目标放在促进劳动业绩和企业发展上，而是应当让发展成果更多更公平地惠及劳动者。

第三，规制型法治化应当注重法律均衡。法律均衡是法律资源在社会生活中均衡配置的持续状态和目标模式。除法律资源供求的均衡、社会主体的法律行为均衡、法律收益均衡外，在当前劳动关系治理还存在这样或者那样问题的背景之下，劳动立法应当更加注重法律结构与功能的均衡。一方面，注重劳动法律制度内部结构与功能的协调。在法律结构方面体现为立法体系的协调：法律与法律之间应当一致，同一部法律的前后规定也不能互相矛盾，行政法规之间也不得互相矛盾，地方性法规、规章之间不互相矛盾，下位法不能违反上位法。在法律功能方面，各种法律法规的作用互相补充，共同形成均衡协调的法律秩序。另一方面，注重法律制度与社会整体制度结构和功能的协调，在实现法律制度变迁时表现为如下两点：一是现存劳动制度结构存在缺陷，而构建的法律制度正好弥补这个缺陷；二是现行法律制度衍生于社会制度环境，与社会制度环境相一致，得到社会制度环境的认可与支持。①

（四）规制型法治化的运行实践

规制型的法治化，对应于基于回报递增的制度化，其制度的基础要素是以法律为主的具有强制性的规制性要素。

---

① 参见汪全胜：《法律均衡的制度经济学解析》，《哈尔滨工业大学学报（社会科学版）》2005 年第 7 期。

规制型的法治化以法律为法治化建构的基础性保障，通过法律的制定和实施为劳资双方的行为提供合法性的判断和确定性的指引，实现法律调整劳动关系的重要作用。通过规范性的指引，法律能够为人们的行为提供模式标准、样式和方向，可以预先判断人们相互之间将采取怎样的行为以及会产生怎样的行为后果，并进而对自己的行为作出合理的安排。通过强制力的保障，法律得以实现对违法行为的制裁，增进社会成员的安全感。在对一般人的行为进行指引、预测、评价、保护和强制的过程中，法律也直接或间接地影响着人们看待社会事务的思想观念，并进而影响人们的行为选择和评判标准。根据规制型的法治化，在特定的法律秩序下，劳资双方的行为和劳动关系的协调举措应当与国家制定颁布的实证法律相符合，这一方面能够为劳资双方提供可供遵照的强制性法律准则，起到引导劳资双方行为的作用，另一方面能够为劳动争议的协调者、监管者或者裁判者提供据以断案的依据，使其能够根据法律规范推理出相应的结果。在法律规范的激励和促进下，法律能够形成一种“正反馈”的过程和法律规则之间相互依赖的网络，它对应基于回报递增的制度化。

从实践效果而言，规制型的法治化，通过其强制性的规则促进劳动关系治理目标的实现。在规制型法治化的建构下，劳资矛盾和冲突不再是某种异常的现象，治理举措也不是某种运动式的突击策略，它们都被进一步整合成为劳动关系治理常态的一部分。这一过程避免了因人而异的随意性，同时，由于不同规则系统的复杂交错导致运行效果上的“混沌效应”也在一定程度上得以限制。强制性规则所具有的相对优越性，显然在一定意义上缓解了社会生活中对于行为选择的困境并稀释了不确定性的行为模式①。因此，通过对劳动关系的法治化，劳资双方和其他主体均为自己找到了一个重要的稳定机制。法治化在当代社会中普遍受到重视，原因不仅在于它能形成高效率的社会运行机制，还在于法治化结构的刚性、程序性以及可操作性与其运行

① 参见杨育民：《略论“制度化”》，《社会科学辑刊》2001 年第 6 期。

效果所产生的一致性、确定性和公正性呈现一种正相关的联系。邓小平在党的十一届三中全会上强调，“必须使民主制度化、法律化，使这种制度和法律不因领导人的改变而改变，不因领导人的看法和注意力的改变而改变。”2014 年，习近平总书记指出：“法律是治国之重器，法治是国家治理体系和治理能力的重要依托。全面推进依法治国，是解决党和国家事业发展面临的一系列重大问题，解放和增强社会活力、促进社会公平正义、维护社会和谐稳定、确保党和国家长治久安的根本要求”。① 由此我们得知，有效发挥规制型法治化的作用，既是解决劳动争议、健全法治化、维护社会稳定的重要基础，更是我国全面推进依法治国重大战略部署的根本要求。

二、自治型的法治化

（一）自治型法治化的意义

规制型的法治化尽管解决了法律规则的问题，为劳动关系的治理奠定了法治化的基础，但规则作用的发挥，需要在劳动关系治理实践中得以实现。和谐劳动关系是建立在双方关系博弈基础之上的关系。这种博弈虽然建立在法律规制之上，但却更需要双方力量的平衡，需要高于法律本身的价值规范即规范性要素来进行引导。因此，规范性要素在劳动关系治理的实践中就成为劳资自治的基本规范。从某种意义上来讲，正义、平等、公平等道德原则的总和构成了劳动关系自治的价值基础。这种价值规范的确立，成为对劳动者倾斜保护的价值源泉，避免用人单位滥用雇主地位对劳动者利益的侵害。同时，从法律规则的角度来看，它将“民主、人权、自由”这些价值规范体现在法律之中，实现社会的正义和公平，进而构成一种“良法之治”②。

---

① 习近平：《关于〈中共中央关于全面推进依法治国若干重大问题的决定〉的说明》，2020 年 6 月 4 日，见 http://www.qstheory.cn/dukan/2020-06/04/c_1126073326.htm。

② 参见刘作翔：《法治文化的几个理论问题》，《法学论坛》2012 年第 1 期。

这些价值规范也成为法律干预劳动关系的基本准则，强化法律对于促进劳资自治的功能和作用。因此，自治型法治化的建构，对于规范、协调和引导劳动关系具有重要意义。

第一，自治型法治化有助于确立劳动关系自治的基本价值规范。劳动关系治理并不是单纯的法律问题，还存在着社会结构、伦理规范、价值取向等诸多复杂的因素，而这些因素并不属于法律范畴。即使它们能够获得合法性的积极评价，但对于法治化本身而言，并不会起到多大的作用。在经济全球化的时代，劳动争议无时无刻不在拷问着劳动与资本之间关系的制度安排，而拷问的内容则往往是哪里存在不公、哪里限制了自由、哪里降低了效率、企业是否尽到社会责任、劳动伦理是否缺失、制度是否合理，这些问题都需要从正当性的层面获得答案。

第二，检视经济发展过程中资本逻辑与劳动伦理的关系。劳动争议所揭露出来的劳动者权益保障的缺失，让我们不得不考虑资本逻辑与劳动伦理之间的关系。改革开放以来，引进和利用资本为我们带来了空前的物质财富和社会发展，但同时也引发了一定的劳动伦理问题。如果不对资本加以伦理限制和监管，在市场需求、竞争压力和资本逻辑的驱使下，资本主义“过度劳动”的问题在我国依然会重现。① 因此，对资本逻辑加以伦理限制，减少其可能带来的消极影响，这是经济全球化时代以“平衡劳动关系、保护劳动者权益为主要特点”② 的劳动伦理所面临的一个重要主题。当代中国新型劳动关系正在孕育和发展之中，其基本特征之一就是在劳动关系调整中体现了强烈的道德关怀和伦理精神。这种伦理精神的辐射和放大，就是如何实现公正和公平，包括劳动关系中的利益主体身份地位的平等、分配中的公正、劳动者待遇上的保证和自身价值的实现③。

---

① 参见吴宏洛：《资本逻辑与劳动伦理》，《当代经济研究》2011 年第 2 期。

② 刘诚：《劳动法与劳动伦理的调整机制及其相互关系》，《东南大学学报（哲学社会科学版）》2009 年第 4 期。

③ 参见赵健杰：《公平与正义：劳动关系调整中的伦理维度》，《中国劳动关系学院学报》2007 年第 1 期。

（二）自治型法治化的演进和形成

自治型法治化以正当性作为其运行逻辑。自治的演进过程，在一定程度上就是主体之间不断追求正当性内涵的过程。因此，对正当性理解的演进，就构成了自治型法治化的内涵发展。从历史发展阶段来看，正当性概念的演进大致可以分为三个时期：古典规范主义、现代规范主义和当代规范主义①。

在欧洲，对正当性的研究可以追溯到古希腊时期。根据哈贝马斯的说法，“在欧洲，如果不是从梭伦开始，那么至迟也是从亚里士多德开始，政治学理论就从事于合法化统治兴衰存亡的研究”②。古典规范主义者是最早研究正当性的思想家。古希腊哲学家包括柏拉图和亚里士多德都在寻找一些永恒的标准（尤其是正义和品德）来衡量正当性。亚里士多德主张，“城邦以正义为原则。由正义衍生礼法，可凭以判断［人间的］是非曲直，正义恰恰是树立社会秩序的基础”③。法律以全城邦的良善生活的道德理念为旨归，其目的在于保障伦理德性的实现，进而促进正义的实现。正义是法律善恶的衡量标准，自然法以正义为基础，统治者制定的法律必须具有以正义为基础的正当性观念，因而实证法有良法与恶法之分④。在古希腊哲学家看来，政治制度不是人为设计的产物，而是自然生长出来的，就像空谷幽兰或者河畔垂柳，即使没有世人的关注和浇灌，它们也能展现出勃勃的生机。既然政治制度的生长符合自然规律，那么其中的各种安排都是自然正确的（naturally right），它既不以人类意志的自觉行动为基础，也不要求人类意志

---

① 参见曾敬涵：《中国共产党的执政能力：意识形态、合法性和党的凝聚力》，香港城市大学出版社 2016 年版，第 53—55 页。

② ［德］哈贝马斯：《交往与社会进化》，张博树译，重庆出版社 1989 年版，第 186 页。

③ ［古希腊］亚里士多德：《政治学》，吴寿彭译，商务印书馆 1965 年版，第 9 页。

④ 参见肖小芳：《道德与法律——哈特、德沃金与哈贝马斯对法律正当性的三种论证模式》，博士学位论文，中山大学，2009 年。

的自觉行为[①]。在古代，正当性辩护都常常和神权联系在一起。比如，君权神授就被古代西方政权用来辩护他们统治的正当性[②]。

古典规范主义通过“君权神授”理论和自然法理论来论证政治秩序的正当性。现代规范主义的崛起，可能和无神论的兴起有关。现代规范主义者逐渐用新的规范标准，比如法治、民主和自由来取代古典规范标准。卢梭的《社会契约论》就重塑了公民和政府的关系。建立在前人对社会契约的思考上，当代规范主义者约翰·罗尔斯提出用现代价值来衡量正当性。罗尔斯在《正义论》中指出正义的两个原则：“第一个原则：每个人对与其他人所拥有的最广泛的基本自由体系相容的类似自由体系都应有一种平等的权利。第二个原则：社会的和经济的不平等应这样安排：使它们①被合理地期望适合于每一个人的利益；并且②依附于地位和职务向所有人开放。”[③] 这些正义的原则太过理想化，在现实中如何实现是一个难题。戴维·米勒指出，在罗尔斯那里，正义、分配正义和社会正义是同义的。他进一步立足于多元主义和经济全球化，区分了对应于不同社会联合体的社会正义的三种类型：对应于团结性社群的正义原则是按需分配，对应于工具性联合体的正义原则是依据应得分配，对应于公民身份联合体首要的分配原则是平等[④]。

当代政治哲学家在争论民主和政治正当性的关系。一方面，许多人把民主看作正当性的必要条件（Buchanan，2002）。纯粹程序主义认为，民主结果的正当性完全来自民主程序的公正性，而非结果的品质（Manin，1987；May，1952）。这样来说，只有民主的政权才是正当的。理性程序主义认为，民主程序的公正性和民主结果的品质都很重要（Pettit，2001）。另一方面，

---

① 参见周濂：《政治正当性的四重根》，《学海》2007年第2期。

② 参见曾敬涵：《中国共产党的执政能力：意识形态、合法性和党的凝聚力》，香港城市大学出版社2016年版，第53—55页。

③ [美] 约翰·罗尔斯：《正义论》，何怀宏、何包钢、廖申白译，中国社会科学出版社1986年版，第56页。

④ 参见 [英] 戴维·米勒：《社会正义原则》，江苏人民出版社2001年版，第37—44页。

一些民主工具主义的支持者则认为，民主结果的品质才是决定民主是否是正当性必要条件的关键（Razer，1995）。换句话说，如果民主不能产生好的结果，那么正当性不一定要来自民主。①

通过上述历史演进，笔者认为正当性与自治型法治化至少存有如下几方面的内涵。第一，正当性体现一种客观的因素，它是符合某种外在于人的主观态度和社会制度本身的客观规范。同理，促进劳资自治的法治化，应当寻求客观因素的支持和论证，而非其中任何一方的主观偏好。第二，现存社会制度的产生和维持需要具有某种信念，正当性就是产生和维持这种信念的一种能力。劳动关系自治不同于一次性的裁判或者纠纷的解决，它更加需要相对稳定和长期地维持这种双方关系。第三，正当性高于合乎法律性，可以成为法律评价的一种标准。如何促进劳资自治，这一问题的解决显然高于法律本身，甚至成为评价法律效能的一项重要标准。第四，正当性既关注过程，也关注结果。显然，法治化的结果和过程对劳动关系的自治都是不可或缺的。

（三）自治型法治化的内涵释义

劳动争议具有复杂的社会因素，然而为其治理寻求一个综合性的评价体系，不仅是可能的，而且也是劳动关系现实所迫切要求的。自治型法治化通过其正当性的价值规范能满足这个评价体系的要求。自治型法治化以正当性作为评价性的概念，尽管它的评价对象、维度和标准都可能是多元的，但这个概念能为劳动关系自治的制度设计、实施和评价确立一个思维导向和逻辑框架。我们将自治型法治化界定为这样的一种法治化：将符合劳动关系目的及其治理现实的价值规范融入劳动关系治理的过程，维持劳动关系主体平衡，实现劳动关系主体动态平衡的治理过程。

---

① 参见曾敬涵：《中国共产党的执政能力：意识形态、合法性和党的凝聚力》，香港城市大学出版社2016年版，第53—55页。

首先，自治型法治化体现了一种客观的规范性因素，这种要素既符合劳动关系目的的实现，又符合劳动关系治理的制度需求。劳动关系产生和发展的核心在于劳动，这也是实现生产的最根本形式。马克思指出，“劳动过程……是制造使用价值的有目的的活动，是为了人类的需要而对自然物的占有，是人和自然之间的物质变换的一般条件”①。其中有意识、有目的地改造世界是人类劳动与动物本能最根本的区别。在市场经济下的劳动关系中，对生产资料占有的客观现状决定了雇主与工人追求不同的劳动目的，当双方的追求的目的不可协调时，冲突就自然会发生。② 劳动关系目的的不同要求成为劳动争议产生的主观原因。任何劳动关系协调制度的目的都在于调和、缓解或者规范这种冲突的形式，以取得社会正义。因此，对劳动关系治理进行基本的价值判断和评价，必然需要在维护社会公平和正义的基础上，平衡劳动关系主体间的不同目的。

其次，自治型法治化的途径是自治，但是它不能以治理主体或者对象主观的态度为依据，更不能以当前社会的经验性的认识为标准，而是需要某种更高层次的价值来维持这种制度衍生的能力。正是对生产资料的不同占有程度和劳动过程中双方的不平等关系，决定了雇主与工人的最终利益的不同，这也是所有冲突产生的根源。虽然冲突是劳动关系的本质特征，但并不是唯一的表现形式，在一定时期和社会条件下，劳资双方也是可以合作共存的。所以，劳动关系治理的正当性应当促成劳资冲突逐步走向合作共赢的劳动伦理。

最后，自治型法治化不仅强调治理的结果，同样需要关注治理的过程。无论是劳资实力或者目的的平衡，还是利益的合作共赢，在一定程度上仅仅代表了一种理想的最终状态。为了达成这种结果而不择手段，显然并不是正当性的应有之义。程序上的正义源于英美法系遵循的法律格言：“正义不仅

① 《马克思恩格斯文集》第5卷，人民出版社2009年版，第215页。

② 参见孙兆阳：《平衡劳动关系的冲突与合作——关于和谐劳动关系的理论思考》，《中国劳动关系学院学报》2012年第2期。

应该得以实现，而且要以人们看得见的方式实现。”罗尔斯在《正义论》中对程序正义作了精致的论述，他将程序正义界定为实体正义和形式正义实现过程中的正义，它要求规则制定和使用的程序具有正当性。其理论要旨在于：“在对一种至少会使一部分人的权益受到有利或者不利影响的活动或决定作出评价时，不能仅仅关注其结果的正当性，而且要看这种结果形成过程或者结果据以形成的程序本身是否符合一些客观的正当性、合理性标准。”①

（四）自治型法治化的运行实践

自治型法治化的基础要素是规范性要素，它是指在劳动关系实质不平等的状态下通过角色定位、功能转化和规范引导通过自治的方式来矫正劳资之间不对等的地位，以达成劳动关系相对平衡状态的机理和方式。这种相对平衡的状态需要劳资双方能够实现自治来维持。

任何制度的设计均以主体结构作为其逻辑的起点。自治型法治化的有效运作有赖于劳动关系及其相关主体之间的互动，将治理过程的基本功能和价值结构复合化、层次化，共同指向劳动关系自治的法治化目标，将失序的行为引导至稳定、规范的轨道中来。无论是功能结构还是行为导向，自治型法治化的运作都需要以劳动关系特定的主体结构作为逻辑起点来进行法治化的建构及其路径的设计。因为利益的分化首先是以主体的分化为前提的，如果不能区分劳动关系中的主体结构，那么就不会存在利益、功能和诉求之间的差别。而劳动争议的局面已经说明主体多元格局的形成，如果对此未能给予充分的重视，那么自治型法治化便失去了对劳动关系协调的意义，直接简化成利益一体化的单一格局了，这显然不是劳动关系的现实状态。

在主体结构的区分格局下，自治型法治化通过功能定位和行为导向，来实现其相应的法治化类型和秩序基础。尽管劳动关系建立的基础是双方达成的一致性，但是无论是雇主还是劳动者，他们在劳动关系中寄予的目标或者

① 赵晓芳：《从程序正义看社会保障碎片化》，《理论月刊》2012 年第 12 期。

对于劳动关系的功能定位是不同的，这种定位或者追求的不同，决定了劳资冲突的可能性，因此自治型法治化就是对劳资双方在不同目标上的协调与平衡。在市场经济条件下，劳动者的从属性地位决定了资本雇佣劳动的特点，如果放任这一市场机制自由运作，劳动契约的履行将会直接导致劳动者权益保障的不利局面。自治型法治化以契约为核心，通过对劳动契约建立和履行方式的调节、引导，促使劳资双方通过平等协商达成劳动契约并保障其正常的履行。通过契约性的规则协调劳资双方的行为具有两方面的要求：一是契约性规则要求劳资双方在劳动关系的建立和履行过程中需要真实、诚信、完全履约，争议行为亦应当符合相应的标准，例如面对争议双方应尽积极磋商的义务，并避免造成不必要的损害；二是契约性规则同时也要求发挥监管者、协调者的作用，不能进行过度的干预或者替代劳动关系主体进行决策，而应当是致力于在保障劳资力量均衡的基础上促进劳资自治以达成契约。通过这两方面的调节、干预和引导，自治型法治化得以促进劳资双方在契约上达成相对平衡、稳定的状态。

一项行为的惯例得以规范化、法治化，有助于社会结构中的行动主体相互之间产生认定的效应。在这一法治化的框架中不同的目标和追求得到平衡，并进而使得劳动关系主体的行为正当化，有助于劳动争议的预防和化解。自治型法治化可以帮助劳动关系中的行动主体在复杂与不确定的环境之中作出决策，并且可以维持日常行为的稳定性。亨廷顿以政治秩序作为核心价值建构了一个政治发展的理论框架，政治参与水平与政治制度化程度这两个变量决定了政治秩序的稳定程度。三者之间的关系一般是：“政治参与÷政治制度化=政治动乱”①。劳动关系的稳定程度具有同样的道理。在劳动者参与度不变的情况下，法治化程度越高，劳动关系稳定性就越强。现实中劳动关系法治化的水平低下、缺少参与的机会、利益表达的障碍等因素直接

---

① ［美］塞缪尔·P. 亨廷顿：《变化社会中的政治秩序》，王冠华、刘为等译，生活·读书·新知三联书店 1989 年版，第 51 页。

影响到了劳动关系的不稳定性。因此，提高法治化水平，可以使劳动争议的治理中扩大对劳资双方以及社会参与的吸纳能力，维持治理体系框架的稳定，获得较好的社会秩序。

就实践的效果而言，自治型法治化能够维持制度自身的弹性和稳定性。劳动争议在一定程度上是不可避免的，而将这些争议或者运动进行法治化，不仅考验着劳动关系双方主体自我协调的空间和能力，也在一定程度上考验着国家和政府的治理能力。一个社会发生了罢工等劳动争议，并不必然会影响到劳动关系的和谐和社会的稳定，其关键在于国家和政府乃至社会将其法治化的能力。这项能力就在于自治型法治化的建构及其运作。

三、认同型的法治化

（一）认同型法治化的意义

《吕氏春秋·本味》中记载了“伯牙绝弦”的故事：“伯牙善鼓琴，钟子期善听。伯牙鼓琴，志在高山，钟子期曰：‘善哉，峨峨兮若泰山！’志在流水，钟子期曰：‘善哉，洋洋兮若江河！’伯牙所念，钟子期必得之。子期死，伯牙谓世再无知音，乃破琴绝弦，终身不复鼓。”

伯牙和钟子期成为知音，在钟子期死后，伯牙就断然把琴给毁掉，一辈子再也不鼓琴了。这个故事说的是音乐鉴赏的知音。伯牙和钟子期为什么能够成为知音，关键在于伯牙的琴声能够符合钟子期的审美，而钟子期的情操、智慧也正好与伯牙产生了共鸣。后来文艺作品的创作也往往以此为鉴。通常什么样的文艺作品被认为是好作品？那就是能够唤起读者的共鸣，读者和作者之间在某些方面或某种程度上产生了思想的融合、感情的相通。

文艺作品的读者与作者之间的这种共鸣，在法治化过程中同样是如此。法治化要产生积极的效果、规避法治化过程中的衍生问题，就需要注重人们思想情感的需求，唤起人们内心回应的过程，使之形成一种共鸣。规制型与规范型的法治化主要从客观、规范性的要素进行法治化的建构，能够为劳动关系的治理提供法律的指引以及正当的争议解决方式，但同时它也可能带来两种情形的最终效果。一种情形是能够得到劳资双方内心的认可和接受，形成一种制度自觉，在解决劳动争议的同时也保持了法治化内容指向的稳定性、持续性和扩散性，最终形成一种良性的制度循环。这种情况当然是法治化所追求的一种理想状态。另一种可能性则是，尽管劳动关系的治理已经通过法律或者其他正式的方式得到了处理，但是劳动者内心对这些是排斥的、抵触的；或者劳动争议尽管得到了一定程度的解决、一定程度上控制了劳资冲突，但无法在更高层面上获得一种共识。显然，第二种情形下难以保证法治化的积极效果，甚至隐藏了潜在的社会危机。

法治化不仅仅强调稳定性和持续性，尤为关键的还在于其扩散性，即一项制度规则通过各要素的扩散，使得行为主体能够在规范、价值等方面形成共识，并进而达到被接受的程度。因此，在劳动关系治理中，研究如何让人们更加容易地认同和接受，具有重要的意义。

第一，要理解和解释任何行动，不仅必须考虑行动的客观条件，还必须考虑行动者对行动的主观理解。心理学家所进行的深入研究指出行为者的认知框架参与了信息处理活动的整个过程，即从决定注意何种信息，对这种信息如何编码，如何保留、回忆、进行组织并成为记忆，到如何理解信息这一整个过程，并进而影响行动者的评价、判断、预测和推论。① 因此，我们研究劳动关系治理的法治化，在法律和制度的客观、规范性基础上，更需要考虑到劳资双方的主观理解，在内心达成制度认知的一种“共鸣”。

第二，人们的认同和接受是法治化得以持续和扩散的关键。一种制度规则能够得以延续，主要取决于该制度规则运行下的人们对于它的认同程度。如果人们认可了某一制度规则，在制度执行的过程中就增大了执行的自觉

---

① 参见［美］W. 理查德·斯科特：《制度与组织：思想观念与物质利益》，姚伟、王黎芳译，中国人民大学出版社 2010 年版，第 65 页。

性，制度规则就会发挥其应有的作用；也只有形成对法治的认同，才能认真对待法治，才能形成对法治的信赖。民众一旦对法治不认同，法治也就失去了其群众基础和权威性，法治下的制度安排就会成为一种异己的力量，无法有效地内化为社会成员自觉的价值尺度和行为准则。法律和制度作为“一种行为准则，即一种国家意志的表达，如果得不到执行，实际上就什么也不是，只是一纸空文”①。如果一项制度难以得到劳资双方的认可和接受，那么这项制度除了本身的工具性价值之外，恐怕很难产生良好的法治化效果。

第三，认同型法治化的建构，不仅是基于法治化本身的内在需求，更是建设和谐社会的时代要求。在当前社会转型期，随着经济利益的逐渐分化，劳资矛盾呈现出利益主体多元化、利益结构复杂化的趋势，劳动关系赖以维持的体制、文化、规则、身份等多方面均发生了诸多变化，遇到了来自多方面的挑战。例如，传统文化与现代工业生产的碰撞、国企工人从“国家工人”向“契约工人”的身份转型、新就业形态从业者与劳动者权益保障制度的矛盾，等等。如果劳动关系所建立的一系列基础及其观念未能够随着经济社会的转型而形成新的共识，那么必然会成为社会和谐的重要阻力。正如郑杭生教授提到的，社会治理的困难最主要的原因就是老百姓信任的缺失，如果老百姓信任，即使社会政策考虑不周全也能弥补；反之如果老百姓不信任，最好的社会政策也难以贯彻②。

因此，只有从根本上解决劳动关系主体的认同问题，才能使广大劳动者和用人单位的管理者在心理层次上形成对法治的拥护，以及对和谐劳动关系秩序的向往和珍惜，才能对社会稳定起到深度支持的作用，调动他们在劳动关系中的积极性和主观能动性，这样才能谈得上劳动关系的和谐发展。

---

① 孔德永：《和谐社会构建中的制度认同分析》，《求实》2008 年第 5 期。

② 参见郑杭生：《克服城乡二元结构　重建百姓社会信任》，《中国教育报》2006 年 3 月 10 日。

（二）认同型法治化的演进和形成

关于认同及其相关概念的研究从古至今一直贯穿在政治和法学的研究之中。通过西方近代发展史来看，从布丹君主主权理论到洛克的社会契约论，从霍布斯的利维坦到孟德斯鸠论法的精神，从卢梭的公共意识理论到菲尔默的君权神授理论，其政治与哲学研究的主旋律都对制度的认同性进行了深刻探讨。亚里士多德认为，“法律所以能见成效，全靠民众的服从，而遵守法律的习性须经长期的培养，如果轻易地对这种或那种法制常常这样或那样的废改，民众守法的习性必然消减，而法律的威信也就跟着削弱了”①。根据这一理论视角，法律的权威来自认同，这种认同与人们的守法习惯相伴而生。中世纪的欧洲基督教风靡各国，对人们的思想产生巨大的影响，在宗教的控制下，国家权力的核心集中在上帝手中，这为君权神授理论打下了坚实的基础。随着时代的发展，人们对宗教有新的认知，对神的质疑声也此起彼伏，公众的内心信仰是合法性的保证，一旦这种信仰减弱或者消失，统治权力的认同性也将受到极大挑战，甚至走向衰亡。近代以来，卢梭的《社会契约论》为人们所广为接受，他认为，只有把自己的强力转化为权利，把人们的服从转化为义务，才可以永远掌握核心权力②。随着社会的发展，君权神授理论逐渐被社会契约理论推翻，而卢梭的《社会契约论》则成为这一新思想的强有力的思想保障，与此同时也开启了系统性探寻政治合法化问题的大门③。

随着历史的进步和社会的推移，现当代思想家对认同性的内涵从理论层次进行了深刻的探讨。马克斯·韦伯认为，若要维持统治的持久存在，必须

---

① ［古希腊］亚里士多德：《政治学》，吴寿彭译，商务印书馆1965年版，第81页。

② 参见［法］卢梭：《社会契约论》，何兆武译，商务印书馆2003年版，第9页。

③ 参见单耀军：《公共政策认受性研究的内容分析》，《河北大学学报（哲学社会科学版）》2014年第1期。

唤起人们的信仰①。根据韦伯的见解，社会秩序和统治必须建立在一个共同认可的基础上，他将之分为传统型、法理型和魅力型（卡里斯玛型）。不同统治类型有其独特的统治基础，传统型政治以统治者的权威性为基础，其使用范围较小，对人的精神世界是束缚严苛；法理型统治的基础是群众对统治者的信任和认同，统治者制定的规程、建立的权力与义务的关系皆以认同性为基础，统治者在法的规定下履行自身职责；魅力型统治以个人的英雄主义为基础，被统治者之所以服从是因为他们确信统治者具有非凡魅力，从而成为其追随者和信徒。针对认同性的认知，弗兰克·帕金与马克斯·韦伯一脉相承，在知识传递中增添个人知识结晶。马克斯·韦伯认为统治要建立以群众为中心，并尊重群众的意见与权力②。在韦伯的基础上，认同性的内涵在帕森斯这里得到了进一步的丰富。他从社会价值规范中去理解权威的统治，认为它来自于社会的价值规范系统，也就是社会的制度模式根据社会系统价值基础被合法化。哈贝马斯认为，只有被公众认可的政治秩序才有认同性可言。在不同历史发展时期，被公众所认可的政治秩序存在一定的差异，但这种差异始终与社会政治权力的认同性紧密相连③。

认同性在其理论发展的过程中逐渐呈现出一定的共同认识。在概念的界定上，“认受”“服从”“接受”“赞同”“同意”等用语也在一定程度上体现了它们作为认同性的同义表达。总体来讲，认同性的主要特征就体现为心理向度的认知和接受，说明意识形态对人的行为有直接影响④。其中，“认”可以理解为主观的认知，通过一系列心理活动（如形成概念、知觉、判断

① 参见［德］马克斯·韦伯：《经济与社会》，阎克文译，上海人民出版社 2003 年版，第 36 页。

② 参见［英］弗兰克·帕金：《马克斯·韦伯》，刘东、谢维和译，四川人民出版社 1987 年版，第 14 页。

③ 参见［德］哈贝马斯：《交往与社会进化》，张博树译，重庆出版社 1989 年版，第 32 页。

④ 参见单耀军：《公共政策认受性研究的内容分析》，《河北大学学报（哲学社会科学版）》2014 年第 1 期。

或想象）获取外界的知识；“同”可以理解为接受和同意，个体对其他方面在行为方式和价值标准等方面的接受，并与其趋于一致的心理历程。因此，现代的认同性重视研究人的心理意识，并对人的心理意识有直接或间接影响。这种对心理意识的影响恰恰是现代政治体系所追求的权利合法性。

（三）认同型法治化的内涵释义

认同性在长期的历史发展中被掺杂了浓重的主观性，强调公众的主体性，重视公众意识与公众对正式制度的认识和忠诚度。现代社会对合法性的理解也往往夹杂了认同性的内涵，将公众从内心对正式制度的服从和忠诚联系了起来。故此，劳动关系治理的认同性来源于制度的扩散，认为治理过程符合社会公众的普遍心理认知和预期。所谓认同型法治化，是以主体的主观性为出发点，劳动关系治理的观念和行为遵从、符合或者适应劳动关系主体的意愿和需求，获得劳动关系主体的认可以及意识形态上的接受和服从。具体而言有如下几层含义。

第一，在认同的主体方面，特别突出了劳资双方的主体性。认同性侧重的是主观性的认知和接受的程度，必然需要强调治理过程中最直接利益相关者的主体地位。基于劳资双方地位的不均衡，在经济上资方总是处于强势的地位，对劳动关系具有支配性的意义，因此在认同性方面，应当更加集中于劳动者的认同。即使从资方的角度来看待认同的问题，这种认同性也往往体现为资方作为管理者在劳动过程中寻求劳动者的认同，而且这种欲望是极为强烈的。①

第二，在认同的内容方面，强调对“特定事物或活动的知识”的认同。认同性来源于有关特定事物或活动的知识的扩散，本质上体现在“认同”

① 参见游正林：《制造认同的又一种模式——G公司协调劳资关系的基本经验》，《社会》2009年第1期。

"接受"这些明显带有社会心理倾向性的词语上。也就是说，认同性的标准是建立在一种内心确信或信仰的基础之上的，它是对正当性的一种延伸，强调人们内心的一种态度，认为某些事物是合法的和正当的①。在内容上是相对广泛的，这取决于"特定事物或活动的知识"的界定。在劳动关系治理方面，既包括正式制度的内容，例如法律、政策、规章、契约等，还包括对价值信念、风俗习惯、文化传统、道德伦理、意识形态等非正式制度的内容。总而言之，这是能够对自己起到一定约束作用的制度的认同和接受。

第三，在认同的效果方面，有积极和消极之分。只要"特定事物或活动的知识"实际存在，并且在劳资双方之间发生实际的作用，那么就会产生认同性的问题，而并不区分内容的正确与否。消极的认同是一种静态的认同、被动的认同，也是一种不分青红皂白的认同，它不区分内容的正确与否；而积极的认同是公民对符合社会发展、变革和推进文明进步事物的认同，因而这是一种理性的认同。② 然而，劳动关系治理的法治化绝非止于消极的认同。

（四）认同型法治化的运行实践

认同型法治化的基础要素是认同性要素，侧重于心理认知的维度。它是指劳资双方在劳动关系实践的基础上形成的认知、指导和规范劳动关系的精神观念并寻求一致性的过程。

认同型的法治化以一定的需要作为驱动力，在这种需要的基础上劳资双方进行博弈并力求满足和实现。人的需要是现实活动的驱动力，也是一种始因。在劳动关系的建立和实现过程中，劳动者和雇主都具有特定的需要，这

---

① 参见［美］迈克尔·罗斯金：《政治科学》，林震译，中国人民大学出版社 2009 年版，第 63 页。

② 参见孔德永：《当代中国社会转型时期的政治认同问题研究》，博士学位论文，山东大学，2006 年。

种需要既是一种社会性的需要，也是对象性的需要。劳动者通过劳动得到满足并在社会化的劳动活动和交往活动中得到发展和丰富，雇主在企业的社会化经营活动中实现资本的增值和再生产。需要的对象性体现了劳资双方是一种受动性的存在，他们都需要依赖劳动关系的环境而存在，受到劳动关系实现条件的制约，因而这种存在是受限制的、受到制约的，这就是需要的一种"外向性"指向；"内向性"指向表明需要指向特定的劳动关系，使得劳资双方的各种需要在一种有机的系统中成为可能，也是需要整合的内在要求①。这就意味着，尽管劳资双方在需要之间存在一定程度的对抗性，但是仍然可以通过各自的性质以及在需要体系中的地位，在劳动争议的治理中进行相应的安排。

作为一种观念形态的发展驱动力，认同型法治化的形成过程受到意识的调节，同时也是需要的社会性所决定的。劳动关系的主体并不是首先盲目地实施某种行为然后再对此进行矫正，而是首先在思维领域想象地处理与对方的关系，然后再将其处理的方式方法应用到劳动关系的实践之中。这一过程就揭示了认同型法治化的形成过程。劳动关系的一方主体如何正确地处理与对方的关系，怎样实施自己的行为，怎样才能做到正当和应当，最简单而又最有效的方法就是在双方的需要之间寻求一致性，并在此基础上产生对他方的善良动机。这一方法就是法治化建构中的认同型法治化。因此，认同型法治化体现为劳动关系主体双方相互肯定对方的意愿、要求、需要并同样力求满足、实现的心理过程。通过认同的过程，肯定对方正当的意愿、需要、利益及为此而作出的努力②。但是，认同型法治化并不止于观念层面，劳资双方在增进了解的基础上，还应当进一步确定自己和他方的意愿、需要、利益的正当性和合理性，肯定他人实现和满足其需求的必要性，明确自己对他方满足需要的义务和责任，由此产生相应的行为动机。这就是说，劳资双方还

---

① 参见马俊峰：《马克思主义价值理论研究》，北京师范大学出版社 2012 年版，第 39—46 页。

② 参见彭定光、李桂梅：《论道德知觉中的认同机制》，《学习与探索》1990 年第 6 期。

需要在观念形成共识的基础上，通过各种方式来达成或者维持双方之间的一致性。

认同型法治化的关键在于观念对行为的引导意义，通过观念一致性的达成来促进行为上的一致性。这种一致性是从感性到理性并进而对行为产生影响的统一过程，它要求借助社会文化的引导作用，既超越了主体自身的局限性，又超越了劳动关系形成的契约功能所确定的形式。认同型法治化来源于有关特定事物或者活动的知识的扩散，强调劳动争议的法治化不仅仅意味着外在形式上的规范、内在目标的平衡，更重要的是离不开文化价值观上的认同和接受。文化观念在一种较有意识的水平上为劳资双方的行为提供了认知的框架，并以此来证明各自行为的正当性。认同型法治化通过文化作用的发挥，预示并引导着劳动关系的发展方向，这在一定意义上是对规制型法治化和自治型法治化的概括与总结，同时又为法治化建构的实践提供理论观念和方法论的指导。因此，认同型法治化来源于劳动关系治理的实践但是又高于实践，是对劳动关系实践的一种提炼和概括。

认同型法治化强调了劳资双方的主体意识，但是在制度实践中，由于劳动关系的特点和双方地位与功能的区别，在一致性的达成和维持方面，认同型法治化的实现应当存在一定程度的侧重点。由于劳资双方地位的不对等，在经济上资方总是处于强势的地位，对劳动关系具有支配性的意义，尽管在规制型法治化和自治型法治化的保障下能够适度地予以平衡，但都是以对劳动者权利的保障为基准而展开的，因此认同型法治化的实现，同样应当更加注重劳动者的认同。这就是说，我们需要更加关注劳动者的需要、思想意识和文化观念。即使从雇主的角度来看待认同的问题，这种法治化的建构也往往体现在雇主作为管理者在劳动过程中寻求劳动者的认同，而且这种欲望是极为强烈的①。

---

① 参见游正林：《制造认同的又一种模式——G公司协调劳资关系的基本经验》，《社会》2009年第1期。

从实践效果来看，认同型的法治化保障了法治的持续性和扩散性。它有助于观念认知的持续而不减弱，并且随着历史的发展能够在不同的代际之间得以传承。例如在文化传承方面，法治化传承主导着文化发展的方向，也塑造着意识形态的文化，并决定着文化传承的方式。法治化水平的高度对于文化认知在代际传承上总是体现出相似的一致性，文化认知维持得越久、强度越高对于文化变迁的阻力往往越大，反之亦然。法治化的环境也有助于管理理念、核心价值观的扩散与传播①。例如国有企业在改制过程中会通过调整各自的股权结构、职责划分，在主流价值观的制度环境中与其他所有制企业近于一致；改制之后的企业制度在稳定的法治化环境中传播得更为广泛。然而国企职工固有的传统价值观保持得越是根深蒂固，那么这种改制的压力和制度扩散的难度就会越大。

第三节　和谐劳动关系构建法治化框架的运行分析

基于当前中国的时代背景和法治化的理论研究，和谐劳动关系构建法治化分别形成了规制型的法治化、自治型的法治化和认同型的法治化。规制型法治化的重点在于法律的向度，主要包括实在的法律规范的制定程度、行为者是否采取了与法律规范相一致的行为。这是劳动关系治理法治化的重要基础。自治型法治化来源于劳动关系的伦理，是指行为者采取的行为是否符合广为接受的社会价值观和道德规范。劳动关系治理中行为和功能的正当与否完全取决于所依据的伦理理论是什么。自治型法治化所依赖的伦理基础成为劳动关系治理制度化的重要社会目标，同时也成为规制型法治化存在的重要

① 参见郁建兴、秦上人：《制度化：内涵、类型学、生成机制与评价》，《学术月刊》2015 年第 3 期。

依据，其内涵要比规制型法治化丰富得多。现实中的问题带来我们更多的思考，有些现象尽管是合法的，但却没有能够符合正当性的道德规范；同时，有些符合正当性的一些诉求，却并不在合法性的范畴之列。这最终表现为一定程度的正当性危机。这就需要引入认同型法治化的概念，它的重点是社会心理的向度，来源于有关特定事物或者活动的知识的扩散，主要体现为是否能够得到人们的理解、接受和其他社会层面的支持。与自治型法治化不同，行为是否正当不在于伦理的理论，只在于人们实际上是否认可并接受。只要人们实际认同，即使从伦理的角度看是不正当的，对那些人来说，仍然是可以接受的、认同的。

法治化构建的三种类型并不是孤立的、并行的三个单元，而是处于交错叠加的一种模式。它呈现一种层层递进的关系，同时也是相互作用和影响的，完整而不可分割地统一于和谐劳动关系的构建当中（如图 3.1 所示）。规制型法治化处于最底层，在它的上层有“正当性”的概念，与其交错叠加，表明合法的不一定就是正当的，同时正当的也不一定就是合法的，二者重叠部分则属于既正当又合法，这一部分应当属于法治化建构的目标；但是上述结构主要从法律和道德这一系列客观的、规范性要素进行架构，抛开了主观因素的实践路径，而在规制型法治化和自治型法治化交错叠加的基础上分别叠加了认同型法治化，涵盖了主观的要素，具备“认同性”并不必然分别或者同时具有“规制性”或“规范性”，反之亦然，三者重合的部分则构成治理法治化的理想实践效果。

据此逻辑，笔者探讨了这三种类型在劳动关系治理中的构造、功能和安排，并提出了和谐劳动关系构建法治化的路径选择。这些路径既是对法治化建构机制在现实运作层面的延展，又是对劳动关系治理困境的积极回应。法治化建构的三个层面相互结合，形成一个层次化、复合化、结构化的整体，共同作用于和谐劳动关系的构建。

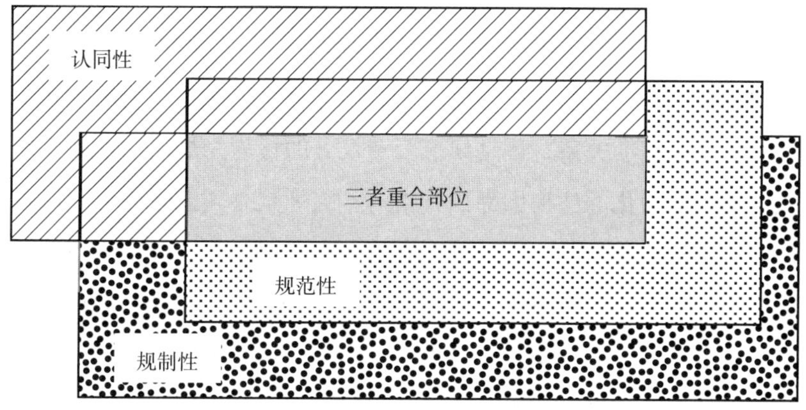

图 3.1　规制性、规范性和认同性的联系

一、规制型法治化是法治化建构的基础性保障

因为法律的本性是不完备的，所以寻求法治保障，将解决问题的思路都取向于立法的完美主义，本身是难以奏效的。笔者提出以不完备法律理论进行法治化建构的逻辑思路并不局限于法律本身的完美性，但是它具有两个方面的意义：一是它不会为问题的解决提供直接适用的答案，而是为法律适用提供了有效的、系统的一个知识谱系，并决定着法律直觉的形成、影响着法治思维的养成，更是法治效果评价的需要；二是在现实的法治实践中推进法治进程，避免形式法治的路径依赖，需要在法律的"实质化"方面，把握"法治思维和法治方式"，特别注意法治和政治、法治和伦理之间的界分，避免法治被其他因素所替代而导致最终法治效果的落空。

相应地，在法治路径上，尽管并不取向于立法完美主义，但是面对劳动关系出现的新问题，劳动立法的进程应当符合社会的实际需求。因此，笔者主张推进劳动关系治理的立法进程，但是这一立法应当处理好必要的一些关系，包括劳动关系治理的类型化与其一般条款的关系，以及劳动者的可支配性行为与行动边界的关系等。此外，在现实的法治实践中应当注重司法与执法的协同运作，根据争议行为的标准化和预期损害程度两者的平衡来决定采取政府主动式的执法还是采取司法途径的方式。

规制型法治化与自治型法治化和认同型法治化也存在着密切的联系。无论是平衡和协调劳动关系，还是规范劳资双方的行为，规制型法治化的规范和引领作用在法治化的建构中都是首要的。因为具有国家强制力的保障，它能够最大范围地有效推行，并促进、维持制度的持续性、稳定性和扩散性。法治的规范和引导作用明确了自治型法治化的方向、主体结构和行为规范；同时，它被群体和个人所遵从，影响着劳资双方互动的观念和行为的选择，法治的效果直接成为影响法治认同的重要标准。

二、自治型法治化是法治化建构的运行关键

规制型法治化明确了治理的基本态度和战略的目标，但是劳动关系法治化更加需要关注劳动契约层面的制度实践，只有如此才能更加全面地解决利益诉求的现实问题。在劳动契约实质上严重不平衡的状态下，自治型法治化并不是一个格式化的治理模式，而应当被理解为劳动关系主体相互作用与相互影响的过程，将治理过程的基本功能和价值结构复合化、层次化，共同指向劳动关系自治的法治化目标，即将失序的行为引导至法治化的轨道上来。

相应地，在自治路径上，笔者提出重塑“三方”机制的“三层”互动架构：健全和发挥复合型的政府职能；培育和完善工会职能和社会协同治理；并推进企业民主参与制度的有效实施。通过这一架构的有效运作，劳动关系协调主体的积极作用得以充分调动与合理配置，一方面将劳资冲突消解在萌芽状态，促进劳资矛盾在法治的渠道内顺利解决；另一方面对于制度外的劳动争议做到积极的引导，形成良性的法治化效果。

自治型法治化是法治化建构的关键所在，它构成了整个劳动关系治理法治化的中枢环节。自治型法治化所建构的劳动关系目标则在很大程度上为法治创造了理性的制度环境。自治型法治化是否能够畅通劳动者利益诉求的表

达渠道，是否能够解决、化解劳资冲突，直接影响着法治实践的效果，并进而影响着劳动者的认同感。在这一制度框架内，法律是否能够发挥其积极作用也能够得到相应的检验。

三、认同型法治化是法治化建构的主观要素

规制型法治化和自治型法治化基于客观、规范性要素需要唤起人们回应的过程，不可避免地需要形成一种普遍的认同。故此，作为主观向度的认同性要素成为治理法治化的时代需求。基于劳动者认同的危机，认同型法治化强调劳资双方对利益的相互承认和统一，并在这一物质动力的基础上形成劳资互利双赢的理念共识，在和谐劳动关系的文化实践中促使行为由冲突走向合作。

相应地，在认同路径上，笔者提出了从情感认同到价值认同，再到行为认同的这一发展取向。这是一个从感性到理性，再到实践的过程，它们彼此之间存在相互依赖、相互依存的统一关系，共同统一于和谐劳动关系构建的法治化之中，实现和谐劳动关系的和谐发展。

作为一种观念形态的发展驱动力，认同型法治化的关键在于观念对行为的引导意义，通过观念一致性的达成来促进行为上的一致性。认同型法治化通过文化作用的发挥，预示并引导着劳动关系的发展方向，这在一定意义上是对规制型法治化和自治型法治化的概括与总结，同时又为法治化建构的实践提供理论观念和方法论的指导。

第四节　和谐劳动关系构建法治化的价值

从法治化内涵的内容指向来看，法治化对劳动关系治理的制度建设和制度变迁具有稳定性作用，可以保持制度的持续性，并有助于促进有效制度的

扩散与传播。因此，法治化往往被认为是国家治理体系和能力现代化的重要内容和标志，亦是各项治国理政实践所追求的重要目标之一。

第一，法治化促进治理规则系统中治理目标的实现。法治化可以使规则系统的目标更容易、更公正地实现。法治化的结果，能够使得劳动关系及其治理行为不再是某种过渡性质的、异常的现象，而进一步能整合成为劳动关系治理的常态的一部分。法治化既限制了规则系统运作过程中因人而异的随意性，也在一定程度上限制了由于不同规则系统的复杂交错而造成的运行效果上的“混沌效应”。法治化规则所具有的相对优越性，显然降解了社会生活中那种悖谬性行为选择困境的严重程度。

第二，法治化维持劳动关系制度自身的弹性和稳定性。和谐劳动关系的构建能被法治化反映着劳动关系协调制度自身的弹性以及面临劳资冲突时制度的稳定性。出现罢工等集体行动并不必然对社会稳定带来消极的影响，关键在于它将劳动关系治理法治化的能力。法治化了的惯例以及法治化了的行为方式，有助于组织仿照和复制特定行为，使自己的行为合法化并增强组织的凝聚力。法治化的行为方式能够帮助组织在复杂与不确定的环境中作出决策，并且可以维持组织日常行为的稳定性。劳动关系制度本身要发挥协调劳动关系的实际作用，就应当具有一定的弹性，而并非代替劳资双方作出全面的决策。法治化就为劳动关系制度的弹性创造了可能性。一方面，法治化为劳资双方的自治创造了平等的环境，通过赋予劳动者团结权的形式来与雇主保持相对的平衡状态，从而促进自治的实现，为劳资双方的沟通提供了弹性的空间；另一方面，法治化为劳动关系确立了基本的劳动标准，避免雇主权力的滥用损害劳动者利益。法治化的这两个方面强化了劳动关系制度的弹性，却又不失其强制力的效果，从而保障了劳动关系制度的稳定性。

第三，法治化保障了劳动关系治理的持续性和扩散性。法治化有助于观念认知的保持与代际传承。法治化的形成，有助于人们在观念中形成稳定的思维特点和处理问题的基本方式，使得行为有规律可循。法治化的程度越深、时间越持久，这种认知观念维持的强度就越大，同时其变迁的阻力也就越大。同时，法治化的环境扩大了规则的应用空间及其影响力，有助于创新的思想、方法在不同主体之间的扩散传播。在构建和谐劳动关系的过程中，法治化的形成能够为劳动关系的发展提供基本的指引，这对于任何一方而言，都有助于发挥法律治理持续性和扩散性的效果。首先，法治化保障了劳动用工规则的持续性，使雇主对劳动者的监督管理不再具有任意性，逐渐形成一种标准化的管理方式，持续地发挥作用。这种管理方式还能够对劳动者的行为产生积极的影响并使之成为一种习惯。其次，法治化使得劳动关系的协调不再是一种随机性的临时应对措施，从而为劳资双方提供确定性的指引，将劳资双方的行为引导至合理、可控的范围，避免劳资冲突的激化和无序。最后，法治化也为政府干预劳动关系提供了基本的保障，使得政府干预持续性地在劳资双方之间发挥作用，并提高了治理规则及其效能的传播力度。

法治化虽然具有极为重要的功能和积极的意义，但是同时我们也应当注意到它的缺陷。例如，立法者的思虑不周、现实频繁变化与立法的滞后性，导致法律难免会存在漏洞，使法治化的状态并不圆满。此外，法治化过程中可能产生的标准化、程序化和科层化的弊病，衍生的官僚主义弊病以及结构化的问题等额外的资源可能会影响到法治的运行，在增加劳动者维权成本的同时，使劳动关系的协调不断在效率和安全、正义和秩序之间徘徊。法治化在一定的条件下可能对劳动关系治理本身产生一些负面效应。

第四章

中国共产党领导我国劳动关系治理的历史进程与经验

中国共产党领导我国劳动关系的治理可以在整体上划分为三个主要的历史阶段。这三个阶段的劳动关系有着不同的时代背景和特点。第一阶段从1921年中国共产党成立到1949年新中国成立前，是在新民主主义革命的背景下推动劳动立法和解决劳资问题的历史探索时期；第二阶段从新中国成立后到改革开放之前的30年，是新中国奠定劳动立法制度基础的曲折发展时期；第三阶段从改革开放至今，是劳动关系治理的改革发展时期。在中国共产党领导中国革命、建设和改革的进程中，我国劳动关系治理主要经历了三大历史性转变：从建党初期推动劳动立法运动、号召劳资斗争到革命根据地时期开展劳动立法、实现劳资两利的历史性转变，从新中国成立之初劳动法制体系的构建、劳资问题的探索到社会主义劳动管理体制形成的历史性转变，从高度集中的计划经济体制、统包统配的劳动就业体制到社会主义市场经济依法治国背景下多元化用工格局和劳动法治建设的历史性转变。习近平总书记曾指出，“我们党领导的革命、建设、改革伟大实践，是一个接续奋斗的历史过程，是一项救国、兴国、强国，进而实现中华民族伟大复兴的完整事业”①。在新民主主义革命时期，中国共产党领导的劳动关系治理，对工人运动的启蒙、劳动斗争方式、劳动立法的基本定位和策略的形成都具有开拓性的意义。新中国成立后，中国共产党通过劳动立法和政策上确立了基本的劳动制度体系，巩固了工人阶级的领导地位，为劳动立法的发展奠定了重要的政治、经济和社会基础。改革开放以来，党对原有的劳动体制予以反思，劳动关系治理逐渐进入了黄金发展时期。随着党的十九大报告提出我国发展新的历史方位和社会主要矛盾的变化，劳动就业的高质量发展需求日益迫切，社会各界对劳动关系治理提出了更高的诉求，希望通过完善劳动立法促进民生保障、公平正义和社会发展等方面的问题。因此，总结我国劳动关系治理的主要成就和经验，我们必须立足于党的领导，将劳动关系治理的不同历史时期视为一个接续发展的历史整体，并把握不同历史时期之间的内在联系。只有在这一整体视角之下，我们才能深刻地理解我国劳动法产生、形成和发展的历史根基，才能正确地理解中国特色的劳动关系治理之所以取得成功并促进中国社会发展的必然性。

第一节　新民主主义革命时期：劳动关系治理的溯源

新民主主义革命时期，中国共产党领导劳动关系治理经历了从发展工人运动、推动工人权利的启蒙，逐渐到“劳资两利”政策形成的历史探索过程，是历史变动跨度最大、探索最为艰难、立法探索最为丰富的重要阶段。

① 习近平：《在纪念毛泽东同志诞辰120周年座谈会上的讲话》，人民出版社2013年版，第13页。

一、劳动关系治理的历史进程及其特征

（一）历史进程梳理

20世纪以来，工业的发展逐渐打破了中华民族闭关自守的状态，随着外国资本、官办资本和民族资本等近代资本主义工业的出现和蔓延，中国工人阶级在反抗和斗争中逐渐发展壮大并形成了自己的组织。从此，工人阶级的命运与中国革命的发展深深地嵌在了一起。

中国共产党自成立伊始就一直注重通过工人运动号召、推动和探索代表工人阶级利益的劳动立法。中共一大决议中提出了“本党的基本任务是成立产业工会”①，强化党对工人运动的正确引导，并促进工人觉悟的提升。在中共一大明确党对工人运动的领导之后，中共二大就已经提出“工会进行劳动者的经济改良运动，必须进于为劳动立法运动”②，并在二大宣言中明确将制定工人的法律列为中国共产党的奋斗目标之一，包括废除包工制、主张八小时工作制、工厂设立工人医院及其他卫生设备、工厂保险、保护女工和童工、保护失业工人等六项改良工人待遇的做法③。为贯彻中共二大关于开展工人运动的决议，1922年8月中国共产党领导的中国劳动组合书记部作出了开展劳动立法运动的决定，发布《劳动法案大纲》，提出工人应当享有集会、结社、罢工等权利，要求实行八小时工作制、保障工人最低工资、实行劳动保险以及对女工和童工进行特别保护等④，随后全国各地开启

---

① 中央档案馆:《中共中央文件选集》（第1册），中共中央党校出版社1989年版，第6页。

② 中央档案馆:《中共中央文件选集》（第1册），中共中央党校出版社1989年版，第77页。

③ 参见中央档案馆:《中共中央文件选集》（第1册），中共中央党校出版社1989年版，第116页。

④ 参见中央档案馆:《中共中央文件选集》（第1册），中共中央党校出版社1989年版，第566—567页。

了声势浩大的劳动立法运动。在党的领导下，全国各地纷纷开展声势浩大的“劳动立法运动”，通电全国各团体及国会表达立法诉求，号召政府进行劳动立法。

事实上，1922 年的《劳动法案大纲》成为当时罢工高潮中的斗争纲领①。从 1922 年 1 月至 1923 年 2 月的十三个月期间，党领导的罢工斗争达到 100 多次，参加罢工的人数超过 30 万②。“二七”大罢工等一系列罢工斗争尽管彰显了工人阶级的伟大力量和劳动立法的迫切诉求，但是却遭到反动军警的血腥镇压，付出了惨痛的代价。中国共产党能够从斗争中不断积累经验，吸取经验教训。当时，党领导工人运动的工会会员主要集中在铁路、煤矿、码头、市政等主要产业部门的工人，而“拒绝了小职员加入工会”，且“工会工作缺乏经验，工人领袖轻敌骄傲”,③ 对兵士还较为仇视，没有对其进行工作。当时由于党内存在严重的机会主义，没有戳穿北洋军阀“保护劳工”的假面具④，从而使得劳动斗争遭受惨痛失败而一度陷入消沉。从斗争方式来看，中国共产党逐渐认识到，通过合法的方式来获取罢工等劳工权利根本无法实现。因为在当时，中国内部没有民主制度、外部没有民族独立，“无议会可以利用，无组织工人举行罢工的合法权利”⑤，中国共产党只能用阶级斗争的手段实现无产阶级的专政，在政治自由之下，劳动者才能有尊严地获得长远利益保障。

1927 年三大武装起义失败之后，党的革命重心由城市转向农村，并创建了农村革命根据地，开启了中国共产党正式领导劳动立法的探索历程，中

---

① 参见邓中夏：《中国职工运动简史（1919—1926）》，人民出版社 1949 年版，第 78 页。

② 参见中共中央党史研究室：《中国共产党历史（第 1 卷）》，中共党史出版社 2011 年版，第 85 页。

③ 《刘少奇论工人运动》，中央文献出版社 1988 年版，第 288 页。

④ 参见邓中夏：《中国职工运动简史（1919—1926）》，人民出版社 1949 年版，第 107 页。

⑤ 《毛泽东选集》第二卷，人民出版社 1991 年版，第 542 页。

国工人阶级和劳动群众梦寐以求的劳动立法逐渐由理想变为现实①。经过各个根据地初期通过地方性的立法探索，1931 年 11 月中华苏维埃共和国成立后正式颁布了《中华苏维埃共和国劳动法》（以下简称苏区《劳动法》）。由于受“左”倾教条主义思想的影响，该法规定的劳动标准和工人福利严重脱离了农村的实际，无法适应根据地工农联盟关系而造成了生产的萎缩。如劳动法规定工人因应征到红军服役，雇主须预先支付三个月的平均工资。还规定工厂出资建筑工人宿舍，无代价地分给工人及其家庭居住；未建筑宿舍的，则须支付相当的房金作为津贴。中国共产党能够对劳动法的实施状况进行客观反思，认识到这些规定“在许多城市的商店、作坊中提出了过高的经济要求，机械地执行只能适用于大城市的劳动法，使企业不能负担而迅速倒闭”，“只看到行业的狭小的经济利益，妨碍了发展苏区经济、巩固苏维埃政权的根本利益”。② 此外劳动法还规定了所有雇佣劳动者一律实行每日 8 小时工作制（青工 6 小时、童工 4 小时）的上限，每年工作 6 个月以上还应享受至少 2 周的带薪休假。这种机械的规定方式，脱离了农村根据地的实际情况，“连工人也感觉到难于实行”③。随后中央工农民主政府在 1933 年 3 月开始对苏区《劳动法》进行了全面的修改，并于当年 10 月 15 日重新颁布实施。

在抗日战争和解放战争期间，为了适应形势的发展和革命方针的变化，中国共产党逐渐调整劳动立法和劳资政策，从工人保障的长远发展出发，通过平衡工人和资本家的利益来调动革命激情和发展生产的积极性④。1940 年 12 月 3 日中共中央发布《关于各抗日根据地劳动政策的初步指示》，明确提出“应当以支持长期抗战，争取抗战胜利为原则……工人阶级眼前利益必

① 参见刘志：《新民主主义革命时期劳动立法中一些问题的探讨》，《法律学习与研究》1992 年第 5 期。

② 《陈云文选》第 1 卷，人民出版社 1995 年版，第 9 页。

③ 《陈云文选》第 1 卷，人民出版社 1995 年版，第 13 页。

④ 参见秦国荣：《建国前中国共产党劳动立法的演变及其启示》，《江海学刊》2008 年第 4 期。

须服从于永久的全部的利益”①。次年3月20日中共中央对此作出了具体补充，制定了《劳动政策提纲（草案)》，明确了“劳动政策是服从于民族抗战胜利和新民主主义政治建成之下的”，“而不是企图在新民主主义革命阶段上消灭剥削和各阶级的区分”。② 在全国解放战争期间，各解放区在党的领导下积极制定劳动问题的各种专门法规，将抗战时期的劳动立法又推向了一个新的发展阶段。毛泽东在1947年12月《目前形势和我们的任务》中指出，“新民主主义国民经济的指导方针，必须紧紧地追随着发展生产、繁荣经济、公私兼顾、劳资两利这个总目标”③。1948年8月中国第六次全国劳动大会根据党的上述政策，在《关于中国职工运动当前任务的决议》中对解放区的劳动问题提出了全面的、相当详细的建议，并实际上成为解放区的劳动立法大纲，为全国解放后的劳动立法提供了经验。

（二）主要特征评述

中国共产党领导的劳动关系治理，在新民主主义革命时期经历了从单一的权利主张到成熟的劳资政策，从号召和推动立法到领导和布局法制建设的发展过程。总体而言，这一阶段的劳动立法呈现如下两方面的特征。

第一，在目标和内容上，特别注重工人阶级利益与革命形势发展的紧密结合。党领导的劳动关系治理中，实现工人阶级利益的主张在不同的时期存在显著的差别，但是立足于革命形势发展变化与提高工人阶级政治地位的根本立场没有改变。从根本上来讲，党领导的劳动关系治理始终围绕促进工人阶级利益和促进革命形势与目标之间的平衡进行。党成立初期的一段时间内，在“左”倾错误的影响下，这种平衡没有得到较好的处理，过于强调

---

① 中央档案馆：《中共中央文件选集》（第12册），中共中央党校出版社1991年版，第571页。

② 刘明逵、唐玉良：《中国近代工人阶级和工人运动》（第11册），中共中央党校出版社2002年版，第68—74页。

③ 《毛泽东选集》第四卷，人民出版社1991年版，第1256页。

劳资之间的斗争性，反对调和资本家与劳动者的利益，“过分急切地企图立即彻底地改善工人阶级的生活和地位”①，未能准确判断中国当时的革命形势和具体情况。新民主主义革命中后期党在劳动立法和政策中逐渐认识到“左”倾错误的危害，在处理二者之间的关系上逐渐达到相互促进的平衡状态，从而形成“劳资两利”的劳动政策，对当前劳动立法和政策依然具有重要指导意义。

第二，在策略和技术上，劳动立法的变化较为频繁，而且具有较强的政策性，与时局变化的特点紧密结合。由于革命形势的不断发展变化，劳动立法的频繁更替导致了法律的稳定性和预期性不足。特别是大革命失败之后，各个革命根据地往往根据具体情况制定了不同的劳资法令和政策，法令繁多且实际上的执行期限较短。即使在全国层面上制定的苏区《劳动法》，由于受到革命形势变化的影响，也并没有得到相对长期和稳定的执行。尽管如此，党领导的劳动立法依然存在劳动规则和执行效果上一定的连贯性。这主要得益于党对立法与政策关系的处理：其一，在党的施政纲领中提出处理劳资关系的基本方向和做法，通过政策保障了劳动规则与革命需求之间的适应性；其二，制定劳动法令往往是在中央相关政策的推动和促进下得以实现的，或者是政策的一种转化，这样就通过政策保障了劳动规则的持续性。

二、劳动关系治理的主要成就

在新民主主义革命的背景下，中国共产党对劳动关系治理的探索，将劳资关系问题与工人阶级的发展和中国革命的命运紧密地联系到了一起，对工人运动的启蒙、劳动斗争方式、劳动立法的基本定位和策略的形成都具有开拓性的意义。

---

① 刘明逵、唐玉良：《中国近代工人阶级和工人运动》（第11册），中共中央党校出版社2002年版，第70页。

（一）党领导的工人运动强化了劳动关系的政治性

这一阶段开启了近代中国劳动立法与工人运动之间的联系，并赋予了劳动关系重要的政治性地位。近代中国劳动立法开启的方式并不是建立在调节契约自由弊端基础上的政府干预，而是中国共产党领导的工人运动及其确立的奋斗目标直接推动了劳动立法的生成和发展。因此，劳动关系的政治性是党的领导所决定的，是劳动立法的历史渊源所形成的，最早可以追溯到党成立初期领导工人运动对劳动立法产生的推动作用。在中共一大明确党对工人运动的领导之后，中共二大提出了开展劳动立法运动的主张①。在党领导的工人运动之下，北洋政府被迫颁布了《暂行工厂规则》，并使之成为中国政府颁布的第一部劳动法律。此外，国民党一大宣言中“扶助农工”的政策就基本采纳了中国共产党工人运动的纲领，并直接促成了孙中山于 1924 年以大元帅令修正公布了《工会条例》②。我国劳动立法与工人运动之间的紧密联系一直传承至今。伴随着工人运动时代主题的变化，工人运动已经成为劳动法发展的重要动力。

（二）劳动正义理念成为劳动立法的价值本位

党领导劳动立法并未采纳在自由主义范式内调节雇佣劳动的立法思路，而是始终立足于劳动正义的本位，对劳动的价值和作用给予了特别重要的地位，使劳动立法具有极强的保护劳工的作用，这在党领导劳动立法的纲领和制定的法律法规中非常明显。第二次国内革命战争失败后，党建立了工农革命政权，并于 1931 年制定、1933 年修改了苏区《劳动法》。这是党建立革命政权后制定的第一部全国性的劳动法，其最大的特点就在于破除了旧的剥

① 参见中央档案馆：《中共中央文件选集》（第 1 册），中共中央党校出版社 1989 年版，第 77 页。

② 参见广东省社会科学院历史研究所等：《孙中山全集》（第 11 卷），中华书局 1986 年版，第 125 页。

削工人的制度，并开启了全面而系统保护工人利益的重要阶段，通过规定集体合同、劳动标准、劳动保护、工会、社会保险和争议解决等重要内容，提高了工人的社会地位，改善了工人的经济生活。在这一立法局面下，工人的利益得到了完全的保护，与当时国民党政府颁布的工厂法形成鲜明对比，对劳动正义理念更加深入，在当时普遍认为二者之间“真有天堂地狱之别”①。在抗日战争和解放战争时期，尽管在劳动政策上有所调整，但是在一定程度上仍然秉承了此前统一立法中所确立的主要的劳动保护制度。这种立法本位主要来源于马克思主义的精髓，中国共产党将劳动视为人的本质存在和社会发展的根本动力，认为劳动者是历史的创造者。时至今日，这一根本定位已经成为我国当代劳动法的基本原则和劳动伦理的主要来源。

（三）劳动关系治理与生产环境和革命形势的紧密结合

党领导的劳动关系治理并不局限于眼前短期的经济诉求，而是注重劳动者经济利益与生产环境和革命形势的紧密结合。1933 年党对苏区《劳动法》的修改，就是针对革命活动转向农村地区的实际情况进行了重要的调整，对雇佣辅助劳动力的中农、贫农和手工业者进行了灵活的变通，以及对工时和工资等内容作出了多样化的规定，从而适应农村地区劳动力的生产需要。在抗日战争时期，党调整了原来苏区的劳动政策，将调动人民群众抗战的积极性作为劳动关系治理的重要目标之一。在抗日根据地劳动政策的指示下，《陕甘宁边区战时公营工厂集体合同准则》《晋冀鲁豫边区劳工保护暂行条例》《晋西北矿厂劳动暂行条例》等劳动法规先后制定或修改，均反映了战时生产条件下保护劳工与增进劳资双方利益、巩固抗日民族统一战线的要求。在解放战争期间，随着越来越多城市的解放，各地劳动立法在新的形势下得到了空前的发展。在“劳资两利”政策的指导下，党中央先后对一些

① 全国人大图书馆：《中华苏维埃代表大会重要文献选编》，中国民主法制出版社 2019 年版，第 406 页。

解放城市的劳动立法进行了纠正。例如 1948 年初哈尔滨市在起草制定劳动法时，党中央就指出了原草案中存在没有领会中央政策的错误，并对其重新起草的《哈市战时暂行劳动法大纲》要求参照全国劳动大会决议的基本精神和一般原则加以修改①。

（四）党的政策推动劳动立法的制定和实施

作为劳动立法的一项重要渊源，党的劳动政策一直发挥着推动劳动立法发展的作用，呈现了从“号召立法”经由“指导立法”到“决定立法”的过程。在党成立初期，由于人民革命政权尚未建立，党主要通过劳动斗争纲领和组织工人运动推动劳动立法、争取工人权利，并通过罢工谈判的形式争取经济利益，逐步改善工人的经济和民主政治地位，从而形成了政策推动立法的实践进路。特别是红军到达陕北后，由于并未制定全国统一的劳动法，党的劳动政策在事实上成为统一各抗日民主政府劳动立法的重要立法渊源，甚至能够作为劳动法规合法性判断的重要依据。1940 年底中共中央发布了《关于各抗日根据地劳动政策的初步指示》，并于次年在起草的《中共中央劳动政策提纲（草案）》中对劳动制度进一步作出了细化、具体的规定②，随后陕甘宁、晋察冀、晋冀鲁豫、晋西北、山东省和华中各抗日根据地边区政府都根据上述政策对施政纲领进行了修改，并制定了一系列的劳动法规。当时有的劳动法规在起草之后由于与党中央的政策不符而最终被予以否定，例如 1940 年起草的《陕甘宁边区劳动保护条例（草案）》便被搁置起来而未公布实施③。在一定程度上而言，党的劳动政策直接决定着劳动立法的发展，甚至成为诸多劳动立法的主要范本。例如 1948 年 8 月第六次全国劳动

---

① 参见刘明逵、唐玉良：《中国近代工人阶级和工人运动》第 14 册，中共中央党校出版社 2002 年版，第 126—129 页。

② 参见中华全国总工会：《中共中央关于工人运动文件选编（下）》，档案出版社 1986 年版，第 49—55 页。

③ 参见张希坡：《革命根据地的工运纲领和劳动立法史》，中国劳动出版社 1993 年版，第 101 页。

大会在《关于中国职工运动当前任务的决议》中对解放区的劳动问题提出了全面的、相当详细的建议①，实际上已经成为解放区的劳动立法大纲，并为全国解放后劳动立法提供了主要的文本来源。

第二节 新中国成立后至改革开放前：劳动关系治理的曲折发展

从新中国成立到改革开放前30年的发展阶段，我国劳动关系治理经历了国民经济恢复阶段、社会主义三大改造，并逐渐过渡到了计划经济体制的阶段，尽管经历了曲折的变化和发展，但是正反两方面的经验教训都非常明显，成为新中国劳动立法奠基和发展的重要阶段。

一、劳动关系治理的历史进程及其特征

（一）历史进程梳理

新中国成立初期，我国城市面临着严重的失业问题。1949年，旧社会遗留下来的失业人员高达474.2万人，失业率高达23.6%②。为了解决大量的失业问题，党和政府陆续采取了一系列救济失业和促进就业的措施。中央政府主要通过政府救济和社会捐助等救济方式解决失业工人的生存和生活问题。1950年6月17日，政务院发布了《关于救济失业工人的指示》和《救济失业工人暂行办法》，同日党中央也发布了《中共中央关于救济失业工人

① 参见中央档案馆：《中共中央文件选集》（第17册），中共中央党校出版社1992年版，第682—692页。

② 参见国家统计局社会统计司：《中国劳动工资统计资料1949—1985》，中国统计出版社1987年版，第109页。

的指示》。在这些文件精神确立的救济制度的基础上，我国逐步确立了多渠道的就业措施，主要包括以工代赈、生产自救、转岗培训、移民就业、还乡生产等方式。同时，新中国通过恢复和发展生产，改善国营企业、私营企业和个体工商业者的经营状况，增加就业岗位，通过规定企业劳动时间、录用新工人的办法，以及进行失业登记、就业介绍和自谋职业等措施，为扩大就业提供条件。①

新中国成立后，我国确立了新民主主义社会的过渡时期，这是过渡到社会主义的准备阶段。这一时期在经济上实行国营经济、合作社经济、个体经济、私人资本主义经济和国家资本主义经济五种经济成分并存的经济制度。1949 年《中国人民政治协商会议共同纲领》（以下简称《共同纲领》）对这些不同的经济制度予以确认并在国家经济政策中确定了不同的地位。其中，国营经济为社会主义性质的经济，是人民共和国发展生产、繁荣经济的主要物质基础和整个社会经济的领导力量；合作社经济为半社会主义性质的经济，是整个人民经济的重要组成部分，人民政府扶助其发展并给以优待；凡有利于国计民生的私营经济事业，人民政府鼓励其经营的积极性并扶助其发展；国家资本与私人资本合作的经济为国家资本主义性质的经济，在必要和可能的条件下鼓励私人资本向国家资本主义方向发展，例如为国家企业加工，或与国家合营，或用租借形式经营国家的企业，开发国家的富源等。

1950 年 4 月，劳动部公布的《关于在私营企业中设立劳资协商会议的指示》规定，私营工商企业在劳资双方同意之下可以通过设立劳资协商会议的形式协商解决劳资关系问题。该指示同时规定了劳资协商会议是劳资双方平等协商的机构，对企业经营和行政管理不负责任，协商内容除了订立和履行集体合同以外，还可以包括生产计划、改进生产组织、改良技术、有关

---

① 参见吕晨曦：《建国初期的城市失业问题治理及其启示》，《天府新论》2005 年第 7 期。

业务和管理等。劳资协商会议对于调节劳资关系、缓和劳资冲突、促进社会生产发挥了重要的作用。

为了解决旧社会遗留下来的社会问题，巩固工人阶级的胜利果实和尽快恢复国民经济，新中国在成立后的短期内出台了多项相关法律法规和政策。1950 年我国在借鉴苏联工会法的基础上制定了第一部《工会法》，明确了工会组织在国家中的法律地位与权利职责，将全国工人阶级更好地组织起来，促进了在经济建设中的积极作用。1951 年 2 月中央人民政府政务院依据当时的经济条件制定并发布了《劳动保险条例》，构建了相对完整的劳动保险制度体系，开创了新中国社会保险制度的先河。尽管这一规定的大部分内容相继被相关政策替代或者修改，但至今并未废止，在一定意义上仍然是企业实行劳动保险的法规依据。为了解决旧社会遗留的安置就业和解决失业等问题，以 1952 年政务院《关于劳动就业问题的决定》为基础，我国在完成社会主义改造之后形成了计划经济体制下“统招统配”的劳动就业制度。该《决定》立足于国家建设的需要，明确了通过限制任意解雇、失业登记和安置、统一调配劳动力等方式解决城市各种失业人员的就业问题和城乡大量剩余劳动力充分应用的问题。

1953 年，我国开启了工商业的社会主义改造。通过“和平赎买”的政策，我国逐步将民族资本主义经济改造成为社会主义公有制企业，将资本家改造成为自食其力的劳动者。1956 年以来，随着社会主义改造取得决定性的胜利，我国已经建立了单一的公有制经济制度，商品经济因素不复存在。在这一基础上的劳动关系呈现国家高度管控的计划经济模式，主要表现在：城镇就业形成“统包统配”的固定工制度，劳动者和单位不具有双向选择的权利；国家统一分配工资，企业的自主权大大降低而仅仅成为执行国家计划指令的角色；国营企业采取劳动保险制度，单位对劳动者采取生老病死的“全包”政策。在这一体制中，无论是劳动者还是用人单位对国家都具有高度的依赖性，不存在独立于国家的利益格局，从而丧失了劳动法制的土壤——市场经济，劳动力无法成为市场要素①。

（二）主要特征评述

在新中国成立后，中国共产党带领中国人民持续探索适合国情的发展道路，在劳动立法和政策上构建了基本的劳动制度体系，巩固了工人阶级的领导地位，为国家的全面发展奠定了重要的政治、经济和社会基础。总体而言，这一阶段的劳动关系治理经历了曲折的发展过程，呈现如下特征。

第一，这一阶段具有历史传承与制度奠基的双重功能，既是中国共产党过去革命年代领导劳动关系治理经验的凝练和总结，也为中国劳动法制体系的完善奠定了重要的基础。从新中国成立初期出台的法律规范来看，无论是《工会法》确定的基本制度，还是劳动关系的管理、劳动标准、劳动保险和劳动监察等内容，在很大程度上都来源于新中国成立前党领导劳动立法的主张和做法。1950 年 10 月时任劳动部部长李立三曾提出，“工会法只是将工人阶级已经获得的加以肯定，制定成法令，并没有什么新的东西”②。通过革命年代立法与施政的探索，中国共产党已经形成了劳动和就业领域体系化的制度内容，在借鉴苏联立法经验的基础上并结合当时国情的实际需要，使得新中国成立后能够在短期内较早地出台劳动领域的一系列法律法规。同时，这一阶段形成的法律法规，尽管在之后多数进行了较大的修改或者废止，但是却依然成为改革开放之后劳动立法的基本体系架构，能够引导劳动立法的发展。

第二，劳动关系的重大制度经历了曲折的变化和发展，为建设社会主义提供了正反两方面的经验教训。从正面经验来看，这一时期的劳动立法和政策坚定了工人阶级和劳动群众的主体地位，为改革开放后取得巨大的成果奠

---

① 参见郑尚元：《劳动合同法的制度与理念》，中国政法大学出版社 2008 年版，第 80—81 页。

② 中共中央党史研究室第一研究部：《李立三百年诞辰纪念集》，中共党史出版社 1999 年版，第 254 页。

定了政治和社会基础。这一时期形成的计划经济体制下国家高度管制的劳动用工模式，在新中国成立初期具有团结劳动人民、集中社会力量强化政治认同、恢复国民经济和巩固社会生产的积极作用。同时，在此期间形成的一些劳资关系的处理经验，例如劳资协商会议和集体合同制度强化了劳动者在劳资关系治理结构中的地位和权力，奠定了职工民主管理的重要基础。当时针对劳资矛盾提出的人民内部矛盾理论，也为今后的立法提供了重要的借鉴和导向性的把握。此外，这一时期的反面经验教训也较为突出。在计划经济体制下，劳动关系实际上已经演变为国家用工模式，国家行政管控下的生产指令全面替代了市场需求，忽视了人的主观能动作用，从而产生了生产效率过低、国家和企业的负担过重等问题。

二、劳动关系治理的主要成就

在新中国成立后，中国共产党带领中国人民持续探索适合国情的发展道路，在劳动立法和政策上构建了基本的劳动制度体系，巩固了工人阶级的领导地位，为国家的全面发展奠定了重要的政治、经济和社会基础。

（一）通过劳动立法巩固了工人阶级的历史地位

通过立法的形式确立和强化工人阶级的历史地位，对筑牢党的群众根基、巩固劳动法的阶级基础、强化劳动法的主体价值具有重要意义。新中国成立后，劳动立法主要通过两种方式巩固工人阶级的地位：一是直接出台工会法，对工人阶级在生产生活中的法律地位给予充分的保障。1950 年 6 月中央政府颁布的《工会法》是新中国成立后第一部劳动法律，其根本目的就在于“明确工会组织的法律地位和职责，使全国工人阶级更好地组织起来，发挥其在新民主主义建设中应有的作用”。该法规定了“工会是工人阶级自愿结合的群众组织”，并对工会法的阶级性、入会的自愿性、组织活动的民主性、工人阶级的统一性等基本问题进行了规定。二是在私营企业中通过劳资协商会议和集体合同等制度强化了劳动者在劳资关系的地位和权力，奠定了职工民主管理的重要基础，极大鼓舞了劳动者建设社会主义新中国的积极性和创造性。1950 年全国总工会和劳动部先后提出在私营企业中通过劳资协商会议的组织形式解决劳资问题，起到了劳资两利、发展生产的重要作用。尽管后来因“文化大革命”对经济秩序产生了严重影响，但是这一时期形成的计划经济体制下国家高度管制的劳动用工模式，在新中国成立初期具有团结劳动人民、集中社会力量、强化政治认同、恢复国民经济和巩固社会生产的积极作用，同时更加坚定了工人阶级和劳动群众的主体地位，为改革开放后取得巨大的成果奠定了政治和社会基础。

（二）传承了过去革命年代处理劳资关系的治理经验

面对旧中国遗留下来的经济和社会问题，新中国成立后的首要任务就是恢复国民经济。这一时期劳动立法和政策延续了党在新民主主义革命时期的成功做法。从新中国成立初期出台的法律规范来看，劳动立法具有历史传承的重要功能，特别是关于处理劳资关系的一些立法，高度凝练着中国共产党过去革命年代探索的治理经验。1949 年 7 月新中国成立前夕，中华全国总工会召开的全国工会工作会议通过了关于处理劳资关系问题的三个文件《关于劳资关系暂行处理办法》《关于私营工商企业劳资双方订立集体合同的暂行办法》和《关于劳动争议解决程序的暂行规定》。同年 11 月 26 日这些文件经中共中央批转各地政府，作为新中国的劳动法令实施，使得“公私兼顾、劳资两利”的劳动政策在新中国得到进一步的落实。革命年代工人阶级的艰辛探索和成熟经验在一定程度上促进了新中国成立后《工会法》的首先出台。为了解决旧社会遗留下来的失业问题，劳动部和政务院先后出台了一系列失业人员救济的办法，对私营工商业实行《共同纲领》中确立的“公私兼顾、劳资两利”政策，避免产生新的失业问题。通过革命年代立法与施政的探索，中国共产党已经形成了劳动和就业领域体系化的制度内容，在借鉴苏联立法经验的基础上并结合当时国情的实际需要，使新中国成立后能够在短期内较早地出台劳动领域的一系列法律法规。

（三）奠定了中国劳动法制体系的重要基础

尽管《劳动法》等主要劳动法律在改革开放之后才陆续制定实施，但是新中国成立初期制定的一系列劳动法规和相关政策为后来的劳动法制体系奠定了重要基础，并提供了基本的制度框架。1949 年《共同纲领》中确立了劳动立法和政策的基本思路，强调了新中国“以公私兼顾、劳资两利、城乡互助、内外交流的政策，达到发展生产、繁荣经济之目的”的经济建设根本方针，并在第三十二条确立了基本的劳动制度。该条在劳动关系管理上明确了国营企业实行工人参加生产管理的制度，私营企业则通过集体合同来实现劳资两利。同时，该条还规定了一般实行 8—10 小时工作制、最低工资和青年女工的特殊保护制度、劳动保险制度，以及工矿检查制度等内容。1951 年 2 月中央人民政府政务院依据当时的经济条件制定并发布了《中华人民共和国劳动保险条例》，构建了相对完整的劳动保险制度体系，开创了新中国社会保险制度的先河。这一规定至今并未废止，在一定意义上仍然是企业实行劳动保险的法规依据。改革开放前形成的法律法规和相关政策，特别是在国家“一五”和“二五”计划期间出台的劳动保护、退休规则、工资和休假待遇等方面的“规程”“规定”“办法”等，尽管在之后多数进行了较大的修改或者废止，但是却依然成为改革开放之后劳动立法的基本体系架构，能够引导劳动立法的发展，成为诸多法律法规出台的基础。

（四）初步探索了劳动关系群体性事件的解决方式

在我国社会主义改造完成和单一公有制经济体制确立之后，工人与企业管理者之间的矛盾逐渐浮出水面，全国多地区发生了罢工、请愿等现象。党对这些事件的处理进行了初步的有益探索，主要有两个特点：一是抛弃了传统阶级斗争的思维方式，将其定性为人民内部矛盾，是在人民利益根本一致的基础上的矛盾。二是肯定其合理性的同时，提出了防止罢工的根本办法。

工会通过调查研究，促进形成了1957年《中共中央关于处理罢工、罢课问题的指示》。该文件提出，在某些特殊情形下群众不能通过“团结—批评—团结”的正常方式解决问题，那么罢工、请愿这些非正常的方式不可避免甚至是必要的。这一指示提出防止罢工一类事件的发生，根本办法是“随时注意调整社会主义社会内部关系中存在的问题，首先是克服官僚主义，扩大民主……，还必须加强群众中的思想政治教育”。这些做法反映了党中央面对社会主义社会出现新型矛盾，抛弃了传统阶级斗争思维方式，在宏观上对社会主义社会矛盾的性质、类型和处理方法等系统性的实践探索，尽管这种探索在中国社会主义建设时期出现了反复性和不确定性，但为我们改革开放后正确认识和处理群体性事件提供了理论准备和政策依据①。

第三节　改革开放以来：劳动关系治理的改革发展

党的十一届三中全会以来，我国劳动关系治理在经济体制改革和劳动管理体制改革的背景下，从计划经济的劳动管理逐渐转变为社会主义市场经济和依法治国背景下的劳动法治建设。这一时期是我国历史上经济和社会全面发展的黄金时期，更是和谐劳动关系和劳动立法的全面发展阶段。

一、劳动关系治理的历史进程及其特征

（一）历史进程梳理

随着1978年党的十一届三中全会的召开，在吸取“文化大革命”深刻

① 参见谢海军：《我国群体性事件范畴的历史演变及其属性认知变迁分析》，《马克思主义研究》2014年第5期。

教训的基础上，党的工作重点转向经济建设，我国政治、经济和社会的面貌开始发生历史性的转折。1984 年，中共十二届三中全会通过的《关于经济体制改革的决定》正式揭开了我国经济体制改革的篇章，为今后的改革发展奠定了深厚的基础并具有决定性的实践意义。我国在由传统的计划经济体制向有计划的商品经济体制转轨之后，进一步朝着社会主义市场经济体制转型，这一系列改革探索的进程为劳动关系的建立和完善创造了越来越健全的体制和制度环境。劳动制度改革经过一系列的试点和探索，逐步开启了国营（有）企业和各类所有制经济的劳动用工市场化改革。同时，外资、私营和个体经济开始涌现，乡镇企业兴起，不同所有制企业开始探索不同的用工形式。1986 年 7 月国务院发布了关于国营企业实行劳动合同制、招用工人、辞退违纪职工、职工待业保险等内容的四个“暂行规定”，将劳动合同制度确立为与原有职工固定工制度并存的劳动制度改革目标模式，由此形成了固定工制和劳动合同制并存的“双轨制”用工模式。

1994 年 7 月全国人大通过了《劳动法》，我国劳动关系的调整开始进入一个全新的发展时期，劳动关系的市场化转型逐步推进，国家用工制度逐渐退出历史舞台，劳动合同制度开始全面推行。在党和国家的改革推动下，“双轨制”用工开始全面转向劳动合同制，不同所有制用人单位的劳动合同运行规则归于统一①。在《劳动法》的基础上，国务院及其劳动行政部门和地方政府制定了与其配套的法规和规章，包括了就业促进、劳动力市场管理、劳动合同、集体合同、劳动标准、劳动安全卫生、职业培训和社会保险等多个方面。此后，我国于 2001 年颁布了《职业病防治法》，2002 年颁布了《安全生产法》，并在 2001 年修正了《工会法》。劳动立法与政策在致力于培育和发展现代化劳动力市场的同时，也促进了劳动关系治理的标准化、制度化和法治化。

---

① 参见王全兴：《关于我国劳动关系稳定问题的基本思考》，《学术评论》2012 年第 4—5 期。

进入 21 世纪以来，随着经济社会转型、产业升级和经济全球化进行的加快，在广度上已涉及经济、政治、文化等多重领域，在深度上已触及人们具体的经济利益，由劳动工资、社会保障、劳动条件等多方面问题引发的劳动关系矛盾，成为难以回避的社会现实。劳动争议频发不断，集中暴露了社会发展和劳动关系中的问题，引起了国家和社会的广泛关注。2002 年党的十六大报告首次将“社会更加和谐”作为党的重要奋斗目标，进而在 2006 年十六届六中全会通过的《关于构建社会主义和谐社会若干重大问题的决定》提出要发展和谐劳动关系，并明确了具体的制度建设和政策措施。这一决定对我国劳动立法和社会政策带来极大的影响，国家机关相关工作人员在解读劳动法律法规过程中也将发展和谐劳动关系与相关法律法规的目标和任务结合起来。

2007 年以来，我国劳动立法进入了黄金发展阶段。在构建和谐社会和全面深化改革的大背景下，劳动关系多元化、主体利益分化、劳资矛盾显性化的特征明显，劳动关系问题日益成为影响社会稳定和政治安全的一大重要因素。2007 年我国先后出台了《就业促进法》《劳动合同法》《劳动争议调解仲裁法》。特别是《劳动合同法》的出台在劳动关系治理的历史上具有里程碑式的意义。它标志着我国在充分利用市场机制配置劳动力资源的同时，开始注重对劳动力市场进行规制，也标志着我国市场经济体系中与劳动有关的法律框架基本建立起来①。为了更好地实施劳动合同法，国务院于 2008 年 9 月 18 日出台了《劳动合同法实施条例》，对法律实施中的一些具体问题作了更加细化的规定。2010 年出台的《社会保险法》开启社会保险法制化进程。至此，中国特色社会主义劳动法制体系的框架结构基本形成。法律的出台在很大程度上对劳动者权益起到了保障的积极作用，同时也提高了劳动者的权利意识。《劳动合同法》等法律实施后，劳动争议案件的数量一直

① 参见蔡昉、都阳：《〈劳动合同法〉颁布实施的意义、争议与相关政策取向》，《领导之友》2008 年第 2 期。

居高不下。2015 年中共中央、国务院发布的《关于构建和谐劳动关系的意见》，成为构建和谐劳动关系的重要指导性文件。该《意见》明确了保障职工基本权益、劳动关系协调机制、企业民主管理制度建设等方面的具体方向和做法，为法律的实施和工作的开展提供了重要的政策保障。

党的十九大庄严宣告中国特色社会主义进入了新时代，这是一个重大政治判断，标志着我国发展站到了新的历史起点上。为了适应新时代的发展，2021 年《工会法》再次进行了修改，巩固了工会的政治性、先进性和群众性，并深化了工会的服务和维权功能。这一次《工会法》的修改，突出了如下几点内容：一是突出坚持党的领导。明确工会是中国共产党领导的职工自愿结合的工人阶级的群众组织，是中国共产党联系职工群众的桥梁和纽带，应当保持和增强政治性、先进性、群众性，建立联系广泛、服务职工的工会工作体系。二是落实党中央对工会改革的新要求。明确新就业形态劳动者参加和组织工会的权利，增加规定：工会适应企业组织形式、职工队伍结构、劳动关系等方面的发展变化，维护劳动者参加和组织工会的权利。三是完善工会法和工会工作指导思想。明确将习近平新时代中国特色社会主义思想同马克思列宁主义、毛泽东思想、邓小平理论、“三个代表”重要思想、科学发展观一道，确立为工会法和工会工作的指导思想。四是完善工会基本职责。将工会的基本职责由“维护职工合法权益”扩展为“维护职工合法权益、竭诚服务职工群众”。同时，增加工会组织职工参与本单位的民主选举、民主协商，加强对职工的思想政治引领，以及开展劳动和技能竞赛活动的规定。五是体现中央对产业工人队伍建设改革的新要求。增加规定：工会推动产业工人队伍建设改革，提高产业工人队伍整体素质，发挥产业工人骨干作用，维护产业工人合法权益，保障产业工人主人翁地位，造就一支有理想守信念、懂技术会创新、敢担当讲奉献的宏大产业工人队伍。六是做好与相关法律的衔接。法律援助法规定，工会等群团组织开展法律援助工作，参照适用其相关规定。据此明确县级以上各级总工会可以为所属工会和职工提供法律援助等法律服务。七是扩大基层工会组织覆盖面。明确社会组织中的劳动者有依法参加和组织工会的权利，将工会组织以及工会工作的覆盖面由“企业、事业单位、机关”扩展为“企业、事业单位、机关、社会组织”。①

（二）主要特征评述

改革开放以来，我国劳动关系治理经历了从计划经济到社会主义市场经济体制的变革，逐步走向现代化、市场化和法治化。劳动立法已经逐步从“摸着石头过河”的阶段发展到了顶层设计的重要层面，已经成为中国特色社会主义法治体系建设的重要组成部分。总体而言，这一阶段的劳动关系治理主要有如下特征。

第一，劳动立法日臻完善，现代劳动法治体系的形成过程颇具鲜明的中国特色。就西方市场经济国家而言，劳动法的产生往往是经历了二三百年的“私法公法化”的道路。在西方市民社会和政治国家基础上形成的私法与公法格局下，最初只是将劳动关系纳入私法调整系统中去规范，后来公法对私人活动控制的增强，限制了私法原则的效力，主张从对劳动者保护出发，对资本家的财产所有权作出明确的限制②。我国劳动法的产生与西方国家恰恰相反，是在改革开放后短短几十年内经历了“公法私法化”的过程，国家逐步调整其全盘管控的劳动用工，发挥市场在资源配置中的决定性作用，将其交给社会，交由作为社会法的劳动法来调整。而且，我国劳动法与作为私法的民商法几乎同步产生，共同作为社会治理体系的上层建筑发挥重要作用。

第二，这一阶段的劳动关系治理由政策调整转向全面依法治国背景下的劳动关系治理。随着社会主义市场经济体制和全面依法治国方略的形成，原先主要依赖政策的调整已经不能适应劳动关系的现实需求。从国家和政府层

---

① 全国人大常委会法制工作委员会副主任张勇 2021 年 12 月 20 日在第十三届全国人民代表大会常务委员会第三十二次会议所作《关于〈中华人民共和国工会法（修正草案）〉的说明》。

② 参见董保华：《社会法原论》，中国政法大学出版社 2001 年版，第 33—35 页。

面来看，劳动力资源的行政配置转向了市场配置，行政管理方式已经从注重效率的命令式运作转向了法律明确的、程序化的三方协调机制；从社会和团体层面来看，工会逐渐从附属于政府或者企业行政的角色中脱离出来，法律地位和法定权责日渐明晰；从微观层面来看，现代的劳动法治体系将不同所有制的劳动关系分别立法转向了统一的运行规则，由历史造成的劳动者的身份差别逐渐转向法律上的平等，形成了统一适用的劳动争议调解、仲裁和诉讼的多元解决方式。

二、劳动关系治理的主要成就

改革开放以来，党领导的劳动立法事业经过一系列的改革逐渐走上正轨，并取得了突飞猛进的成就。在中国特色社会主义法治道路上，劳动关系治理成为维护劳动者权益和促进社会公平正义的重要保障。

（一）平衡改革、发展和稳定之间的关系

改革、发展、稳定是我国现代化建设的三个重要支点。改革开放以来，我国劳动关系治理的显著特点就是不断寻求与改革、发展和稳定之间的平衡。改革开放起步阶段，为了避免出现影响社会问题的问题，劳动立法和政策推动劳动制度改革的步骤充分考虑国家、企业和人民群众的承受能力，形成了固定工制和劳动合同制并存的“双轨制”用工模式。这种模式的最大特点就在于推进改革的过程中维持了已经形成的用工制度的稳定。随着改革开放的不断深入，劳动关系治理的重心转向推动劳动体制改革，并注重立法决策与改革发展决策的紧密结合①。1994 年《劳动法》开启了全面推行劳动合同制的改革，但是为了避免一刀切对社会稳定带来冲击，同时又考虑到

① 参见刘松山：《当代中国处理立法与改革关系的策略》，《法学》2014 年第 1 期。

现实情况，允许省级政府分步骤实施，妥善处理了改革方向与实际情况的关系①。进入21世纪以来，发展不充分不平衡的问题愈发突出，劳动关系治理更加注重改革、发展和稳定之间关系的平衡。最显著的就是2007年出台的《劳动合同法》和2021年对《工会法》的修改。根据劳动用工的变化，两法都起到了推动劳动制度改革的功效，通过不同的方式重塑了劳动者权益保障与企业和社会发展的平衡，促进了劳动用工制度的稳定发展。前者在契约层面强化了干预力度，重点解决劳动合同短期化、灵活用工主流化等问题，从而促进劳动关系的稳定②；后者在组织层面强化了工会民主机制，重点解决新就业形态下劳动者的组织保障，通过增强工会的政治性、先进性和群众性来巩固社会的稳定。

（二）形成了劳动关系三层次的调整模式

随着中国特色社会主义法律体系的提出和建设，社会法作为一个独立的法律部门列入其中，我国劳动立法进入了快速发展和不断完善的重要时期。劳动法立足于保护劳动者权益的社会本位，逐渐从以民商法为代表的私法领域和以行政法为代表的公法领域中分离出来，成为公法和私法融合下的第三法域，并在法律规范体系上形成了微观、中观和宏观三个层次的调整模式。在微观层次上，法律给予劳动者和用人单位在个别劳动关系层面的自治权利。在市场经济条件下，国家逐步调整其全盘管控的劳动用工，发挥市场在资源配置中的决定性作用。劳动法将不同所有制的劳动关系由分别立法转向了统一的运行规则，由历史造成的劳动者的身份差别逐渐转向法律上的平等，形成了统一适用的劳动争议调解、仲裁和诉讼的多元解决方式。在中观层次上，法律通过赋予劳动关系主体联合的权利，通过集体或者团体的形

---

① 参见顾昂然：《立法札记：关于我国部分法律制定情况的介绍：1982—2004年》，法律出版社2006年版，第567页。

② 参见王全兴：《关于我国劳动关系稳定问题的基本思考》，《学术评论》2012年第4—5期。

式，就劳动条件、劳动标准和有关劳资事务进行协商交涉，从而促进劳动关系的自治。工会逐渐从附属于政府或者企业行政的角色中脱离出来，在集体协商、民主管理、法律监督中的作用凸显，法律地位和法定权责日渐明晰。在宏观层次上，国家注重整个社会层面劳动关系的调控，行政管理方式的运作转向了协调劳动关系的三方机制，同时劳动立法也促进了多元化的政府角色的形成，成为劳动者基本权利的保护者、集体谈判与雇员参与的促进者、劳动争议的调停者、就业保障与人力资源的规划者、公共部门的雇佣者等角色①。

（三）促进了多元化用工格局的形成

改革开放以来，我国逐渐打破了原有固定工制度，在劳动合同制度主体地位的基础上，形成了劳务派遣用工、非全日制用工等灵活化用工形式，以及人力资源外包、民事雇佣、承揽、合伙、自雇劳动等其他以劳务给付为主要内容的用工形式，从而促进了多元化用工格局的形成。在市场化改革的进程中，我国劳动关系治理坚持劳动者权益保障的根本原则，主要通过三种方式促进劳动用工格局的多元化：第一，劳动法直接确立了劳动用工的基本制度规范，通过倾斜保护的原则和主动干预的方式促进劳动力市场的平衡；第二，将非劳动关系的用工交由民法、公司法等私法调整，通过契约自由的方式满足了不同市场主体的需求，促进了劳动力市场的灵活化；第三，劳动法所确立的工资、工时和职业安全等劳动标准，对社会用工产生间接的效果，促进了非劳动关系用工对劳动法制度的吸收②，《安全生产法》对职业安全

---

① 参见程延园：《劳动关系》，中国人民大学出版社 2011 年版，第 121 页。

② 例如对学生勤工助学和实习、新就业形态的劳动者，即部分行政规章对从业者工资、工时、劳动条件和劳动保护等方面的规定都参照了劳动法的相关标准。主要规章参见教育部、财政部印发的《高校学生勤工助学管理办法》（教财〔2018〕12 号）；教育部等八部门印发的《职业学校学生实习管理规定》（教职成〔2021〕4 号）；人力资源社会保障部等八部门印发的《关于维护新就业形态劳动者劳动保障权益的指导意见》（人社部发〔2021〕56 号）；交通运输部等八部门印发的《关于加强交通运输新业态从业人员权益保障工作的意见》（交运发〔2021〕122 号）。

的保障则完全突破了劳动关系的局限。这些不同的方式说明劳动法和其他法律之间并非相互冲突，而是存在着一定的关联性，共同促进劳动用工多元化格局的形成。随着 2020 年《民法典》的出台，劳动者和用人单位的基本权利义务在劳动法和民法规范下呈现诸多的共性，诚信、敬业等基本价值理念成为任何形态劳动用工的共同诉求。

（四）劳动关系矛盾的纠纷解决机制日益成熟

尽管我国劳动法已经确立了权利争议和利益争议、个别争议和集体争议的不同处理方式，但是随着改革开放的不断深入，劳动关系矛盾呈现高发、频发的趋势，自发性、突发性、群体性争议突出。劳动关系矛盾日益成为影响社会稳定和政治安全的一大重要因素。劳动立法在传统争议解决方式的基础上，不断探索中国特色的法治实践，劳资矛盾的纠纷解决机制日渐成熟并主要形成如下两个特点。

一是，我国确立了构建和谐劳动关系的法律目标，形成促进劳资双赢的法制机制。2002 年党的十六大报告首次将“社会更加和谐”作为党的重要奋斗目标，2006 年 10 月中共十六届六中全会提出发展和谐劳动关系的论述。此后“和谐”这一价值理念成为我国劳动立法的主要法律目标，并贯穿于 2007 年《劳动合同法》《就业促进法》以及 2021 年修订的《工会法》等法律之中。在构建和谐劳动关系的法律目标之下，劳动立法促进了企业发展和维护职工权益的双赢，成为颇具中国特色的劳动者维权工作格局。

二是，在搁置集体行动立法争议的前提下，党和政府通过对劳动关系的软性调控，弱化、抵消了劳动关系的矛盾和冲突。1982 年宪法基于特定历史原因取消了“罢工”的规定，我国劳动立法并未效仿西方国家劳资对抗型的立法模式，而是在搁置立法争议的前提下，各级党委和政府以政策文件的形式，采取积极引导、激励、督促的方式，很少直接采取强制和惩罚的手段，使得党和政府的力量和影响逐渐地、直接地进入企业，有效地预防和化解劳资矛盾①。

第四节　劳动关系治理的经验透视

历史表明，中国共产党的坚强领导是中国取得举世瞩目成就的决定性因素。如果说领导立法是党执政能力的重要体现和必备品格，那么劳动领域的立法重要性则尤其突出，它的保障对象与党的阶级基础完全一脉相承、同根同源，因此劳动立法更是党的生命活力与内在本质的综合体现。深入总结和分析中国共产党领导劳动立法中的经验，有助于我们厘清劳动关系治理中的关键性问题，把握中国共产党之所以成功的核心密码。

一、坚持和发展马克思主义是劳动关系治理的根本保障

坚持和发展马克思主义是中国共产党领导劳动关系治理的根本保障。作为马克思主义使命型的政党，中国共产党能够从最初的几十名党员发展成为世界第一大党，能够审时度势通过劳动立法和政策团结和带领工人阶级和劳动群众夺取革命、建设和改革的胜利，最为重要的原因就在于将马克思主义作为自己的根本指导思想，并不断发展马克思主义，不断根据中国社会实践的具体阶段进行理论创新。因此，坚持和发展马克思主义也是中国共产党领导劳动关系治理的根本保障。

中国共产党在成立时就确立了马克思主义的指导思想，在劳动立法上必然也以此作为指导思想。马克思主义认为，认为劳资关系是建立在私有制基础上的不可调和的对立关系，只有工人通过现实的共产主义行动，使社会从

---

① 参见游正林：《对中国劳动关系转型的另一种解读——与常凯教授商榷》，《中国社会科学》2014 年第 3 期。

私有财产的统治下解放出来，才能消除这种对立。① 马克思主义是发展的、实践的理论。在这一科学理论的指导下，中国共产党总是站在民族复兴与国家发展的角度思考劳动立法的使命与定位，根据中国社会的变化不断调整劳动立法，使得劳动立法与社会发展的进程和劳动关系的现实相契合，从而提高了劳动立法的适应能力和社会效果。因此，中国共产党领导劳动关系治理的历史进程，就是坚持和发展马克思主义的过程。在新民主主义革命时期，中国共产党从片面地追求工人阶级的福利待遇转向寻求工人阶级利益和资本家的生产之间的平衡；新中国成立后至改革开放之前，为集中力量恢复国民经济和进行社会主义建设，中国共产党确立了计划经济体制下的劳动用工体制，在最短的时间内奠定了新中国劳动法律制度的基础；改革开放后，中国共产党逐步确立了依法治国的基本方略，针对社会转型中劳资矛盾突出的问题确立了和谐劳动关系的重要导向，促进了社会的稳定发展；这都是中国共产党坚持马克思主义与中国实际相结合的重要成果。

历史上以片面和僵化的态度理解和运用马克思主义，在中国的实践中曾经遭受过严重的挫折和教训。恩格斯提出："我们的理论是发展着的理论，而不是必须背得烂熟并机械地加以重复的教条。"② 中国共产党将产生于欧洲的马克思主义理论植入中国的土壤之中并非一帆风顺。

党在早期阶段对革命发展的形势缺乏深刻的认识与客观的判断，对于如何在阶级斗争的背景下处理劳动关系矛盾，主要停留在马克思主义经典的文本上，还缺乏实践和斗争经验，对劳动关系矛盾的认识和处理方式也脱离了当时的社会现实。在相当一段时期内，党领导的劳动立法运动对劳资矛盾采取拒绝调和的态度，认为调和劳资关系是"牺牲农工利益"③。例如在革命根据地政权的初期，受到"左"倾错误的影响，劳动立法和政策一味地强

---

① 参见《马克思恩格斯文集》第1卷，人民出版社2009年版，第778—779页。

② 《马克思恩格斯选集》第4卷，人民出版社1995年版，第681页。

③ 中共中央文献研究室：《任弼时年谱（1904—1950）》，中央文献出版社2014年版，第50页。

调劳资斗争，拒绝劳资调和，规定了超出现实条件的工人福利待遇。这种僵化运用马克思主义的做法，背离了马克思主义发展的理论品格，导致当时的劳动立法受到劳资双方一定程度的抵触。随着对马克思主义理论的不断深化，中国共产党能够将劳动关系治理与时代的发展变化结合起来，反映和满足革命时代的特点和需求。在抗日战争和解放战争时期，中国共产党就分别提出了“支持长期抗战、争取抗战胜利”① 和“劳资两利”② 劳动政策，指导各边区政府和解放区劳动法规的制定和修改。前者将保护劳工的理念融入了巩固抗日民族统一战线之中，而后者则在解放前夕维护了生产秩序和社会稳定。

新中国成立后至改革开放前，劳动立法的成就主要集中在新中国成立初期，特别是前十年之内。尽管劳动部在1956年开始组织《劳动法》的起草工作，但是却因极左路线的干扰于1958年之后被迫停止。自此以后国家极少再颁布劳动法规，特别是随着“文化大革命”的开始，劳动立法工作逐渐陷入了困境甚至遭到了严重的破坏。在“文化大革命”期间，我国提出的“以阶级斗争为纲”理论，尽管具有捍卫马克思主义纯洁性的初衷，但是却犯了教条主义的错误③，将阶级斗争作为劳动关系的主要矛盾，破坏了新中国的劳动法制，造成了经济社会的停滞和重大损失。改革开放后，中国共产党继续将马克思主义理论同中国实际相结合，坚持运用马克思主义认识世界发展大势、分析中国国情和党情新变化，劳动关系治理进入了一个全新的发展时期。

总体而言，我国在劳动关系治理方面对马克思主义理论的坚持和发展，主要有如下几个方面的启示：一是保障劳动者权益需要平衡劳动者的长远发展、企业承受能力和革命形势发展等多方面的因素。忽视不同因素之间的平

---

① 中央档案馆：《中共中央文件选集》（第12册），中共中央党校出版社1991年版，第571页。

② 《毛泽东选集》第四卷，人民出版社1991年版，第1256页。

③ 参见沈传宝：《马克思主义中国化在“文化大革命”中的曲折命运和经验教训》，《中共党史研究》2008年第2期。

衡，将劳动者对生活的美好愿望直接转嫁给雇主，或者在劳动关系中抵制、否定资本的合理作用，并不能从根本上促进劳动者利益的实现。二是经济利益的实现存在一定的历史局限性，超出社会发展的历史阶段，过于急切地改善经济条件的做法，并不利于保障劳动者的长期利益。三是保障劳动者权益应当遵循社会主义劳动关系的客观规律。劳动者权益保障在和谐的劳动关系中实现，才更具有现实意义。因此，对劳动关系的干预不能脱离劳动力市场和劳动关系的自治，否则就违背了劳动关系的发展规律。

马克思主义作为发展着的理论，成为中国共产党领导劳动立法的根本保障，并不意味着可以丧失法律的稳定性去迎合脱离现实的片面需求。马克思主义采取“总体性”的方法考察世界，将劳动立法视为一个多重因素耦合的系统，避免“头疼医头、脚疼医脚”的做法。马克思说：“社会——不管其形式如何——是什么呢？是人们交互作用的产物。”① “现实的人的现实活动”是现实世界的本质，不同的社会现象是相互关联的，没有任何社会生活领域能通过孤立的分析使人满意②。因此，中国共产党并非仅仅将劳动立法看作单纯的保障工人权益的途径，而是放在中国社会发展的历史进程之中，总体性地判断劳资的积极性与革命、建设和改革的成效，平衡劳动者的生活保障和用人单位的生产经营，把握工人阶级的命运和国家的前途等各种复杂因素。

二、巩固和强化工人阶级地位是劳动关系治理的核心目标

巩固和强化工人阶级地位是劳动关系治理的核心目标。中国共产党自成立以来就坚定其工人阶级先锋队的性质，坚持全心全意依靠工人阶级的立场。一直以来，工人阶级的主要力量就是投入到社会生产中依靠工资劳动为

① 《马克思恩格斯选集》第 4 卷，人民出版社 1995 年版，第 532 页。

② 参见［英］理查德 · 海曼：《劳资关系：一种马克思主义的分析框架》，黑启明译，中国劳动社会保障出版社 2008 年版，第 3 页。

生的广大劳动者。因此，劳动立法直接关系到工人阶级的生产生活与权利的实现方式，直接反映着党的生命活力和执政基础。这就决定了党领导的劳动立法不仅仅是经济领域的问题，还是关乎党的执政基础的政治问题。从根本上来讲，党领导劳动立法的核心目标就在于巩固和强化工人阶级的历史地位。

在早期中国工人阶级政治经济地位低下和缺乏核心力量的背景下，中国共产党成立伊始便确立了“必须支援工人阶级”的纲领和行动指南，继而在中共二大围绕工人阶级的生活和发展提出了劳动立法的主要内容和诉求。可以说，中国共产党奋斗的早期历史，就是为工人阶级争取经济利益、政治权利和法律保障而同反动势力进行抗争的斗争史。通过一系列的工人运动和立法运动，中国共产党深知在腐败和落后的反动政府面前，没有政治地位做保障的经济利益是短浅的、无法持续的。因此，中国共产党领导的劳动立法与政策，在注重保障和提高工人经济利益的同时，更加特别注重工人在组织、宣传、教育和研究等方面的民主权利，不断强化工人阶级的政治地位。新中国成立后，工人阶级成为领导阶级。如何发挥工人阶级在建设社会主义道路中的作用，成为中国共产党领导劳动立法的首要政治任务。

作为党和国家的阶级基础，工人阶级的领导地位在劳动立法和政策中得到了充分的体现。

首先，将工人阶级的行动纳入国家经济建设的根本方针之中，成为建设社会主义的主力军，充分展现工人阶级作为我国先进生产力和生产关系的代表。新中国成立后，工人阶级成为领导阶级。劳动立法的政治任务转向实现将工人阶级的行动纳入国家建设的根本方针。正是在这种背景下，1950 年出台的首部劳动法律就是《工会法》，明确了工会法的阶级性、工人阶级的统一性以及工会的民主性和自愿性等基本问题，广泛调动了劳动群众的劳动热忱。改革开放之后，我国制定或者重新制定、修改了《工会法》等一系列劳动法律法规，巩固工会作为工人阶级群众组织的法律地位，保障工会权利、提高工会地位、夯实工会职能，不断通过劳动立法的改革壮大和增强工人阶级的群众基础。

其次，通过一系列劳动立法，保障工会权利、提高工会地位、夯实工会职能。作为工人阶级的群众组织，工会在劳动者权益保障中成为不可替代的重要力量。从《劳动法》最初确立的劳动合同制度，到《劳动合同法》的出台，再到2021年《工会法》的修改，劳动立法保障的对象不断扩大，原先对不同类型、不同所有制用人单位的不同规则逐渐转向了劳动关系统一规则的适用，劳动合同制度成为典型的用工形式。2021年八部门发布的《关于维护新就业形态劳动者劳动保障权益的指导意见》为新就业形态劳动者的权益保障带来了新的契机和曙光。这部分的劳动者已经成为修改后《工会法》保障的重要对象。此外，工会的职能不断强化。根据时代的发展变化，工会在劳动关系中的职能得到不断强化，工会维权职能的内涵也在不断地得到明确、丰富和扩展。集体合同、劳动法律监督、参与调解仲裁和诉讼等已经得到了法律的明确规定，并在法规规章和工会系统的规范性文件中得到了进一步细化。2021年《工会法》将工会的基本职责由"维护职工合法权益"扩展为"维护职工合法权益、竭诚服务职工群众"。这些规定和做法，日益巩固了工人阶级的历史地位。

最后，通过工人参加生产管理和集体合同的形式来实现工人阶级在生产中的民主政治权利，进一步巩固了党的阶级基础。特别是2007年通过的《劳动合同法》将对劳动者的保障进一步提升到了人文关怀和体面劳动的高度，通过强化国家干预和产业民主等制度机制，改善了劳动者在经济上的弱势地位，进一步彰显了矫正正义这一社会法理念。

将巩固和强化工人阶级历史地位作为重要目标，并不意味着要以阶级斗争的思路来指导劳动立法。劳资矛盾与劳资关系相伴而生，但是历史上将劳资冲突扩大化、片面强调劳资斗争的立法政策，在革命统一战线和建设社会主义过程中都遭受了严重的经验教训，非但不能巩固和强化反而是弱化和瓦解了工人阶级的力量和党的群众基础。通过立法经验来，中国共产党领导劳动立法致力于巩固工人阶级历史地位，是一个全局性、长期性、实践性的核心目标。中国共产党成立以来，由其领导的劳动立法逐渐走出“左”倾错误的影响，从迫切企图改善工人利益和地位的追求转向了劳资两利的指导方针。这种转变适应了革命发展和社会建设的需求，体现了工人阶级的包容性和先进性，从长期发展的角度巩固了工人阶级的历史地位。改革开放以来，随着劳动立法保障的对象由“双轨制”差别对待转向劳动合同的统一规则并逐渐向公共部门渗透，工人阶级的群众基础也随之增强。由此来看，提高工人阶级地位的过程不是将工人阶级与其他阶级孤立起来，而是一个以开放包容的姿态通过劳动立法的改革逐渐壮大和发展工人阶级的过程。

三、践行社会主义核心价值观是劳动关系治理的精神动力

社会主义核心价值观的“三个倡导”，即“倡导富强、民主、文明、和谐，倡导自由、平等、公正、法治，倡导爱国、敬业、诚信、友善”，尽管在党的十八大才正式提出，但是它表达的价值观一直贯穿于劳动关系治理的过程之中，并成为推动劳动关系治理的精神动力。在马克思主义中国化的历史进程中，劳动关系治理植根于广大的劳动群众，作为中国共产党开展工人运动、保障劳动者权益和推动社会建设的重要内容，一直贯穿于党的工运事业和历史使命之中而从未间断过。中国共产党能够最大程度地凝聚新时代工人阶级的力量、推动社会主义法治建设、妥善处理劳动关系矛盾，最主要的精神内核之一就在于社会主义核心价值观的驱动。

第一，在劳动关系治理中践行社会主义核心价值观是历史性与时代性的统一。我国劳动关系治理是伴随着马克思主义在中国的传播而同步发展起来的。劳动关系治理的发展和变化正是体现了马克思主义与中国无产阶级革命相互结合并不断发展的过程，也是马克思主义理论能够在中国大地上扎根发芽的魅力所在。因此，在劳动关系治理中践行社会主义核心价值观，并非历史的巧合相遇，而是中国共产党领导工人运动的客观规律和革命路线选择的必然结果。当社会主义制度在中国确立起来之后，社会主义核心价值观代表

着工人阶级梦寐以求的价值观，与工人阶级推动下的劳动立法活动就开启了全面对话的新纪元。

伴随着新中国的成立，工人阶级的社会地位发生了根本性的变化，从革命者的角色逐步转向了新中国的建设者。在经历了国民经济恢复、“五反运动”和工商业社会主义改造之后，工人阶级的历史地位在计划经济体制中得到了绝对的强化，社会主义核心价值观跃居为唯一的主流价值观，劳动关系治理的历史使命也从“在与资本家进行抗争中如何保障工人权利”转向了“如何促进劳动者进行社会主义建设”。相应地，这一时期对社会主义核心价值观的认识和培育，始终在社会主义公有（国有）经济制度和国家固定用工制度的基础上围绕如何进行社会主义建设的中心问题展开。

党的十一届三中全会以来，在“改革开放”与“实践创新”的主旋律推动下，我国逐渐从传统的计划经济体制转向社会主义市场经济体制。这一系列的探索历程为推动关系治理的完善创造了越来越健全的体制和制度环境，国家治理、社会建设和人民生活开启了新的篇章。改革开放在经济、法治和政治等诸多领域取得的伟大成就，使社会主义制度的优越性再次得到了充分的印证。它确立了工人阶级的主人翁地位，带领中华民族奔赴中国梦的战略目标，引领中国特色社会主义进入了新时代。历史发展的进程再次印证了实现中国梦必然需要充分发挥工人阶级在培育和践行社会主义核心价值观中的主力军作用，必须紧紧依靠工人阶级发展中国特色社会主义。

步入新时代，劳动关系治理一直遵循中国特色的动态发展路径，体现了中国特色的时代特征，彰显着社会主义核心价值观强劲的影响力。社会主义核心价值观代表着当代中国工人阶级共同的精神追求，为劳动关系治理确立了工人阶级的权利空间与行为准则。一个国家的核心价值观，必须植根并来源于最广大多数人的社会生活之中，“同这个民族、这个国家的历史文化相契合，同这个民族、这个国家的人民正在进行的奋斗相结合，同这个民族、这个国家需要解决的时代问题相适应”①。在社会主义国家中，劳动法是工人阶级参与社会生产的权利法，是劳动人民进行奋斗的保障法，更是工人阶级在新时代开展工人运动的胜利成果。实际上，劳动立法的本源及其要解决的社会问题，就在于社会主义核心价值观的培育和践行。

第二，在劳动关系治理中践行社会主义核心价值观是民族性与世界性的统一。我国劳动关系治理既受到经济社会发展水平和劳动用工体制的影响，也与我国的法治体系和法律文化传统息息相关，因而具有民族特性；同时，劳动关系治理是市场经济国家建立和维护劳动制度、协调劳动关系的重要途径，其面临的问题通常也存在市场经济国家的共性问题，因而具有世界性的特点。然而，对我国劳动关系治理的民族性与世界性，却不宜如此表面化地来理解，因为任何国家和地区的劳动立法都不外乎受到内外两方面的影响，无法反映出我国劳动关系发展的真实特征。只有在社会主义核心价值观的视角下，劳动关系治理的民族性与世界性的统一才能够得到准确的理解。

自从马克思主义传播到中国以来，中国工人运动的使命经历了多次转折，工人阶级的地位和劳动关系的状况都发生了深刻的变化。但是，社会主义核心价值观成为我国工人运动生命力的所在，也使劳动关系治理形成了颇具中国特色的治理经验。一方面，现代劳动法的产生具有世界无产阶级领导工人运动的共同背景，没有无产阶级运动下对工人权利的诉求，不可能产生现代意义上的劳动法。最初的劳动关系治理仅仅是个别资本主义国家为解决社会矛盾的一种举措；而当前随着经济全球化的影响，全世界无产阶级的处境愈发呈现一致的相似性，共同的经济运行规律使得各国劳动关系呈现趋同性的发展②，这也促进了劳动关系治理的一致性。另一方面，我国的劳动关系治理是中国共产党领导工人阶级进行社会主义建设的治理活动。它必然受到我国经济社会和法律文化传统的影响，特别是马克思主义意识形态的指导

---

① 《习近平谈治国理政》，外文出版社 2014 年版，第 171 页。

② 参见常凯：《中国特色劳动关系的阶段、特点和趋势》，《武汉大学学报（哲学社会科学版）》2017 年第 4 期。

地位直接决定了我国劳动关系治理是构建社会主义和谐社会的组成部分和重要基础，从而也决定了我国的劳动立法是社会主义事业改革之法、广大劳动者的权利保障之法，并非西方资本主义国家的劳资斗争之法、缓和劳资矛盾之法。

因此，我国劳动关系治理践行社会主义核心价值观，既是中国国情所决定的，也是世界工人运动的发展在我国实践的必然结果。在劳动关系治理的民族性与世界性相统一的基础上，实现二者的有机互动，是我国劳动关系创新发展的关键。只有融入世界性，才能彰显民族性的优势；只有保持民族性，世界性才更具有意义。

第三，在劳动关系治理中践行社会主义核心价值观是先进性与大众性的统一。社会主义核心价值观凝结着社会发展的精神动力与文化精髓，引导着人民群众为美好的社会理想而奋斗，是中国特色社会主义道路和理论体系的价值表达，引领着劳动关系治理向促进社会生产力的方向发展，它无疑是先进的。同时，它又代表着当代中国最深层、最持久的精神世界，反映着最广大人民的价值诉求，代表着全国各族人民共同认同的价值观“最大公约数”。因而，它又具有大众性的特征。在先进性和大众性相统一的历史过程中，社会主义核心价值观逐渐得到总结和提炼，作为中国民族的精神载体，引领并融入中国特色社会主义法治建设之中。

我国劳动关系治理植根于中国特色社会主义基础上的劳动就业群体。我国并未在法律和制度上对劳动者进行层次上的划分，而是任何劳动者只要存在劳动关系，都能平等适用法律，并获得劳动法的特别保护；同时，包括劳动立法的劳动关系治理总是以劳动者权益保障为根本出发点，深切关注劳动者的社会现实，把握时代发展的脉搏，将劳动者的个人发展与国家战略的部署、社会经济的发展有机地结合在一起，总是具有远大的发展前途。这使得我国的劳动关系治理呈现出先进性与大众性相统一的特点。但是劳动关系治理的这种先进性与大众性相统一并不是孤立的，而是与社会主义核心价值观相伴而生的一个发展过程。

在马克思主义进入中国之后，在短短几十年之内就实现了工人阶级掌握国家政权，工人阶级从号召劳动立法转变成为主导劳动立法并推动劳动关系治理的法治化，从根本上改变了广大劳动者的社会地位，其主要动力来源于马克思主义的大众性和先进性。马克思主义不断以中国的具体实际为依托进行自我改造和自我发展，在发展自身大众性的同时，也为中国传统社会注入了新的先进性元素，形成了习近平新时代中国特色社会主义思想，实现了马克思主义中国化再一次的历史性飞跃。先进性与大众性相统一并不是一种自发的过程，它不可能盲目地被历史必然性所支配而在自然的过程中形成。社会主义核心价值观的形成以及劳动立法的发展，得益于中国共产党坚定的阶级基础和阶级立场，确定了“全心全意依靠工人阶级”的根本方针，确立了工人阶级的政治地位并使其成为践行社会主义核心价值观的主力军。

第四，在劳动关系治理中践行社会主义核心价值观是理论性和实践性的统一。作为一种逻辑严密和系统完整的思想体系，马克思主义理论具有强大而持久的生命力，它全面系统地总结了人类思想的优秀成果，深刻揭示了人类社会发展的一般规律，成为完备而严整的科学理论体系。然而，马克思主义理论并不是一种空洞的逻辑推导和自我标榜，而是经历了反复实践检验的科学理论，它总是能够同工人阶级的具体实践相结合，不断实现“理论—实践”的双向飞跃和发展①，成为中国特色社会主义事业的重要指导思想。作为重要的社会领域，劳动关系治理既具有特定的思想理论体系，也具有植根我国社会的实践基础。

从新中国成立发展至今，我国劳动关系治理所依赖的社会环境和法制基础已经发生了诸多的变化，但是它所确立的保护劳动者合法权益的基本宗旨一直以来并未变色，并且逐渐呈现多元化的功能。在劳动者权益保障的基础上，劳动关系治理逐渐承担着劳动力资源配置与劳动力资源开发的重要功

① 参见王伟光：《马克思主义真理具有强大而持久的生命力——纪念马克思诞辰200周年》，《求是》2018年第9期。

能，从而促进经济发展和社会进步。事实上，我国劳动关系理论与实践的发展，得益于马克思主义的理论魅力和实践品格，它确立了工人阶级的历史地位和领导权，凝练了社会主义核心价值观，成为推动我国劳动关系治理的主导力量。

因此，劳动关系治理统一于社会主义核心价值观的理论与实践之中，既是我国劳动关系治理的鲜明特色之处，也是社会主义核心价值观巨大的生命力和感召力所在。我国经历了旧社会走向新中国的伟大转折、再从社会主义计划经济转向社会主义市场经济的发展过程。与此同时的劳动关系治理，也从公私两元所有制结构下的劳动关系制度，经历了单一公有（国营）体制下具有公法属性的劳动制度转折，在改革开放和建设社会主义法治的背景下逐渐发展到了新时代的劳动关系治理格局。随着中国特色社会主义事业的推进，我国劳动关系治理与国家、社会和个人不同层面的发展得到了深度的融合，彰显了劳动关系主体的国家义务、社会责任和契约意识，使得依法治国与以德治国能够有机衔接、相互促进、相得益彰。

四、在改革与立法中平衡利益需求是劳动关系治理的主要路径

在改革与立法中平衡利益需求是劳动关系治理的主要路径。随着我国工人阶级的形成并以独立的姿态登上历史舞台，劳资关系就逐渐成为最基本、最重要的社会关系之一。在中国工人阶级所处复杂变化的环境中，中国共产党在技术层面上如何领导劳动立法，成为化解劳资矛盾、健全社会治理和促进经济建设的关键所在。通过历史的回顾来看，劳动立法之所以能够在社会发展中促进劳资双方的互利共赢，之所以能够避免西方国家惯常的劳资冲突和暴力事件，主要得益于共产党在劳动立法上采取的技术路径——在改革与立法中平衡利益需求。

劳动关系本质上是经济利益关系。中国共产党领导劳动立法始终注重把

握经济关系中“利益”这一核心问题，承认和肯定“利益”是劳资双方进行任何活动的物质动力，在任何历史时期都极其注重平衡劳资双方的利益需求。

新中国成立之前，党对劳动立法的探索，本质上就是对劳资双方利益平衡的一种探索。这一探索在很大程度上体现了对剥削制度的破除和对劳资秩序的重建，说明了中国共产党在国家危难和劳工苦难的时代对社会秩序的美好憧憬，以及对工人权利和社会和谐的迫切追求。在革命年代，党从抗战胜利的大局出发，既要平衡工人的生活保障和资本家的经济利润的关系，又要平衡工人的革命热情和资本家的生产动力之间的关系。

在社会主义改造完成后，劳动关系利益结构发生了变化。由于市场化的劳动关系被单一的固定工制度所替代，劳动立法和政策开始维护这种一元化的社会秩序，更加注重劳动者和国家利益的一致性。由于反对官僚主义产生了“群众闹事”等劳资矛盾问题，中国共产党抛弃了传统阶级斗争的思维方式，提出“人民内部矛盾理论”，提出通过克服官僚主义、扩大民主和加强教育的解决方式，从而有利于解决国家、工厂厂长同人民群众之间的利益矛盾。

改革开放后，在社会转型加剧和利益主体多元化的背景下，中国共产党更是注重平衡劳动关系的利益矛盾，推动三方协商机制建设，发挥工会在协调劳动关系的作用。

平衡利益需求不是不同的政治经济力量的相互较量和交易，更不是漫无目的的随机判断，而是需要把握时代发展中的关键要素。由于劳动立法与中国社会发展的进程近乎同步呈现时代性和进步性，因此党领导劳动立法在平衡利益需求时却并非仅仅注重立法本身的强制性和规范性，还特别注重立法的能动性，将立法与推动社会改革进步的力量结合在一起，形成立法与改革互动的模式。新中国成立前，平衡利益关系的技术路线主要依赖党的执政纲领确定劳动用工的理念和制度，再进一步择机通过法律的形式向社会颁布实施，彻底破除反动政府的旧制度，从而形成了“立法响应”的技术路线，注重了劳资利益平衡的效率，同时也有利于法律的认同与接受。新中国成立后百废待兴，党的政策成为经济和社会建设的重要推手，立法逐渐成为政策与做法的一种总结和提炼，展现出“立法确认”的模式，注重了劳资利益平衡的持续稳定。改革开放后，随着社会主义市场经济和法治建设的不断推进，利益需求日益多元化和复杂化，改革的深度、广度和力度不断加大，劳动立法的技术路线由“立法响应”和“立法确认”逐步转向了全面依法治国下的“法律治理”，从而形成了法治与改革相互促进的治理模式。

第五章

和谐劳动关系法治化的机制构建

和谐劳动关系法治化分为规制型法治化、规范型法治化和认同型法治化。根据这一分析框架，和谐劳动关系法治化的机制构建分为三个层面，即作为基础的规制机制、作为规范平衡的自治机制和作为效果引导的认同机制。在规制机制上，和谐劳动关系法治化的构建固然应当加强和推动立法的作用，但是却不宜固守完美法律体系的思想。在自治机制上，和谐劳动关系法治化的构建应当厘清劳资政三方的主体角色，畅通利益表达的渠道，对失序的行为进行有效的规制和引导，才能真正地促进劳资双方的自治。在认同机制上，和谐劳动关系的法治化构建需要建立在物质利益的基础上，将劳动关系主体的观念和行为统一于互利共赢的文化实践之中。

第一节　和谐劳动关系法治化构建的规制机制

一、规制思路：完美法律体系的反思

基于我国的法律传统，任何法律规范并非是在具体判例的基础上发展起

来的，而主要是基于推理，即由已知的判断推演出新的判断，为人的行为提供合法性证明。以推理为基础制定的法律规范之间必须保持逻辑上的一致性和内容上的完备性，以便于劳动者根据法律规范判断自己行为的后果，同时也使得政府或者法院在处理案件时能够具有足够的法律依据。这种理想状态隐含了一种基本的假设，即法律不存在漏洞，法律是完备的。然而，现实中劳动关系治理的问题却无时不在表明这种假设并不足以成为获得和谐劳动关系法律规制的唯一思路。这种假设为什么没有发挥到很好的作用？劳动关系治理在法律规制的探索上经历过怎样的过程？笔者试图通过考察法律体系构建的演进过程，提出我们应当以怎样的思路来进行劳动关系的规制。

（一）追求完美法律体系与概念化的失败

面对劳动者权益保护的话题，人们总是希望将劳动关系中的每一个细节纳入法律的直接明确规定之中，形成一部劳动关系治理依据的百科全书，进而构建一套完美无缺的法律体系。这种努力最早可以追溯到古罗马时期。查士丁尼颁布《国法大全》，试图来重构一个完整的新的法律规范体系。同样，法国的编纂者把他们的法律编纂成法典的愿望，也是在一种完美的思想基础之上进行建构。早在 16 世纪时，法国学者杜摩林（Dumoulin）就曾经想过法国应该要有一部统一的民法典；17 世纪，另一位学者柯柏尔（Jean Raptiste Colbert）曾经和路易十四花了 12 年的时间，统一法国大部分的法律；1789 年法国大革命刚爆发的时候，法国人民在他们的请愿书里也产生了“速颁统一的民法典”这样的要求。

事实上，即便法典的制定者在当时也未必真的会信奉法律完美主义的思想。然而这种职业的现实主义很快就被理性主义的泛滥所吞噬。根据孟德斯鸠三权分立的思想，法官只是“完全复制制定法”，便形成了对法典的“解释禁止与诠释禁止”，以维护其绝对的完美性。事实上，禁止法官解释的思想在法国大革命之前便已确立。1667 年以后法国的所有规定都禁止法官从事解释。为了达成此项理想，近代法典的订立都希望能借由极度清楚明确的法律规定，而以法律文字拘束法官。自法国大革命至1795年拿破仑举行政变为止的这段期间，法国政治并不稳定。1800年当拿破仑统治稳定之后，法国出现大革命以来空前安定的政治局面，他便着手制定法国民法典。因为受三权分立思想与限制法官解释权思想的影响，拿破仑也曾经心仪过依据固定规则，以类似数学方式将所有法律原则转化为一些简明形式，借以达成法律的简单化与明确性的想法。不过在他开始与其所任命从事起草法国民法典的成员讨论该法典一些法条后，便放弃了这个想法。因为无法绝对禁止解释，在法国法典制定过程中，司法部长便指出，有两种解释。一种是留给法官，另一种是禁止法官为之。而禁止法官解释的情形是指立法解释的情形。法国法典的立场是认为法官的工作是适用法律，而不是当立法者完全沉默时，去填补立法上的漏洞。

相似的，德国历史上曾有一些尝试去禁止法官从事解释，希望法官只是从事“直接适用”的工作。因为法律的不确定性大部分起源于解释者使用不同的解释方法，一些立法者便企图借制定完整与详细的法典规定使解释成为多余。早在1746年，普鲁士国王腓特烈二世就批准了制定统一法典的方案。直到1794年，普鲁士才正式颁行《普鲁士一般国家邦法》。该法典有17000条之多，作出了烦琐的特定化与具体性规定，尽可能地为每一个案件作出单独规定，尝试为特定化与细节性的具体事实情况提供规范基础，目的是要禁止法官的解释权。当遭遇到问题案件时，法官应该向一个特定的委员会提出问题。但是德国法制史告诉我们这个特别委员会从未扮演腓特烈二世所当初设想的角色。即使再详细的法典还是无法针对所有案件提供明确的解决答案。因此，腓特烈二世的法典、委员会与禁止法官解释的想法都归于失败。

（二）由概念化到类型化：完美法律体系思想的重现

追求完美的法典、试图建构一套完美的法律体系，并没有取得良好的治理效果。然而，由于社会生活现象和意义脉络的表现形态呈现多样化，抽象的一般概念及其逻辑体系难以把握之时，“类型”往往是大家首先会想到的一种起到辅助作用的思考形式①。类型并非是指客观事物的原貌，只是人们根据一定的标准对事物进行理解、判断和选择的一种方式。承认主体在认识理性上的有限性，以及客体在获取信息上的不完全性，是类型得以存在的重要哲学前提。所以，它只是反映了人们对客观世界认识的程度而已②。在法学方法论意义上，类型化是指根据一般事物的共同意义，将具有共同外部特征的事物归为一类并使之形成规范的类型。

至此，随着法律思维模式由概念化向类型化的转变，完美体系的法律思想又得以重现。卡尔·拉伦茨认为，假使几乎在所有的事件，法院都能获得——由法秩序看来——有根据的裁判，那么还可以说法律“有漏洞”吗？同样，齐特尔曼也认为，法官以类推适用的方式作出裁判，在事实上就说明了这种类推方式获得的文本就是现行有效的法律规范。那么根据他的见解，有漏洞的不是法律，而是我们迄今对法律的认识。也经常有人说，只有法律及已经形成规则文本的法才会有漏洞，作为整体意义上的法并没有任何漏洞。依此可见，法始终都包含着可以作为裁判依据的法律命题，它的问题只是其迄今为止尚未被认识或表达出来而已③。

类型化的本质是一种归类式的评价，它既不能代表客观事物的全貌，也无法对新生事物提供确定性的指引。类型化通过对既往法律要件的对照，将其还原到现实生活的原型上来，便于人们理解和适用法律，同时也扩展了制定法的意义。但是在这种思维范式之下，许多没有被列出法律规范的事项，因其与法律规范本身具有相同的事理，因而最终能够被法律规范所规制。如果因此就乐观地认为制定法已经能够将一切争议类型都规制到法律体系之中，则犯了与概念化思维同样的一种错误。事实上，类型化的确立同时也往

---

① 参见［德］卡尔·拉伦茨：《法学方法论》，陈爱娥译，商务印书馆2003年版，第337页。

② 参见程淑娟：《“商人”的类型化思考》，《河北法学》2013年第8期。

③ 参见［德］卡尔·拉伦茨：《法学方法论》，陈爱娥译，商务印书馆2003年版，第277页。

往意味着固定化并导致规范对象的僵化，因其缺少了抽象化的有效补充，最终难以适应劳动关系治理面临的复杂多变的社会现实。劳资双方的争议行为有时难以确立明确的界限，有时所做的区分又是一种临时性、工具性的策略，例如权利争议和利益争议不过是一种学理上的抽象界分，但现实的劳动争议中往往不同争议类型相互交织在一起而让人难以辨认。我们不得不承认，很多“争议类型”仍然未能获得法律上的意义，因而执法者或者司法者完全可以对其置之不理或者避重就轻按自己的思维逻辑进行法律的适用，例如合法罢工与非法罢工的边界如何界定。有些“争议类型”虽被考虑，但由于劳动关系本身的变化需要我们重新作出法律上的评价，例如国企和私企在劳动关系上的显著区别。

因此我们说，寄希望于每一个具体案件的全部情况都能预料到，这是共性的法律所不可能做到的，任何成文法律也不可能涵盖所有类型的案件。因此，面对复杂的具体案件，成文法出现空缺结构或者产生漏洞是非常正常的一种现象。那种根据法律自足性而持有法律万能主义者的观点，在法律实践面前是站不住脚的①。随着劳动争议面临着更多复杂的产业环境与社会变化，类型化往往因弹性不足而不能解决这些突发问题。至此，完美法律体系复活的梦想终难实现。

二、体系建构：不完备法律理论下的体系化

（一）不完备法律理论的提出

无论是概念化的思维方式还是类型化的思考范式，都持有立法完美主义的思想，并将所要建立的体系看成是一个完美无缺的法律体系。然而，却都脱不了现实尴尬的境地，追求完美立法主义的思想最终是难以实现的。

---

① 参见陈金钊：《司法过程中的法律方法论》，《法制与社会发展》2002 年第 4 期。

学者们发现，几乎所有的完备体系化的努力都运用了逻辑学上的公理式演绎的体系，然而这并不适用于法学领域。这种体系的前提在于，作为体系基础之公理的无矛盾性及完整性，而为法秩序基础的各种评价原则，其无论如何均不能满足这两项要求①。时至今日，在法律中获取一切问题答案的想法已经不切实际，通过建构完美的法律体系的做法也总是频频失效。因此学者们进而转向建立一个不完备的法律体系，它承认法律漏洞的存在以及法律本身的不完全性。

既然法律在设计之初就决定要长期、持续地适用于大量的对象，并且还要涵盖大量迥然不同的案件，那么在不断持续发展的社会生活实践中它必然不可能做到完美。只有当社会经济、技术变革完全静止，人们的行为模式化、固定化之后，法律才可能完备。在现代化的社会乃至前工业社会，这都是明显不切实际的幻想②。因此，这也注定了通过建立完美法律体系的完美立法主义不会像人们期望的那样成功，更难以达到立法者最初所抱有的美好初衷。现实中所建构的权利争议和利益争议的类型区分并不能很好地解决劳动争议的问题已经说明类型化存在的局限性。抛开其他因素，仅从法律规范本身而言，法律不完备的主要表现有两种情况：一种情况是法律并没有对特定的行为进行规定或者仅列举了少数的行为，这种情况就使得法律对行为后果的限定非常宽泛；另一种情况是，法律虽明确规定了应当限制的行为，却不能涵盖所有相关的行为，这使得法律的开放程度受到了制约③。这成为不完备法律理论的出发点。针对劳动争议，尽管我国已经建立了一系列的规范性文件，规定了一个相对较为完整的综合治理体系，但是在我国经济和社会转型期发生的群体性劳动争议，针对这些治理措施往往属于外在于法律体系

---

① 参见［德］卡尔·拉伦茨：《法学方法论》，陈爱娥译，商务印书馆 2003 年版，第 46 页。

② 参见［美］卡塔琳娜·皮斯托、许成钢：《不完备法律：一种概念性分析框架及其在金融市场监管发展中的应用》，载吴敬琏主编：《比较》（第三辑），中信出版社 2002 年版。

③ 参见［德］卡塔琳娜·皮斯托、许成钢：《不完备法律：一种概念性分析框架及其在金融市场监管发展中的应用》，载吴敬琏主编：《比较》（第三辑），中信出版社 2002 年版。

的“例外措施”，使其处于一种不完备法律的状态。

针对劳动关系的治理，我们应当承认法律不完备的这种状态，无须追求立法的完美主义思想。通过不完备法律理论的延展，我们能够使其在合法性的建构上符合法治化的要求，也就是说为劳动关系的治理提供相应的法律依据。在合法性完备的法治思想上，不完备性体系最大的特点在于它承认体系的不完全性，并将体系理解成一个开放的、不断发展的体系。

由法典化理念所形成的是一个“依形式逻辑的规则建构之抽象、一般概念式的体系”①，而这一体系在任何时候都不可能将所有的法律关系全都囊括其中。现实中劳动关系或者劳动争议很难具备概念体系所要求的僵化界限，常常有过渡阶段、混合形式以及新形态的出现等变化。劳动者的行为也常常给劳动关系带来一些新的变化，创造出一些新的问题，这并非一个确定的、封闭的体系能够完全预见的②。如果长期欠缺依照概念、价值而形成的推论脉络，个案法终究无法维持，因此只有借助此“开放的体系”推论脉络，才能对个案决定作合理的审查，并将所有的决定组成一个“体系”③。基于此，我们将其区分为两个部门，即内部体系和外部体系，两个体系之间相互作用于劳动关系的法律治理。内部体系是由实在的法律规范组成的法律规则体系，外部体系是由法律体系化形成的原则体系。不完备性法律体系的思想是首先将案件的处理与法律规则体系联系在一起，将其涵摄在具体的法律规则之下，这是法律思维的初始心态，也必然是依法治国的形式要求。无论是概念化还是类型化的思维均将体系的构建停留在此，但事实上是远远不够的。当法律规则体系不存在相应的规范或者无法适用于该案件的解决，那么法律原则体系将开始发挥作用，这也是依法治国的实质要求。这里的法律原则是一个随着法律实践不断发展的开放体系，而不再被看成是能够涵盖一

---

① ［德］卡尔·拉伦茨：《法学方法论》，陈爱娥译，商务印书馆 2003 年版，第 316 页。

② 参见［德］卡尔·拉伦茨：《法学方法论》，陈爱娥译，商务印书馆 2003 年版，第 330 页。

③ 参见［德］卡尔·拉伦茨：《法学方法论》，陈爱娥译，商务印书馆 2003 年版，第 44 页。

切案件的完美体系。在这一体系之中，法律规则体系与法律原则体系共同构成整体性的法律体系的组成部分。缺乏规则，就等于丧失了一个确定意义的核心，让执法者或者司法者面对具体案件之时无从入手，难以作出合理的预测和指引；相反，开放性的原则的缺位，又会使得法律体系趋于僵化，最终倾向于一种终结性的封闭体系①。只有法律规则与法律原则的共同作用，劳动关系的法秩序内的一些规范性及目的性关系，才能得到准确的梳理。

体系绝不应“像网一样地覆盖”在法秩序之上，而应当是从法秩序整体、其内含的意义脉络出发并不断发展，借此显示出作为一种意义脉络的法秩序整体。法律原则的效力根据不仅存在于被制定出来的秩序，也存在于法理念中，最后还在事物的本质中得以体现。就此点而言，法律原则绝不是“非历史的，仿佛是静止不动的”，即便是以法理念或事物的本质为基础的原则，也“只有借着与特定历史情境相联结，并借助当时一般法意识的中介，才能获得其具体内容。”② 因此，体系性工作是一种永续的任务且应当维持其开放性，它概括总结也只是暂时的，不可能成为已经终结的体系。因为没有一种体系可以演绎式地支配全部问题，也不可能为所有问题备妥答案③。

不完备体系的开放性，无论是对于原则的部分还是规则的部分，这种开放性都能够予以体现。原则通过反映和调整社会生活类型而不断获得新的内容来实现其开放性。然而这些不断发展的原则并不能直接作为裁判的依据，法官需要依据它首先确立一个新的裁判规则将其作为裁判的依据，不过这一规则需要获得原则的支持。当然，裁判规则的确立并不意味着规则体系的增加。只有这一裁判规则得到法律的认可而变得普遍有效时，才正式转化为法

① 参见张其山：《法律体系的建构：从完美无缺到不完备》，《东岳论丛》2010 年第 4 期。

② ［德］卡尔·拉伦茨：《法学方法论》，陈爱娥译，商务印书馆 2003 年版，第46 页。

③ 参见［德］卡尔·拉伦茨：《法学方法论》，陈爱娥译，商务印书馆 2003 年版，第 45 页。

律规则体系的一部分。[①] 从当前劳动争议案件来看，在劳动法不存在确定性规则的情况下，倾斜保护作为劳动法的基本原则具有重要的地位，但是显然法院不可能直接对其援引适用。事实上，法官在案件裁判中往往形成了不同的裁判规则，且在不同地区法院中的表现差异化明显。例如，劳动者以未签书面劳动合同主张二倍工资时，法院裁判对法律的解释存在不同的理解，有的以劳动者违背诚信而不予支持，有的则认为签订书面劳动合同属于用人单位的法定义务不因劳动者的特定行为而免除，但是无论如何这些裁判规则能够从不同角度得到劳动法原则的支持。这也说明了不完备体系的开放性。

（二）不完备法律理论的效用

不完备法律理论的建构，并不会为劳动关系治理或者劳动争议的解决提供直接的答案，但是它构成了法律人的知识谱系，使司法者和执法者以此为依据展开对案件事实的分析判断、法治思维的养成训练以及事后的评价工作。

第一，它决定着法律直觉的形成。法律直觉是直觉的一种特殊形式，是基于法律职业、司法阅历和法学知识而在一般直觉基础上所形成的一种高级司法认知，在我国亦称“法感”[②]。直觉绝非法官的幻觉，这种直觉的判断并非毫无根据，甚至充满了缜密的思考和推理过程。一般而言，经验丰富的法官在受理一起新的案件之时，凭借其多年的司法经验，能够迅速地把握案件争议的焦点，并对双方的行为快速地作出判断。这并非是一种主观臆测，而往往是法律直觉在发挥着作用。法官通过其经验系统形成了一种“不言自明”的知识结构，这与人在实践中形成的习惯是一样的，它们都是实践理性不断沉淀的结果。通常认为，为了确保案件的可预期性，法官对案件的感知和理解往往能够从其过往的经验脉络之中寻找到相互一致的认知。随着

---

① 参见张其山：《法律体系的建构：从完美无缺到不完备》，《东岳论丛》2010 年第 4 期。

② 参见李安：《法律直觉是什么》，《杭州师范大学学报（社会科学版）》2013 年第 5 期。

法官职业经验自然而然地生成，法律直接通过“不言自明”的知识系统并获得理所当然的一种背景性的支撑，最终成为其默会知识的一种。法律直觉属于一种严格规训之下形成的职业直觉，这一“经过训练的直觉”，“嵌入”在法律职业的组织体系和制度结构之中，具有制度上的可保障性，如此使得法律直觉得到了一定程度的固化。[①] 诚然这种法律直觉并非是与生俱来的，在经验生成的过程中仍然需要知识的训练才能形成。而这一训练的过程，不仅形成了法律人的法律知识体系，更为重要的是体系化方法的培养。不完备理论的效用在于，它不仅能够为法律从业者提供系统性的知识谱系，这一知识谱系往往以形成法律直觉作为前提，还使其能够认识到，对事物的认知和法律判断绝不是对法律规则或者法律原则所具有特征的机械比对，而是要从现实的社会生活模式与形态出发，根据法律的目的形成符合事实的法律预断[②]。

第二，它影响着法治思维的养成过程。“法治思维”是党的十八届四中全会提出的重要法治话题，也是当前全面推进依法治国重大战略目标的题中应有之义。法治思维的概念表述，是对法治的一种全新认识，它不再将法律视为一种应用性的工具，而是要将法治的诸种实质性要求运用于发现、分析、处理问题的思维方式，是一种以法律为基准的逻辑化的理性思维方式。党的十八届四中全会《中共中央关于全面推进依法治国若干重大问题的决定》指出，提高党员干部法治思维和依法办事能力。党员干部是全面推进依法治国的重要组织者、推动者、实践者，要自觉提高运用法治思维和法治方式深化改革、推动发展、化解矛盾、维护稳定能力。这在一定程度上就说明法治思维是一种建设性的思维，也就是以建设性思路推进制度建设、调整社会关系，并解决社会问题。在不同领域、不同问题上的应用，法治思维可

① 参见谢晓尧：《对待司法直觉需要一种“问题转向”》，《深圳特区报》2014 年 3 月 25 日。

② 参见张其山：《法律体系的建构：从完美无缺到不完备》，《东岳论丛》2010 年第 4 期。

分为三个层次：一是认知判断层次，即运用法治原理和法律规定对劳动争议的问题进行观察、认识，自行得出初步判断。这是普通社会成员应具备的法治思维。二是逻辑推理层次，即运用法治原理和法律规定，对劳动争议问题进行分析判断、综合推理，得出相应结论或者拿出解决办法。这是法律职业人员应具备的法治思维。三是综合决策和制度建构层次，即在上述两个层次基础上，结合经济、政治、文化、社会等因素进行综合衡量，作出符合法治要求的决策或者建构法律制度，对更宏观的问题提出长远的解决方案。这是领导干部应具备的法治思维。① 不完备体系化的努力虽然不能使劳动关系问题都可以依据一个直接的规则得以解决，但却使我们能够在复杂的社会中通过开放体系的运用、原则和规则体系的综合权衡，把握准确的认知判断、逻辑推理和综合决策。也就是说，它为我们指引了哪些法律规范和法律原则以及如何解决劳动关系问题。

第三，它是法治建设成效的评价需要。体系化不仅在法律适用过程中发挥作用，而且还决定着事后的评价工作。《中共中央关于全面推进依法治国若干重大问题的决定》提出，把法治建设成效作为衡量各级领导班子和领导干部工作实绩重要内容，纳入政绩考核指标体系。这就说明，不仅应当注重法治的过程，法治实际产生的效果具有同等的重要地位。作出一项决策之后，它是否能够更加容易地得到社会的认可，可以从融贯性的标准对这项政策进行评价：一是要素的连贯性，最低的要求就是其中不能存在太多相互矛盾和冲突的规范内容；二是体系的融贯，也就是它能够与其他法律规范共同构成一个整体；三是价值的融贯，不同的价值目标能够得到平衡。就这三个层面而言，要素和体系的融贯作为一种技术手段对决策进行审查和评价的可能性还是比较容易做到的，但是价值的融贯却给我们带来更多值得探讨的空间。现代社会的价值体系并不是按照固定的位序排列的，我们甚至可以说，对于不同价值或者目的的考量，每一种决策都具有一定的合理性，只要价值

① 参见汪永清：《法治思维及其养成》，《求是》2014 年第 12 期。

位序或者法律目的的理解能够得到认同。借此体系，法秩序内的一些规范性及目的性关系，彼此才不至于混沌一片。只要该法秩序的基本主要价值决定彼此协调一致，法学就应该将此等一致性显示出来，并由此得出应有的结论。[①] 这一方面促使决策者必须竭力比对各种可能接受的备选方案，从中选择最符合法律体系要求的答案；另一方面也能够使对决策者的评价在可以理解的、具有整体性的法律人的思维环境中进行，使这些评价变得更加容易交流。

三、法治实践：司法与执法的协同运作

不完备法律理论为我们提供了一个知识谱系，同时法律本身不健全的问题也使人们对法治实践产生了分歧。尽管在一个道德和政治话语泛滥的社会，形式法治更容易得到认可和支持，更便于在社会中践行和操作[②]，但是就劳动关系治理而言，在法律不完备的状态下如果我们过于追求形式法治，反倒无法获得人们对法治效果的期待。伴随着经济社会生活的日趋复杂，劳动关系治理中的问题重重，秉持形式法治的理念，又会使得问题重返立法完美主义的立场，但是事实说明那是难以奏效的。形式法治绝对不是法治的终点，伴随着人们对法治的期待和社会的进步，它必然会向更高级别的法治方向转化，同样，在社会主义初级阶段这一特定的历史时期所实行的依法治国战略目标也会不断地向前发展和进一步完善，这一过程也就是向实质法治转变的过程[③]。因此，法律朝着"实质化"的方向发展走向实质法治，不仅是社会公正的需要，也是法律现代化的需要，更是依法治国战略目标的强烈

① 参见［德］卡尔·拉伦茨：《法学方法论》，陈爱娥译，商务印书馆2003年版，第43—44页。

② 参见黄文艺：《为形式法治理论辩护——兼评〈法治：理念与制度〉》，《政法论坛》2008年第1期。

③ 参见李阳生、张进生：《论依法治国向实质法治的转变》，《中南工业大学学报（社会科学版）》2001年第4期。

要求。

在劳动关系治理的法律实践中，不完备法律体系的内在逻辑要求强化政府主动行使执法权的能力，而不须追求立法完美主义。不完备法律理论认为，在不完备法律理论下，必须使得剩余立法权和剩余执法权在监管者与法庭之间能够得到合理的分配。

每一法律体系都在法庭和监管者这些不同的机构之间分配剩余立法及执法权，二者根据不同的程序和时间行使相关职权。法庭作为中立的裁判者，其职能是被动的，仅在起诉之后才能够行使相关职权。司法裁判在事实上只是一种被动的状态。与法庭的职能相反，监管者被设计成为主动的执法者。从这一点来看，当法律不完备时，作为监管者的政府能有效避免执法不足的现象①。

不完备法律理论提出了剩余立法权和执法权分配的关键标准要素是标准化和预期损害的程度（外部性）。标准化是指一种能力，即为了有效行使主动执法权，监管者能够以合理的成本对损害行为及其结果进行判断和描述的能力。因此，主动式执法的有效性取决于：一是监管者的监管能力，二是行为及其结果类型的判断能力，通过其合理的预期判断这类行为是否会导致损害性结果的发生②。预期损害程度的水平是决定最优制度选择的第二个关键因素：如果预期损害的程度比较低，那么则可以通过事后立法和被动式的执法来进行规制，而不一定非要采取主动式的执法；当受害人可能遭受的损害非常小，或者当受到潜在损害行为的影响仅仅是少数的受害人之时，便是这种情况。但是，如果具有相当大的预期损害程度，法庭执法能够发挥的作用就非常有限，这时就需要监管者采取主动式的执法进行有效的规制。因此，监管者采取主动式的执法需要具备两个前提：一是行为能够加以标准化，二

---

① 参见王虎：《不完备法律理论下我国食品安全治理改革——从立法完善主义到合理分配剩余执法权》，《公共管理学报》2009 年第 2 期。

② 参见［美］卡塔琳娜·皮斯托、许成钢：《不完备法律：一种概念性分析框架及其在金融市场监管发展中的应用》，载吴敬琏主编：《比较》（第三辑），中信出版社 2002 年版。

是这些行为可能产生极大的损害和负外部性。在这样的前提下，被动式执法难以对其提供充分的法律救济，监管者采取主动式的执法所必须付出的代价才能是合理的。①

不完备法律理论对于劳动关系治理寻求合法性具有很大的启示。根据不完备法律理论，法律通常是不完备的，这就意味着建构在立法完美主义基础上的劳动关系治理的思路所能起到的作用只能是有限的。从法的运行角度来讲，执法是行政机关根据法律的授权通过法定的程序将法律付诸实践的活动。执法体制的不协调、不健全，本质上仍然是由于立法的不完善造成的。产生这一问题的根本原因在于劳动争议的动因复杂，且受环境、制度、文化等外在因素影响较大，这就导致立法很难对劳动争议的治理进行无缝隙的监管。针对劳动争议的治理，司法裁判能够起到的作用是微乎其微的，因为它是被动的和中立的，而正是这种被动性方能使裁判者的公正形象得到社会公众的信赖②。那么，按照不完备法律理论的构想，合理设计监管者的剩余执法权，从中获得合法性将是一种更为务实并且有益的尝试，这就要求强化政府主动行使执法权的能力。

第二节 和谐劳动关系法治化构建的自治机制

一、主体结构：劳资政“三方”的主体角色

任何制度均预设了特定的主体结构作为其逻辑前提。因此，劳动关系治理法治化构建的自治机制要发挥积极的效用，首先必须抛弃法教义学的立

① 参见［美］卡塔琳娜·皮斯托、许成钢：《不完备法律：一种概念性分析框架及其在金融市场监管发展中的应用》，载吴敬琏主编：《比较》（第三辑），中信出版社 2002 年版。

② 参见陈瑞华：《看得见的正义》，中国法制出版社 2000 年版，第 67 页。

场，暂时超脱形式合法化语境所拟制的场景，探寻治理过程真实的行动主体结构，使其在劳动关系自治机制中发挥真正的主体作用。

在一个以促进劳动关系自治为目标导向的过程中，有三方力量发挥着作用，即作为第三方的政府以及作为关系主体的劳资双方，其中劳方包括劳动者和工会，资方包括雇主和雇主组织。此外，社会部门虽然具有重要的意义，但是它并不构成劳动关系的一方主体，而是对劳资政三方的主体起到中介性、辅助性的作用，使得他们从中获取资源和服务。通过在三方主体下作用的发挥，社会部门能够缓解劳资双方经济地位的先天不足与社会现实的复杂情况。于是，他们之间的互动和交涉可以完成一个治理过程全部的环节与任务。既然为了实现治理目标，这里的政府与劳资双方的关系就不像传统劳动争议处理机制中所拟制的“调停者—争议主体”那样分明。劳资政三方和社会部门都是指向治理目标的参与者，只是根据制度和参与程序所配置的角色有所差异而已。在这一图景中，我们可以观察到治理过程中三方行动主体结构，以及与社会层面互动的过程，如图 5.1 所示。

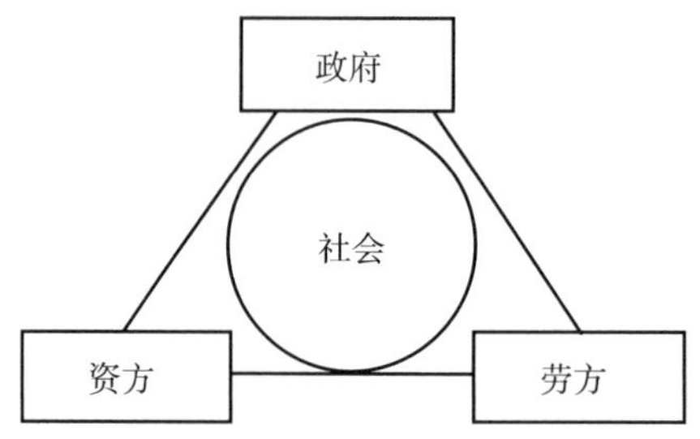

图 5.1　劳资政“三方”互动示意图

（一）劳动者和工会

在劳动关系中，劳方常常处于被管理和支配的角色，通常在劳动争议的多数情形中也是被动维权的一方，因而他们的行动方式、价值取向等也是包括雇主在内的其他治理参与者的关注对象。劳动者行动的主体、目的、手段和程序都将纳入这一治理框架之中，其行动需要符合禁止权利滥用、维护工作场所必要安全、诚实信用的原则，包含了公平、效率和话语权的价值要素之间的平衡。

探寻劳方的主体结构，解决劳资自治中的问题，应当注重劳动者层次的区分。通过市场化改革的进程，我国社会已经逐步呈现社会结构高度分化的趋势，不同群体与主体也开始呈现多元化的利益诉求。根据国家统计局数据，2022 年末全国就业人员 73351 万人，其中城镇就业人员 45931 万人①。在一个数量庞大的劳动者群体中，不同层次的劳动者之间必然存在较大的区别。在劳动关系协调机制中，如果未能把握劳动者层次之间的差别，适用整齐划一的政策，那么很可能将制度化推向一个极端，难以起到积极的协调作用。因此，我们必须对劳动者进行层次的类型化区分，根据不同的层次适用不同的自治规则。

董保华教授提出劳动者分层保护的观点，不同分层应当采取不同的制度设计。他将劳动者划分为四个层次，即经理、专业技术人员、产业工人和非标准劳动用工人员，有人分别以“金领”“白领”“蓝领”和“无领”的形象表述予以概括，这四个层次呈现一种金字塔的结构状态，如图 5.2 所示②。这四个层次的劳动者之间，在职业技能、发展空间以及与雇主进行博弈的筹码方面存在着很大的不同，决定他们在岗位上的可替代性存在着较大的差异。从非标准劳动用工人员到产业工人，从专业技术人员到经理，这四个层次之间的岗位可替代性呈现由强到弱的一个趋势。岗位的可替代性越强，劳动关系就越不稳定，就越容易带来不确定的风险。这就决定了自治机制的主体结构不能采取整齐划一的模式，而是应当注重劳动者在层次之间的差异性。

作为劳动者利益的合法代表，工会具有维护劳动者权益的义务，因而与劳动者利益是一致的。工会组织在自治机制中共同作为劳方主体发挥作用。

---

① 参见国家统计局：《中华人民共和国 2022 年国民经济和社会发展统计公报》，2023 年 2 月 28 日，见 http://www.stats.gov.cn/sj/zxfb/202302/t20230228_1919011.html。

② 参见董保华：《劳动合同立法的争鸣与思考》，上海人民出版社 2011 年版，第 43 页。

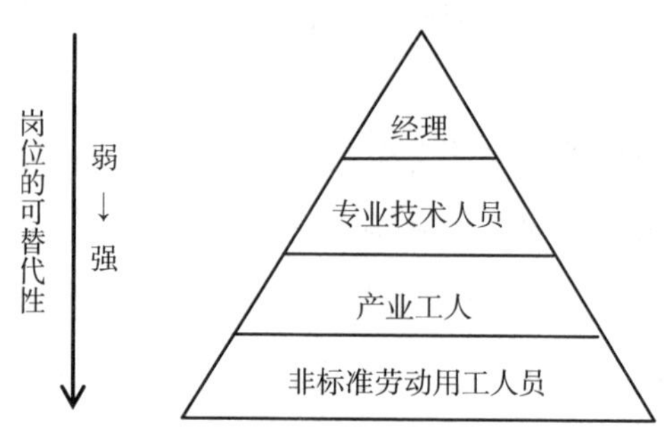

图 5.2　四个具有代表性的劳动者层次

我国工会除了具有社团属性之外，还兼具国家属性，这种双重身份决定了工会的特殊作用。一方面，党和人民群众之间的联系，要求工会充分维护劳动者的利益，这也是由其社会属性所决定；另一方面，党的理论要求工会发挥政党和劳动者之间“传送带”的作用，以公益的导向平衡劳资关系，服务于国家经济建设。

根据劳动者分层保护的观点，对于工会组织的要求程度亦可存在差别。对于岗位可替代性较强的，成立和加入工会就越有必要性，工会在其中发挥的组织职能要求就越高。然而，对于岗位可替代性较弱的，则可以不作为工会的重点工作。当岗位的可替代性达到了一定的程度，例如在经理中，一部分人本身已经具有雇主代理人的身份，则没有必要将其纳入工会组织的范畴。同时，经理层次由于其岗位的可替代性较弱，与雇主具有较强的议价能力较强，总体上并不构成劳动争议主要的风险源。所以，在各国劳动立法上，一般并不着重于强化对这一层次劳动者的倾斜保护。

（二）雇主

在劳动关系中，雇主掌握着生产资料，对劳动力的使用具有支配地位，在劳动关系中具有支配地位和关键性作用。实现劳动关系的自治，显然不可能将雇主与劳动者视作平等主体的关系进行规范。从雇主角度来看，在没有特别的法律规制的前提下，资方仅凭其经济上的强势地位就能够在劳动关系中居于主导地位，并具有侵害劳动者权利的便利条件。事实上，劳动争议的产生往往与雇主生产经营管理上的状态或者变化存在着密不可分的关系。有的企业在经营中存在违法违约的行为，有的企业在“关”“停”“并”“转”“迁”过程中未能化解劳动者的不满，有的则与劳动者之间缺乏必要的沟通。因此，自治机制在强调规范劳动者利益表达行为的同时，也更加要求雇主妥善处理与劳动者之间的关系，在劳动伦理中强化雇主的义务，推动企业民主管理，促进劳动关系的和谐稳定。

对于雇主而言，不同规模的企业在劳动关系中的表现是不同的。因此，法治化的自治机制在他们之间也会发生不同的作用。根据市场监管总局统计显示，截至 2023 年 1 月，我国市场主体达 1.7 亿户，其中全国登记在册个体工商户达 1.14 亿户，约占市场主体总量三分之二，带动近 3 亿人就业①。而根据国家工商行政管理总局“中国个体私营经济与就业关系研究”课题组的调查显示，个体工商户平均就业吸纳能力达 2.6 人，不同行业类型的工商户就业吸纳能力存在差异，制造业和住宿餐饮业吸纳就业能力相对更强，平均每家工商户从业人员约为 4 人，批发零售业工商户平均只有 2 人。② 由此我们发现，个体工商户呈现出基数大、规模小、平均吸纳就业能力相对较小的特点。这些个体工商户通常以家庭经营为单位，或者雇佣一两个帮手。这种经营模式，决定了他们在劳动关系协调方面主要通过情感的调节而非纯粹基于一种契约的关系。即使双方并未建立劳动关系、雇主没有尽到劳动法上的相应义务，由于人数少、感情联系密切，双方发生的分歧和争议也能够得到顺利的化解，一般并不会产生具有社会危害性的事件。

当雇主的经营规模达到了一定程度，组织形式发生了变化，吸纳就业的人数也在逐渐增加。相关调查显示，个体私营经济吸纳就业人数不断呈现上

---

① 参见《我国市场主体达 1.7 亿户》，2023 年 2 月 15 日，见 https://www.gov.cn/xinwen/2023-02/15/content_5741558.htm。

② 参见“中国个体私营经济与就业关系研究”课题组：《中国个体私营经济与就业关系研究报告》，《中国工商管理研究》2015 年第 11 期。

升的趋势，2014 年底吸纳就业人数已经达到全部就业人数的 32.36%；而私营企业平均就业吸纳能力达 12.6 人，绝大部分属于中小微型企业①。事实上，相当一部分的私营企业，特别是小微型私营企业的劳动关系处于“法外运行”的状态，也就是说，这种类型的劳动关系脱离了法律的规制，违法现象较为普遍，包括工资待遇、工资支付、工作时间、劳动卫生条件等均难以符合法律保障的基本要求。随着企业生产经营规模的扩大、就业人数的增加，这类企业产生劳动争议的现象也逐渐增多。有学者提出，个体经济组织履行劳动法上的义务较差，与大规模企业相比而言，“非不为也，实不能也”②。企业在积累原始资本的过程中，如果忽视了法律义务的承担，注定其寿命是短暂的。这与私营企业经营期限短在一定程度上存在直接的关系。

相比较而言，大中型企业在劳动法执行方面要更具技术性，直接违法的现象有很大的改观。大中型企业的资本运作能力较强、吸纳就业人数巨大，它们通过强劲的人力资源管理和发达的工业技术，在企业民主管理方面逐渐流于形式或者被人力资源管理技术所取代，同时又不断寻求劳动法规制的薄弱区域来降低企业运行的人工成本。在这种情况下，随着企业规模的扩大、人数的增加，劳动争议发生的风险也会呈现较高的趋势。

因此，法治化的自治机制应当注重不同规模企业的特点，才能对劳动关系的治理起到积极的效果。

（三）政府

法治化建构的自治机制中，政府的基本角色与权力来源于法律规定和社会现实，在治理过程中起到主导的作用，但是具体而言又是多元的、复杂的、层次分明的。政府的这些角色需要符合权力的法定性、公共利益以及对

---

① 参见“中国个体私营经济与就业关系研究”课题组：《中国个体私营经济与就业关系研究报告》，《中国工商管理研究》2015 年第 11 期。

② 邬砚：《从单一走向多元：〈劳动合同法〉主体模型的解析与重构》，《现代法学》2013 年第 4 期。

社会参与的回应，这里同时包含了追求公平、效率与话语权的价值。政府角色指向这些基本价值也是整个治理过程重塑的重要意图。

政府作为劳动关系的主体，体现在促进劳动关系自治的不同层面。第一，在企业层面的个别劳动关系和集体劳动关系中，尽管劳动关系的基础部分是由劳方和资方构成，但是政府通过劳动保障的监察、劳动标准的执行、劳动争议的处理等，也间接地参与到企业劳动关系之中。政府的这一角色，在个别劳动关系中，对于查处劳动法执行不力的现象、保障劳动者权利具有重要的作用；在集体劳动关系中，对于保障企业民主管理和集体协商制度的运行也具有重要的平衡意义。第二，在产业和社会层面的劳动关系（产业关系）中，政府作为一个重要的主体介入到劳动关系协调的三方机制之中，发挥着协调劳动力市场机制、社会保障体系、劳动关系平衡等方面的重要角色。

因此，政府在劳动关系中是一种特殊主体，主要表现在政府在与劳动者和雇主分别形成的关系中，其性质是不相同的。在政府与劳动者的关系中，实际上是政府与特定的公民的关系，因为政府具有保障劳动者权利的责任和义务，而劳动者的这一权利不仅是对于国家的请求权，还具有能够排除他人侵害的性质①。同时，在与雇主的关系中，政府需要运用公权力规范雇主的合规经营，以防止对劳动者权利的侵害。因为在资本逐利的驱动下，雇主往往最有可能也最具备现实条件成为侵害劳动者权利的直接主体。当然，在政府与雇主之间的关系中，有时政府也存在作为义务主体的情形，例如保护企业经营权利，但是这并不属于劳动关系范畴。

根据劳动者和企业规模的不同分层，政府干预的力度也应当有所不同，如图 5.3 所示。如果企业的规模较小，同时劳动者岗位可替代性较弱，劳资双方进行自我决定的可能性就越大，此时政府的干预力度可以降低。例如，

---

① 参见常凯：《论政府在劳动法律关系中的主体地位和作用》，《中国劳动》2004 年第 12 期。

作为技术骨干的劳动者在小微型企业中的议价能力较高，往往也是企业所重点吸纳的对象，劳动者凭借其技术的优势能够在不同的企业之间快速地转移劳动力，发生劳资纠纷的可能性相对较低，政府干预并不会起到太大的作用。相比之下，企业规模越大的同时，如果劳动者岗位可替代性随之增强，那么劳动者在大型企业之中的议价能力就会降低，劳动关系的不平衡局面就会加剧，随之而来的就是劳资双方发生纠纷的可能性就越大。这一局面下，政府干预就具有充分的必要性，而且政府干预的力度与二者的强弱、大小呈正相关的趋势。

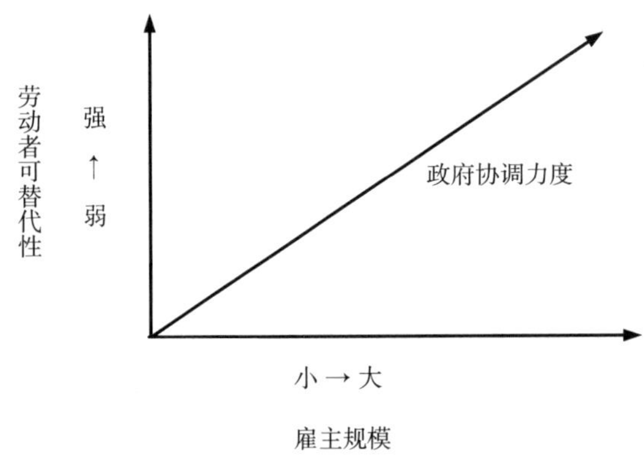

图 5.3 政府干预力度变化示意图

（四）社会部门

社会部门并不具有劳动关系的主体地位，也不构成协调劳动关系的一方主体，但是仍然具有重要的意义。它对劳资政三方的主体起到中介性、辅助性的作用，使它们从中获取资源和服务。通过三方主体作用的发挥，社会部门能够缓解劳资双方经济地位的先天不足与社会现实的复杂情况，也能够在政府和劳资之间起到沟通桥梁的作用。

在治理过程中，社会部门并不存在特殊的自身利益，因为它既不像政府那样指向公益，也不像劳资双方那样指向私益。它独立于政府和劳资双方，可以通过各种专业化的社会服务方式参与劳动关系治理，运用工业社会服务的理念和方法来改善劳动关系的治理结构，起到协同治理的作用[1]。

二、功能定位：畅通利益表达渠道

结合劳动关系的目标来看，法治化的自治机制主要围绕三个功能性目标展开，即效率、公平和话语权。效率是一项经济行为的标准，它以有效地、最大化地使用劳动力促进经济的发展；公平是在物质和人身待遇方面的合理标准，它是指在经济利益分配、劳动政策管理以及劳动条件方面的公平合理；话语权则是劳动者通过共同参与而实际影响工作场所决策的一项能力，参与决策本身就是目的。无论是否有利于经济行为的改善，无论是否改变经济报酬的分配，内在的话语权都是非常重要的。[2]

这三个目标之中，效率是检验经济效益或者企业绩效的标准；公平是检验对待劳动者是否公正的标准；而话语权是检验劳动者参与程度的标准。实现效率是雇主的首要目标，例如现实中对生产场所的控制和管理都是为了提高劳动关系实现的效率，甚至可以说雇主的一切经营行为都是围绕这个基本的功能目标展开的；实现公平则可以体现在体面的工资与福利待遇，或者规定只能以合法的理由解雇劳动者的政策等，它是实现劳动者基本权利的重要保障；劳动者通过企业民主管理或者工会等方式实现的自主权和代表权，则体现了对话语权的一种追求。

在一种理想状态下，这三个目标的作用方向是一致的：公平的待遇和话语权的保障提高组织的凝聚力和感染力，因此提高企业生产经营的效率。但是由于劳动关系的矛盾使这三个目标也常常发生冲突。劳动者追求公平的待

---

① 参见钱宁：《劳动关系治理与工业社会秩序的建构——社会治理创新背景下的企业社会工作》，《社会工作》2014 年第 1 期。

② 参见［美］约翰·W. 巴德：《人性化的雇佣关系：效率、公平与发言权之间的平衡》，解格先、马振英译，北京大学出版社 2007 年版，第 18 页。

遇可能降低企业生产的灵活性，进而影响效率；劳动者对话语权的要求可能会使雇主决策的制定变得更加烦琐或者增加劳资冲突的可能性，进而导致企业效率的降低。由此可见，公平和话语权这两者同效率之间经常会产生激烈冲突，因为劳动关系主体追求的不同侧重点决定了他们之间发生功能目标的冲突：劳动者更加侧重于追求公平和话语权的保障，而雇主则更加注重效率的实现。此外，公平和话语权之间也并非是完全一致的，两者也存在具有冲突的可能性。例如，工会或者其他民主管理形式为了更好地实现公平而集中权力的时候，往往难以同时保证及回应劳动者个体的需求和话语权。

在理想的状态下，劳动关系的三个功能性目标能够得到很好的平衡与协调，劳资自治能够实现各自的目的，但是现实中的内在矛盾使三个目标之间难免会发生冲突。基于正当性递增的自治型法治化，事实上就是要平衡劳动关系三个目标之间的冲突来实现劳动自治（见表5.1）。在这三个目标之中，效率具有利益驱动的本质特征，从这一目标出发，对应的问题表现在信息不对称、争议解决的代价过高、劳资冲突产生的外在性因素等，这些问题的解决也从规避风险的层面促进了企业的经营效率的提升。无论对于劳方还是资方来说，劳动关系的治理最终都应当统一到效率的层面，因此我们说，效率在劳动关系自治中具有基础性的地位。尽管效率具有基础的作用，但是实现的方式仍然非常关键。公平的本质是劳动关系中利益均衡的考量，对应解决的问题主要有劳动条件和标准的保障、资源分配的不均衡以及机会的均等。公平是劳资关系平衡的一种标准，我们强调的共性包括企业的责任、体面劳动、自由和平等的对待等，它是历史的、相对的，而并非绝对的、永恒的。因此，在劳动关系自治中，公平具有中介性的地位。话语权是劳资双方进行利益表达的重要保障，它对应解决的是产业民主和员工参与等问题。因此，在劳动关系自治中，话语权具有实践性的地位。

表 5.1　自治机制的功能结构

要素	地位	本质	指标	对应的问题
效率	基础	利益驱动	效用、自由	信息不对称、解决争议的代价过高、劳资冲突的外在性因素
公平	中介	利益均衡	责任、体面劳动、自由、平等	低劳动标准及其保障、资源分配的不均衡和机会均等
话语权	实践	利益表达	民主、自治	产业民主、员工参与

归根结底，自治机制的功能定位集中体现在劳动关系调整制度对公平、效率和话语权这些功能目标的平衡。“在某些制度中，……当规范使各种对社会生活利益的冲突要求之间有一恰当的平衡时，这些制度就是正义的”①。正义本身正是一个标榜各种相互冲突的利益被合理平衡的概念，这种平衡可能动态地体现在某种程序中，也可能静态地体现在某一结果中②。

通过对治理过程行动主体结构、角色的分析，我们可以发现，自治机制的关键在于畅通利益表达的渠道。这一主体功能的实现，有赖于如下几方面的通力合作。

（一）政府在自治机制中应以公平理念审视劳动关系

政府在自治机制中应以公平理念审视劳动关系治理，平衡劳资关系。党的十八大报告提出公平正义是中国特色社会主义的内在要求，“加紧建设对保障社会公平正义具有重大作用的制度，逐步建立以权利公平、机会公平、规则公平为主要内容的社会公平保障体系，努力营造公平的社会环境，保证人民平等参与、平等发展权利。”因此，以权利公平、机会公平、规则公平的价值理念审视劳动关系的治理，具有重要的实践意义。

---

①［美］约翰·罗尔斯：《正义论》，何怀宏、何包钢、廖申白译，中国社会科学出版社1986年版，第3页。

② 参见孙锐：《对程序正义与实体正义之冲突关系的质疑》，《政法论坛（中国政法大学学报）》2007年第1期。

第一，权利公平要求着重对劳动者权利的公平保护，通过教育引导和强化执法来促进权利争议的疏导。劳动者与企业之间发生权利争议，根据我国法律法规的规定，可以按照“一调一裁二审”机制处理。在已经具有正式的纠纷解决机制的情况下，劳动者仍然采取罢工、集体上访等形式来主张自己的权利，至少说明两个层面的问题。一方面反映出部分劳动者权利意识不断膨胀，而规则意识则还有所欠缺，这需要政府和工会的循循善诱和积极引导，使劳动者的维权行为回归理性；另一方面则反映出当前劳动纠纷解决机制存在制度性的问题，当前的处理机制在化解劳资纠纷方面的能力与现实需求还存在很大的差距，这一点则是劳资纠纷治理的重点问题。

对于权利争议的劳动关系纠纷的治理，首先要做好劳资双方的思想工作，积极开展法制宣传教育工作，引导劳动者和企业采取法律途径解决纠纷。为了能够引导职工依法理性维权，维护职工的合法利益，政府和工会在参与处置群体性劳资纠纷过程中，需要对劳资双方的合理性、合法性及相关法律法规进行释明，让劳动者对法律和企业状况具备一定程度的了解，让企业对法律和劳动者权益保障问题有充分的认识。基层党委、政府和总工会在调处群体性劳资纠纷方面具有组织沟通和联系群众的优势特点，在做好思想工作的基础上，应积极拓展双方协商、调解的渠道，并为劳动者提供法律援助服务，对于不能达成协议的，引导双方通过劳动仲裁和劳动诉讼寻求法律救济。

当前劳资双方因为确定或者变更劳动条件、工资待遇等方面发生的争议逐渐增多，现实中大量存在的劳资纠纷都属于权利争议，说明劳动者权利保障不到位的情况仍有发生。保障劳动者的权利，针对权利争议问题，应当强化劳动监察的效能，延伸劳动监察网络，提高行政执法工作的效率和能力。

第二，机会公平要求劳资双方建立一种公平的利益分享机制，通过劳资双方集体协商的强化来促进利益争议的化解。我国现行的劳动争议处理机制是以权利争议处理为中心的，对利益争议的处理关注极少。利益争议是不可裁判的争议，所以只能由争议双方协商或者行政处理。但是，法律的规定过于原则，可操作性不强。当然，现行法律对利益争议的忽视是由于在立法时现实中的此类争议确实较少。就目前而言，解决利益争议的劳资纠纷，其归宿仍然在于劳资双方内部沟通机制的畅通。而劳动者处于从属地位，在实现机会公平存在障碍的前提下，需要政府和工会发挥好各自的积极作用。

政府部门除了执法者的角色之外，还应当重点发挥作为协调者的积极作用。政府部门在利益争议的处理中扮演重要的协调者角色。从各国的立法和实践来看，大多规定在发生利益争议时，政府部门可以应争议方请求或视争议情况主动介入争议的协调处理①。在我国，除了工会的作用外，为平衡劳动关系，保护劳动者利益，更需要政府部门积极主动地介入群体性劳资纠纷，包括利益争议。

集体协商是劳资双方进行利益分配的重要机制，这一机制的启动需要政府发挥职能作用。由于政府能够控制和支配的资源相对丰富，可以为劳资双方充分表达利益诉求提供一个平台，有效弥补当前集体协商的诸多不足。市场经济国家注重通过立法手段保证和推进集体协商的法治化和规范化，主要体现在宪法、劳动法典和专门法律三个层次上。多数国家还就如何开始集体谈判、谈判的层级、诚信谈判、集体协议的登记和生效等程序性问题作出具体规定。政府应当不断加大对集体协商理念的宣传引导力度，推动企业形成一种协商文化、协商习惯，引导用人单位在遇到涉及包括劳动报酬在内的劳动者权益的事项时，能够主动地与劳动者协商确定；引导劳动者通过集体协商的方式理性有序表达自身利益诉求，从而让集体协商变成劳动关系双方的自觉行动和主动选择。

第三，规则公平要求劳资双方都应基于社会法的发展受到必要的约束和

① 参见杨强：《从权利到利益：我国劳动争议的新特点及其应对》，《中国劳动关系学院学报》2010 年第 6 期。

限制。规则公平并不意味着现实中劳资双方地位的绝对平等。劳动与资本相结合，必然会依附于资本，劳动者对用人单位具有人身和财产依附性，并非仅仅是地位平等的一般民事合同关系。劳动法作为社会法体系中极为重要的一个法律部门，正视了社会的或者经济的强者与弱者之区别而以实质的分配正义来实现规则的公平。因此，劳动法是雇主的义务法、劳动者的权利法。在企业经营和日常管理活动中，雇主应当尽到保护劳动者权益之义务，体现规则公平的实质内涵。

然而，现实中以群体性纠纷为主要形态的复合型争议往往具有劳动者团体行使私力救济的效果，尽管具有正义的一面，但是由于难以克服的缺陷，例如秩序和安全的危险，又缺少法律上的保障机制，仍然存在很大的局限性。即使劳动者实施集体行动作为私力救济具有充分的理论依据和道德价值，在法律上其行为或者权利的界限仍然是劳动者行为的必要约束。劳动法是对私权关系的修正和发展。尽管劳动关系在很大程度上具有私权关系的属性，但是基于实质的正义与社会公共利益的考量，公法因素会渗透进来并使其呈现出社会化的发展趋向。这是市场经济国家社会法的一般发展思路。事实上，社会法对私权关系的渗透并非仅仅是劳动关系，甚至在侵权责任法中亦可以发现社会法的痕迹。例如，侵权责任法对社会成员的义务从“不得伤害他人”到“适当关照邻人”，最终社会责任伦理部分取代道义责任伦理。因此，劳动法作为一部社会法，必然会对传统的合同法观点进行修正。

故此，基于实质的正义与社会公共利益的考量，社会性的因素会渗透到劳动关系之中并使其呈现出社会化的发展趋向。这是市场经济国家社会法的一般发展思路，也是规则公平在劳动关系之中的重要体现。

（二）劳资双方自我协调的诚实信用原则

诚实信用原则作为民法中的“帝王原则”，在债务履行方法中意义重大。“债之关系本即建立在人格之相互信赖关系上，所有债法条文，于此角度，诚可谓为诚实信用之具体化身”①。我国《民法典》第七条规定：“民事主体从事民事活动，应当遵循诚信原则，秉持诚实，恪守承诺。”尽管诚实信用原则主要体现在民法之中，但是事实上这一原则已经成为市场经济活动的一项基本道德准则，是现代法治社会的一项基本法律规则，同时也是贯彻依法治国的基本原则。

在劳动关系中，劳动力的买卖表面上充满着自由、平等，但进入生产过程后就会看到，劳动者的从属地位就会异常突出，实现用人单位的事业发展必然要求劳动者在提供从属性劳动时应当诚实信用履行职责。基于债的要素产生的劳动力给付和基于身份要素衍生的忠实义务中，诚实信用原则更显不可或缺。债的关系不断延伸发展，彰显诚实信用原则强大的生命力。我国《劳动合同法》第三条规定：“订立劳动合同，应当遵循合法、公平、平等自愿、协商一致、诚实信用的原则”。然而关于诚实信用原则的内涵并没有一个确定的定义。“何谓诚实信用原则，学理上固有争论，惟以法律所保护者，为吾人生活上之利益，法律规范之内容，无非此等利益分配之设计，超越此一范围，将使法律失去客观、具体标准。”② 在劳动关系的自治活动中，我们可以对其具体的内容指向做一基本的概括，它要求一方当事人信赖他方当事人的言行而实施一定的行为，他方当事人不得采取与先前陈述或行为不相一致的立场。对劳动者而言，诚实信用至少可以体现在如下几个方面：（1）如实告知与履行劳动合同直接相关的个人基本情况；（2）按照劳动合同的约定提供劳动，接受用人单位的监管、指挥和管理，勤勉完成本职工作，保守商业秘密，履行竞业限制义务；（3）不为损害用人单位利益的言行；（4）不为自己或者他人谋取属于用人单位的商业机会；（5）诚信协商，不径行采取集体行动。对用人单位而言，诚实信用的要求更加重要，至少可

---

① 邱聪智：《新订民法债编通则（新订一版）》，中国人民大学出版社 2003 年版，第 254 页。

② 邱聪智：《新订民法债编通则（新订一版）》，中国人民大学出版社 2003 年版，第 254 页。

以体现在如下几个方面：(1) 如实告知录用条件、劳动报酬和劳动条件等；(2) 执行劳动合同约定和法律规定；(3) 执行民主管理，尊重劳动者的表达；(4) 诚信协商，无法定事由下不单方改变；(5) 诚信协商，促进达成共识。

在实践中，诚实信用原则很难形成具有操作标准的概念。解释过于宽泛或者过于狭窄，会造成对另一方的偏颇，有碍于劳动者权益的保护或者不利于用人单位的事业发展。因此，将诚实信用原则引入劳动关系治理之中，劳动关系各方均应公平合理考虑、注意相对人的利益，以真诚意愿履行劳动合同、达成共识，真诚协商。若当事人一方使他方不能主张请求权而受到损害，就违反了劳动法上的诚实信用原则。劳动关系并非一般的民事关系，因为明显的身份上的从属关系，劳动关系中的诚实信用原则对用人单位的要求显然要更加重要。从根本上来讲，它更加需要平衡一些利益关系。

第一，劳动者的忠实义务与倾斜保护原则。忠实义务是劳动者履行劳动合同的附随义务或者默示义务，其目的是避免劳动者的行为造成用人单位利益的损失。而劳动法的倾斜保护原则是指在法律制定与适用过程中倾斜保护劳动者的合法权益。这恰恰反映出两种利益的衡量所面临的主要冲突，应当如何协调劳动者的忠实义务与对劳动者的倾斜保护之间的关系问题。劳动关系从属性所决定的用人单位和劳动者“强资本、弱劳工”的格局成为劳动法倾斜保护原则的法理依据。劳动法的倾斜保护原则在于弥补平等原则的不足，并通过矫正劳动关系事实上的不平等而实现法律的公平价值。在法律已经作出了倾斜保护规定的前提下，劳动者违背忠实义务，是否仍然能够获得特殊保护条款给予的特殊待遇，仍然需要进一步权衡。

第二，诚信协商与劳资自治。劳动关系双方在协商的过程中，就协商内容而言，往往存在着本质上的矛盾。集体协商中的用人单位必须用真诚意愿及最大努力形成共识，但是同时它们也不一定要退让，且可以反驳任何认为不应接受的提案。如果用人单位拒绝集体协商，虽是其自主意愿的表达，但却难以符合诚信协商的要求。此外，劳动合同变更中，用人单位对劳动合同条款的变更应当取得劳动者的同意，但是事实上这种“同意”在一些情形下缺少劳动者意志的自由表达和协商议价的空间，例如用人单位以解雇作为压力措施。因此，判断是否违反诚信协商义务是高度专业的法律问题，必须审视协商当事人整体的外部行为，再推论当事人的主观意图。尽管立法要求用人单位必须诚信协商，但仍留下模糊的法律空间使其有操弄的机会。

第三，用人单位内部利益与社会公共利益。当社会公共利益与用人单位利益发生冲突之时，诚实信用原则是仅适用于劳动关系内部而置社会公共利益于不顾，还是可以通过社会公共利益的考量来突破劳动关系的限制，是一个值得关注的问题。最为常见的就是劳动者的公益告发行为①。一般认为，用人单位不能以诚实信用原则的要求禁止劳动者的公益告发行为，或者给予告发者不利益待遇。公益告发行为包括基于社会公共利益的衡量而将单位内部的违法或者不当行为向单位外部予以揭露、举报的行为，也包括在国家机关调查取证过程中劳动者作为证人的指证行为。② 近年来一些关乎公共利益的食品安全和环境保护事件，由于问题的专业性，或者企业的隐蔽性，外人往往无从得知，事件的公布主要源于单位内部人士的揭发。③ 这些行为与公司治理、企业伦理等内部管理问题息息相关，同时也与消费者权益保护、食品监管、环境保护等与社会公众利益攸关的重要领域紧密联系，仍然需要综合判断当事人的主观意图和行为方式。

---

① 在我国该词在不同场合的表述形式各异，有：“揭发”（参见胡玉浪：《劳工揭发法律问题探讨》，《山东科技大学学报（社会科学版）》2013 年第 1—2 期）；“公益揭发”（参见杨戊龙、程挽华：《澳洲各州公益揭发保护立法比较分析》，《行政暨政策学报》第 55 期（2012 年 12 月））；“告发”（参见曹明德、黄琰童：《国外环保法立法经验借鉴》，《环境保护》2013 年第 17 期）；“举报”“悬赏举报”（参见应飞虎：《我国悬赏举报制度建立之探讨》，《社会科学研究》2003 年第 1 期）；“揭弊”（参见杨戊龙：《美国联邦政府保护揭弊公务员之制度与发展》，《政治科学论丛》2006 年第 29 期）。有国家立法称之为“公益通报”，如日本《公益通报者保护法》。

② R. Duska，*Contemporary Reflections on Business Ethics*，Springer Netherlands，2007，pp. 139-147.

③ 例如 2011 年 5 月广州龙的出租汽车公司“茶水费”事件、2014 年 8 月深圳沃尔玛洪湖店“黑油”事件、2014 年 7 月上海福喜“问题肉”事件。

（三）合理规范利益表达方式和权利边界

劳动法是社会法，其目的在于“正视社会的或经济的强者与弱者之区别而以实质的分配正义”①。劳动法的制度设计围绕保障劳动者权利而展开，其制度生成亦应明确权利边界和利益表达方式，才能更为全面地认识并且肯定这种权利的价值，才有利于利益表达渠道的畅通，并明确法治化建构的方向，进而实现劳资自治。

第一，审慎界定权利边界。一般认为，权利的限制有两个层面的理论，即“内部限制”和“外部限制”。② 对这两种权利限制理论，我国学者歧见颇多。然而笔者认为用限制理论来指导界限制度的建设并不是非此即彼的问题。内部限制和外部限制是权利限制的两个有机组成部分，其作用和功能各不相同，不存在谁优谁劣的问题。内部限制以权利的构成为依据进行界限设定，外部限制是以权利的外延为依据进行界限设定。前者是权利限制的常态，而后者则是权利限制的例外，两者是一般和个别的关系。③ 相比于传统的公力救济途径而言，劳动者如果采取集体行动作为其主张权利的方式，就会使之成为一项破坏性极强的社会机制，应当综合内部限制和外部限制的理论，从中探讨其权利界限的设定。

“内部限制”强调权利自始至终都具有固定的范围，“权利的构成”本身就已经内在地包含了“权利的限制”问题。法律授予某人的权利并不是绝对的，在行使此种权利时，有一个“度”必须得到遵守。④ 内部限制理论在法学方法上采取“概念涵摄解释”，也就是首先对某项权利的概念进行解

---

① 陈继盛：《劳工法体系之基本认识》，《劳工研究》1984 年第 4 期。

② 亦有学者将二者表述为“内在限制”和“外在限制”。关于权利限制问题的“内部限制”和“外部限制”与法律证成的“内部证成”和“外部证成”有着密切的关系，可参见［德］罗伯特·阿列克西：《法律论证理论——作为法律证立理论的理性论辩理论》，舒国滢译，中国法制出版社 2002 年版，第 273—351 页。

③ 参见丁文：《权利限制论之疏解》，《法商研究》2007 年第 2 期。

④ 参见［法］雅克·盖斯旦、［法］吉勒·古博：《法国民法总论》，陈鹏等译，法律出版社 2004 年版，第 704 页。

释，设定其保障范围，然后以此作为大前提去适用于个案。① 内部限制决定了权利相互之间的制约。内部限制的抽象概念都是通过抽象的方法概括出来的，这一逻辑体系不足以掌握劳动者集体行动的复杂表现形态。而类型化的区分则弥补了这一方法的不足，它虽然也要从事物中抽取要素，但并不舍弃这些要素，而是让这些要素维持其结合的状态，并利用这些要素来描述类型。所以，法律类型中包含若干彼此相维的要素，相较于抽象概念，类型显然更具体，更贴近社会现实。它们可以组成"类型系列"，建构成"可变的部分体系"②。这样，法律体系就不再局限于用抽象概念搭成的体系，应用类型同样可以建构体系。

"外部限制"意在通过强调权利的性质和原则的取向来实现权利的限制。它基于某些性质或者目的，通过衡量公共利益、他人权利、国家功能的实现等因素，从外部去确定什么样的权利主张不能得到支持③。1935 年之前，美国法律以是否对雇主造成经济损害来决定罢工是否具有合法性。但是瓦格纳法案则适度突破了"公民在行使权利时不能损害他人的利益"的原则，而将罢工行为局限于不得"妨碍商业自由活动、损害公共利益、阻碍商品的自由流通"的范围内。此即说明在对罢工权进行界定之时，在一定范围内允许对雇主的生产经营的权利造成损害，但是不得损害商业自由和公共利益。然而，这也隐含着外部限制容易陷入一种"公共利益绝对化"的危险境地，将劳动者的集体行动视为违反法律和契约的行为。实践中亦有从保护投资者的目的出发，认为集体行动扰乱生产秩序、投资环境，要求司法机关参照《刑法》或《治安管理处罚条例》有关条款对组织者予以处理④。这种外部限制作为一个"开放"的体系，它总是没有完成的，无法将所有

---

① 参见［德］卡尔·拉伦茨：《法学方法论》，陈爱娥译，商务印书馆 2003 年版，第 330 页。

② 参见［德］卡尔·拉伦茨：《法学方法论》，陈爱娥译，商务印书馆 2003 年版，第 95、317、347 页。

③ 参见张翔：《基本权利冲突的规范结构与解决模式》，《法商研究》2006 年第 4 期。

④ 参见常凯：《罢工权立法问题的若干思考》，《学海》2005 年第 4 期。

的规范和限制整合为一体，在体系上是“不完全”的。然而，为了使大量的边界区域构成一种完整的秩序体系，同时也为了对劳动者行为进行必要的规制，这种外部限制仍然是不可或缺的。

第二，维持工作场所安全原则。劳动关系主体之间无论采取何种沟通表达方式，首先都应当确保工作场所的安全。集体行动是劳方维护争取私益所必须采取的手段，但这一手段会存在一定程度的暴力。这种暴力的使用有两种可能，一是出于策略性的考虑，也即考虑到了这一手段的实施，对集体行动目标和结果之达成的有效性；二是一种原发性的选择，也就是说，使用暴力是天然的选择，是一种信仰。① 因此，基于公共利益的考虑和避免雇主不可逆转的损失，当事人有义务在集体行动期间维持工作场所的安全，劳动者对于生产设备、工具也应定期作基本的维护保养，并尽力将工作场所的损失降到最低，以及行动结束后能立即恢复工作场所的运作。

集体行动的目的在于劳资之间能够达成合意，而非一方对另一方的毁灭。这一期间仍然是劳动关系存续的期间，基于集体行动的附随义务，维持工作场所的安全也是理所当然的条件。反之，集体行动当事人如果没有尽到该基本维护义务，就会产生额外的损害，那么该集体行动就会衍生民事或者刑事责任。基于法律利益衡量，应考虑作为义务与法规范是否一致，以维护公众安全；对工作场所可能产生的危险，当事人应积极采取措施，尽可能避免发生损害，以降低其危险程度，避免违反防范义务。

第三，社会相当性原则。社会相当性理论本属于刑法理论体系中作为阻却行为违法性的一个概念，笔者将其引入劳资自治利益表达的探讨之中，针对原则性的问题从两方面予以把握：一是劳动关系主体采取的行为应当尽力符合社会相当性之原则；二是符合社会相当性原则的行动，应当在劳资双方或者政府的承受范围之内，能够起到民事或者刑事免责的效果。社会相当性

---

① 参见刘能：《当代中国转型社会中的集体行动：对过去三十年间三次集体行动浪潮的一个回顾》，《学海》2009 年第 4 期。

原则的核心要素在于其“社会性”和“相当性”。“社会性”是指劳资双方的行为应当符合社会大多数人的认识和看法，符合社会通行的价值观念；“相当性”则是劳资双方的行为应当具有普遍性，符合人们的经验性和常识性判断。“社会共同生活系在一定范围内不断地限制行动自由而成立”，“如法律对所有法益侵害都认为客观的违法，而加以禁止，则全部社会生活都不能不立刻停止，仅留下只许观览的博物馆般的世界”①，故此不应对一切侵害行为都加以禁止，“所有处于共同体生活的历史形成之社会道德秩序之内的行为，都是社会相当的行为”②。

劳资双方利益表达的形态是否符合社会性相当性的价值和功能，应当根据行为的目的、手段、程序、主体等诸多情事予以分别考量，根据事件的内容加以判断，或是以侵害他人利益作为界限。违反社会相当性的类型主要有以下几种：一是过高的要求。其中一方采取行动时，其主张要求在客观上的程度达到明知不可能实现或是不符合比例的意图，就说明这一方对于行为的目的存在过高的要求。二是过激的形态。行为激烈的程度如果造成了不必要的伤害，违反了公序良俗和公共利益，则难以符合社会相当性。三是以加害为目的。行为以加害另一方或第三人为目的，而不是为了劳动条件的维持或改善。例如，劳动者对雇主不提出任何要求或者主张就进行集体行动，或是进行集体行动后又履行变更其要求或主张的内容。

三、行为导向：失序行为的有效引导

自治机制的行为导向是通过劳动关系的自治，使失序的维权状态能够得到有效的引导，劳动关系各主体能够处于相对平衡的状态。

---

① 转引自黄丁全：《社会相当性理论研究》，载陈兴良主编：《刑事法评论（第5卷）》，中国政法大学出版社1999年版。

② 转引自陈璇：《社会相当性理论的源流、概念和基础》，载陈兴良主编：《刑事法评论（第27卷）》，北京大学出版社2010年版。

（一）劳动者私力救济的边界及其规制

当前我国正处于经济社会转型的关键时期，劳动关系的利益格局呈现多元化，劳动关系矛盾从隐性走向显性的趋势日渐突出。一些中小企业由于承受风险能力较弱，为改善生产经营中的困难而采取停工、裁员、减薪等措施，在给劳动就业和企业用工带来一定影响的同时，也都在一定程度上加剧了劳动关系矛盾，甚至引发激烈冲突。劳资冲突产生的突发性、对抗的暴力性、形式的多样性等一系列特征，反映出劳动者的集体维权行动还尚未纳入制度化的规范体系之中。

劳动法学和劳动关系学界普遍将劳动者集体维权行动存在的基础设定为“劳工三权”之一或者国际条约。笔者充分正视其高度的理论意义，但是认为如下视角更加值得关注：我国劳动关系集体化的程度并不高，在法律实践特别是司法救济中对劳动者集体行动的关注仍然集中于劳动合同履行的问题，因此集体维权行动的权利基础，应当从其合同上的私权关系来进行深入探寻。通过私权关系的社会化这一集体维权行动规制的轨迹来研究集体维权行动发展的脉络。

劳动者集体维权行动作为法律规制的对象，是一种客观存在，并不具有价值判断的依据。我们无法预先假设双方达成了一致的合同，构造其中一方实施了破坏合同的行为，这种假设是一种循环论证，也是道德论证。它忽视了劳动关系的微观层面，即劳动关系履行过程中复杂的法律问题。根据私法关系的理论，劳动关系的存续期间并非仅仅是一个合意，而是由若干个合意组成的。因此，在探求劳动者集体维权行动的行为方式和权利基础时，应当区分不同的情形。笔者根据不同的动因分为如下几种情形予以分别阐述。

第一，劳动关系建立的环境和基础发生变化。劳动合同或者集体合同一经成立生效，劳资双方应当共同遵守，根据诚实信用原则全面、协作、合理履行劳动合同的内容。就此而言，劳动合同的履行与一般民事合同无异。

根据传统合同法理论，在合同有效成立后，因不可归责于双方当事人的原因发生情事变更，导致合同之基础发生动摇或丧失，若继续维持合同原有效力将显失公平，允许变更合同内容或解除合同。此为合同法原理之情势变更原则。① 当劳动合同或者集体合同赖以成立的环境或者基础发生异常变动之时，若继续维持原合同约定的条件和待遇将显失公平，劳动者或者用人单位任意一方均可向对方请求变更劳动合同或者集体合同。根据《劳动合同法》第四十条第（三）项的规定，用人单位尽管具有单方解除劳动合同的权利，但是仍然是以双方协商后无法达成协议为前提的。这恰恰体现了情势变更原则在劳动合同中的应用。

劳动关系建立的环境和基础发生变化之后，雇主凭借对劳动者身份上隶属关系的优势，如果对劳动者集体协商的合理请求不予回应或者拒绝的，劳动者便没有任何途径可以改变这一表面平等而实质不平等的劳动关系。此时劳动者采取集体维权行动，与行使抗辩权的效力是等同的。此外，劳动合同是一种双务合同，通常具有履行的先后顺序，即劳动者先行给付劳动，而后用人单位再支付工资。当用人单位的财产状况恶化，明显难以履行劳动合同之工资支付的对价义务时，劳动者实施集体中止履行劳动给付的义务，亦可视为行使不安抗辩权。

第二，雇主先行调整经营策略。雇主经营策略的调整是导致劳动者集体维权行动的另一重要诱因，一般表现为用人单位的关、停、并、转、迁等调整措施及其他直接涉及劳动者切身利益的重大事项的调整。雇主具有经营自主权，但这种权利的行使并非是不受限制的。事实上，雇主的经营自主权，有近乎格式合同的效力。劳动合同或者集体合同内容的变更，雇主应当与劳动者进行协商并达成一致。过于强调经营自主权，而未能尽到相应的协商和注意义务，则会产生免除自己责任、加重劳动者责任、排除劳动者主要权利的危害。在现实中，一些雇主因应经营战略的调整，而对劳动关系的条件擅

① 参见王家福主编：《中国民法学·民法债权》，法律出版社 1991 年版，第 385 页；梁慧星：《中国民法经济法诸问题》，法律出版社 1989 年版，第 200 页。

自进行改变。若与劳动者未能经协商达成一致，雇主则构成违约。劳动者只能选择服从雇主的安排，或者选择离职。在这种情形之下，劳动者实施集体维权行动，是对雇主违反约定行为抗辩。

第三，雇主未尽法定或者约定义务。当雇主未尽法定或者约定义务之时，例如雇主招录劳动者之后，未依法为劳动者缴纳社会保险、未提供相应的劳动保护条件、加班时间超过法定要求、未给付劳动者应当获得的劳动报酬或者经济补偿等，劳动者的集体维权行动则构成对雇主违法或者违约行为的抗辩。当雇主不履行支付工资义务或附随义务时，雇员在保留工资请求权的情况下留置劳动给付。①

在上述情形之下，劳动者行使抗辩权是具有充分的正当性依据的。抗辩权，“于他人请求给付时得为拒绝之权利”②。一般而言，抗辩权对抗的是请求权，但并不以此为限。对于其他权利的形式，也可以产生抗辩权③。如上文所述的三种情形即是对形成权的抗辩。抗辩权属于救济权。承认这种权利的存在及其合法性，并不必然可以亲自去实现与这种权利相适应的状态。一般情况下，权利的实现必须通过国家的公力救济来得以完成。劳动者要实现其抗辩权的权利主张，应当通过劳动监察、劳动仲裁等劳动行政途径或者民事诉讼等司法途径。然而，国家垄断权利实现及其权力的原则也有例外，这种例外会有两种原因：（1）在一些领域，由私人自己来实现权利是在法的思维世界内发生的，不会在私人之间产生暴力冲突。（2）之所以允许由私人以自力实现权利，是因为否则的话，至少在一段时间内权利就不可能实现了。出现这种情况时，法律甚至容忍私人采取暴力行为。④ 上述两种情形，与国家公力救济相对立，权利人在没有中立第三方介入的情况下通过私人力

---

① 参见［德］W. 杜茨：《劳动法》，张国艾译，法律出版社 2005 年版，第 88—89 页。

② 李宜琛：《民法总则》，胡骏勘校，中国方正出版社 2004 年版，第 41 页。

③ 参见龙卫球：《民法总论》，中国法制出版社 2001 年版，第 145 页。

④ 参见［德］迪特尔·梅迪库斯：《德国民法总论》，邵建东译，法律出版社 2000 年版，第 122—123 页。

量实现与权利相适应的状态，一般称之为“私力救济”。[①]

在国家权力不发达的自然状态下，因为缺少公共权威，人们主要通过私力救济实现其权利或者为其行为提供保障。即便如此，这种私力救济也并非是肆无忌惮的，其背后是人们享有的“执行自然法的权力”[②]。在现代文明社会，法律制度日行完备，国家权力渐渐发达，于是法律以禁止私力救济为原则，实行私力救济往往在民事上构成侵权行为，在刑事上构成犯罪。[③] 尽管公力救济成为主要的救济途径，但是私力救济在一定程度上仍然无法避免。私力救济在实现权利状态过程中具有效率和正义的一面，在一些情形下对权利保障“比公力救济更直接、便利、更具实效性、成本更低、效率更高、更易吸收不满和更贴近人性”[④]，但是由于难以克服的缺陷，例如秩序和安全的危险，在适用上仍然存在很大的局限性。在传统民法理论中，能够认可的私力救济仅仅限于自卫行为和自助行为。前者分为正当防卫和紧急避险，用于排除对自己或他人权利的侵害；后者是在情况紧急时用于保护自己的权利（请求权）。[⑤] 劳动者集体为其自身的利益诉求，向雇主施加压力，与雇主对抗的行为，在一定程度上对雇主正常事业的运行造成一定的负面影响。因此，劳动者集体维权行动具有劳动者集体采取自助行为的效果。然而，即使劳动者实施集体维权行动作为私力救济具有充分的理论依据，在法律上其行为或者权利的边界仍然是劳动者采取自助行为的必要约束。

从法律关系上来看，通过私权关系的解读，可以将集体维权行动视为私力救济中的自助行为，相应地，集体维权行动权在一定程度上具有抗辩权的

---

① 关于私力救济的定义和特征，可参见徐昕：《论私力救济》，中国政法大学出版社2005年版，第102—119页。

② ［英］洛克：《政府论（下篇）——论政府的真正起源、范围和目的》，叶启芳、瞿菊农译，商务印书馆1996年版，第7页。

③ 参见李宜琛：《民法总则》，胡骏勘校，中国方正出版社2004年版，第286页。

④ 徐昕：《私力救济的正当性及其限度——一种以社会契约论为核心的解说》，《法学家》2004年第2期。

⑤ 参见王泽鉴：《民法总则（增订版）》，中国政法大学出版社2001年版，第562页。

功能。劳动者与用人单位之间的劳动关系并非平等主体之间的一般民事关系，无法用“抽象”的人替代“具体”的人。劳动与资本相结合，必然会依附于资本，劳动者对用人单位具有人身依附性，并非仅仅是地位平等的一般民事合同关系。劳动法作为社会法体系中极为重要的一部法律，正视了社会的或者经济的强者与弱者的区别而采取了实质的分配正义的立场。如果忽视“具体”人的特性，仅从社会或者经济平等的角度视之，当然会产生很多争议。

尽管法律基于劳动者的从属地位作出了特别保护的规定，但在事实上劳动者仍然处于一种劣势地位，较为显著地表现在如下几方面。第一，主张权利需要额外的经济和时间成本。劳动者所付出的时间成本，将会给自己的生活状态、职业选择和发展带来一定影响，甚至影响可预期的收入。它影响的是劳动者的生活状态。这部分劳动者在择业过程中，如果被得知曾经对用人单位提起过仲裁或者诉讼，一般都很难被新的用人单位接纳。在发生劳动争议期间，用人单位尽管也支出了经济和时间成本，但相对于劳动者的成本而言，企业生产经营的状态基本不会改变，不会受到个别劳动者辞职或者诉讼的影响。第二，主张权利被视为“不忠诚”。一旦与用人单位对簿公堂，劳动者即使能够在仲裁或者诉讼中处于有利地位，用人单位已经对其形成一种“不忠诚”的道德评价，即使维持这种劳动关系，劳动者亦处于不利地位，职业发展几乎断送。现实中，劳动者往往以离职的代价来主张自己应有的权利。绝大多数一般会采取默认的态度承受着权利被侵害来换取劳动关系的稳定。因此，劳动者寻求争议解决并非没有成本，以离职为代价来换取权利的保障，这种代价是沉重的。

（二）在政府积极干预下促进劳资双方的自我决定

集体行动权作为劳动者的一项社会权，本身是毋庸置疑的。关键问题在于对社会权的称谓、概念、内容和救济等方面，则往往众说纷纭、莫衷一是。笔者抛开争议的内容，旨在从功能上进行理解，认为社会权应为劳动者享有的要求国家对其物质和文化生活积极促成并提供相应服务的权利①。集体行动权在社会权的体系之中属于何等地位，抑或者应当要求国家实现其何等义务、保障其何等内容、实现其何等目标，这应当是我们所重点关注的问题。

一般而言，在大陆法系国家，调整劳动关系的法律制度主要由三部分内容构成，即个别劳动法、劳动保护法和集体劳动法。个别劳动法的核心是劳动合同法，劳动保护法的核心是劳动基准法，集体劳动法的核心是工会法和集体合同法。集体劳动法的特点在于劳动条件是在劳资双方的团体之间形成的。劳动者通过工会活动（广义上）的方式，让自身参与决定其经济地位的过程，采取一种对立于资本的活动，方可有效提升或者改善自身的劳动条件②。近代西方国家由于资本主义的发展导致劳动力商品化的现象日益严重，长期受到压迫和剥削的工人阶级在不同的历史处境中团结工人力量，发展工人运动，推动了资本主义法制对劳动关系的完善。因此，国家开始不同程度地限制劳动关系的契约自由，并逐渐承认劳动者团结活动的权利，从而使得劳动者的基本权利得以确立，形成了劳动者的团结权、集体谈判权和集体行动权，学者一般以“劳动三权”称之。“集体行动权”和“集体行动”可以被理解为一个较大的集合，其中包含了工会所展开的罢工、纠察和抵制等不同形式的行为或者争议方式，还包括了怠工、集体休假和集体请假等具有实质的罢工效果的行为。如果某行为是法律所允许的，又可称之为合法的争议行为或合法的争议权。在多数学者的研究领域中，“公民基本权利（人权）—社会权”这一理论演进的研究视角成为集体行动权主要的理论分析工具。例如陈步雷教授从权利产生的机理和其属性、功能等方面分析，认为集体行动权是国际社会所普遍承认和保护的公民权利，也是国家实证法所确认

① 参见龚向和：《社会权的概念》，《河北法学》2007 年第 9 期。
② 参见西谷敏：《劳动基本权保障的意义》，《法律时报》1989 年第 11 期。

和保障的法定权利，又是劳动关系这种社会法关系中的具体权利①。

在“劳动者基本权利（人权）—社会权”视角中，集体行动权是劳动者实现生存权的不可或缺的重要手段，属于劳动基本权。日本学者我妻荣教授提出一种基本权分类的见解，即将基本权性质的内容分为“自由权性质的基本权”和“生存权性质的基本权”，并将劳动基本权归属于“生存权性质的基本权”之下②。在宪法学教授宫泽俊义提出“社会权”学说的同时，日本学界进一步将“生存权性质的基本权”等同于“社会权”。自此之后，不容否认地，将劳动者的基本权利等同于“生存权性质的基本权”“社会权”或者“社会国家的基本权”的见解，已成为日本宪法与劳动法学界的支配性学说。基于“生存权理念”的集体行动权与生存权一样，同属“社会权”的一种，但在“目的—手段”关系上，集体行动权的保障是实现劳动者生存权保障的手段，而且是不可欠缺、不能替代的手段。

作为“生存权”的社会权，在理论上有其特殊的工具性价值，然而在1973年日本“全农林警职法事件”之后，以“生存权理念”为前提的传统权利理论受到批判。当时日本最高法院认为，只要存在有适当的替代制度，足以保障劳动者的劳动条件及工作职务时，即使完全剥夺劳动者的集体行动权，也无违宪之虞。按此理解，国家能够保障劳动者的生存权，劳动条件和工资待遇能够保持在大致合理的水平，通过替代制度完全可以限制集体行动权，亦具有足够的合法性。集体行动权作为“自由权”的主张在学者的论述中得以展开，认为集体行动权除了具有“生存权”的理论基础之外，更为重要的是自由权。美国学者曾提出，结社自由已是一个大家普遍接受的原则，强制性地将工人的联合与一般的结社自由区分开来，拒绝承认工人的集

① 陈步雷教授将罢工权纳入的分析模型包括“人权—法律权利”“人权—宪法权利—劳动法上的权利”“第一性权利（目的性权利）—第二性权利（工具性、救济性权利）”“私法权利—公法权利—混合性权利（社会法权利）”“政治权利—法律权利”等分析模型。（参见陈步雷：《罢工权的属性、功能及其多维度分析模型》，《云南大学学报（法学版）》2006年第5期）

② 参见我妻荣：《基本的人权》，《国家学会杂志》1946年第10期。

体行动权，是非常荒谬的①。日本籾井常喜教授就“罢工自由”的重要性提出了著名的“三重结构论”：（1）罢工是劳动者实现生存权的唯一、不可欠缺之手段；（2）罢工是任何市民皆可享有属于交易自由的具体表现；（3）罢工是保护劳工得在厌恶的劳动条件下拒绝劳动的自由，亦即属于来自所谓人性尊严的根源性自由。② 上述基于“自由权”的解释彰显了集体行动权之“人性的尊严”“人性的解放”等理念。尽管“自由权”的理念主张，起到了对抗国家权力不当干预的作用，然而“自由权”本身却包含着内在的矛盾。劳动者的集体行动意味着他们可以在劳动力市场上自由结合，以争取他们的利益，但是，在工业社会中“自由权”还包含了“契约自由”和“财产权自由”。劳动者的集体行动往往被视为对契约自由和财产权的破坏。例如，19 世纪末到 20 世纪美国联邦法院的观点，一般认为工会组织的劳工抗议活动是对雇主财产权和非工会人士契约自由的强制干涉③。

无论是基于生存权还是自由权的理念，集体行动权的界定均存在一定的缺陷。日本的西谷敏教授提出以“自我决定权”理论对集体行动权进行界定。劳动关系建立的基础是平等协商，劳动力的买卖表面上充满着自由、平等，然而在劳动关系建立之后，进入生产过程就会看到，劳动者的从属地位特别突出，劳动关系双方之间难以实现实质的“契约对等性”。劳动者的“自我决定”由劳动关系建立之初基于平等地位的决定，发展到建立之后具有人身依附性的“被迫”或者“无奈”的自我决定，这导致劳动者的人格尊严和体面劳动无法实现。基于此，为真正保障劳动者“实质的自我决定”，必须将“自我决定”的概念扩大为“团体的自我决定等于共同决定”的概念。

---

① See Ira Katznelson, “Working-Class Formation: Constructing Cases and Comparisons”, In Ira Katznelson, Aristide R. Zolberg (Eds), *Working-Class Formation: Nineteenth-Century Patterns in Western Europe and the United States*, Princeton University Press, 1986.

② 参见籾井常喜：《工会自由活动》，旬报社 1974 年版，第 62—88 页。

③ William E. Forbath, *Law and the Shaping of the American Labor Movement*, Cambridge, MA: Harvard University Press, 1991: 141.

因此，集体行动权是劳动者团体享有的自我决定权，是基于劳动条件和福利待遇的决定过程参与的基本权利。首先，这项权利的前提是劳动者的自由能够获得国家的认可；其次，这一权利的行使须以团体的形态出现才能形成共同决定；最后，雇主须承担一定的义务，例如集体谈判的承诺、争议行为损害的忍受等。事实上，将集体行动权的理论基础解释为生存权或者自由权，尽管在公民基本权利的视角具有足够的合理性，是“一般公民权在工人阶级这个特定群体中的延伸”①，但是这不足以成为国家通过公权力对私法自治领域进行干预以修正契约自由偏差的理由。西谷敏教授认为一方面自由权与生存权并不容易明确地加以分离；另一方面，如此的解释方式将会导致将集体行动权等劳动基本权限制在“手段论”的结果之中②。我国诸多学者认为，集体行动权是劳动者实现集体谈判权的辅助性权利，是保障集体谈判得以开展的压力性手段③。这种权利的本质即在于追求“自我决定权”的实现。

案例　湖南常德沃尔玛基层工会组织劳动者维权④

沃尔玛（湖南）百货有限公司常德水星楼分店（以下简称“常德沃尔玛”）于2009年1月13日成立。该公司为沃尔玛（湖南）百货有限公司的分公司，登记的企业类型为外资企业分支机构。

2014年2月，常德沃尔玛决定3月份闭店结业，尽管并没有向全部员

---

① 陈峰：《罢工潮与工人集体权利的建构》，《二十一世纪》2011年4月号（总第124期）。

② 参见西谷敏：《劳动基本权保障的意义》，《法律时报》1989年第11期。

③ 参见程延园：《“劳动三权”：构筑现代劳动法律的基础》，《中国人民大学学报》2005年第2期。

④ 参见缪全：《团结的延续——以常德沃尔玛集体劳动争议为例》，《中国人力资源开发》2014年第14期；林乐峰：《以何维权？——常德沃尔玛闭店事件评析》，《中国工人》2015年第2期；《沃尔玛遭遇中国维权运动》，见 http://m.ftchinese.com/story/001055659；《沃尔玛常德分店关店集体劳动争议案件仲裁圆满结案》，见 http://ezine.rednet.cn/2015/2015fzpx/1035.html；李柯夫：《复杂的劳资纠纷，可在法律框架内解决》，《潇湘晨报》2014年3月29日。

工透露这一意向，但是店工会主席黄某作为管理人员提前获知了这一消息。2 月 21 日，在常德沃尔玛尚未公布闭店方案之时，店工会全体工会委员就已经着手研究维护职工权益的策略，最终整理了员工的 15 条诉求。3 月 4 日，常德沃尔玛开始为闭店做准备，从外地调集大量工作人员，包括安保、资产保卫、人力资源，以及替代劳动者和高管团队等数百人进驻常德沃尔玛。工会主席要求企业向工会发送书面通知函，但是被企业明确拒绝。

3 月 5 日，常德沃尔玛单方面提出召开“闭店沟通会”，遭到员工的自发抵制。随后企业在店门口张贴安置方案向全体员工宣布，因该店经营效益不佳，决定于 3 月 19 日关店，同时为员工提供两种安置方案：转岗到其他部门同级别岗位，或者领取相关经济补偿终止劳动合同。对于安置方案，店工会和部分员工提出质疑，认为店方未履行提前 30 天通知全体员工或工会的法定义务，事先也未就安置方案和员工或工会进行沟通，系违法解除劳动合同。同时，员工对安置方案表示不满：转职到其他地区的部门对大部分员工不现实，毫无意义；经济补偿金标准又存在争议。

3 月 15 日，在店工会的组织下，员工方集体向店方提交了共 15 项维权诉求。店方则在稍后的回函中针对各项诉求进行了说明。双方虽然在一些内容上达成一致，但在关键性的经济补偿或者赔偿方面仍存在重大分歧。对于补偿金，店方认为闭店事项符合《劳动合同法》第四十四条第五项规定的“用人单位决定提前解散，劳动合同终止”，因此按照劳动者在本单位工作年限，每满一年给予一个月工资的标准发放补偿金。此外，店方额外支付一个月工资作为未提前通知员工的补偿。员工方对此提出异议，他们认为：店方裁减 120 名员工属于《劳动合同法》第四十一条规定的经济性裁员，在未履行提前三十日向工会或者全体职工说明情况的情况下，单方面解除劳动合同属于违法解除，应当按照经济补偿的两倍标准支付赔偿金。双方在此问题上僵持不下，互不相让。

在与员工协商的同时，店方仍按照其既定的闭店计划逐步进行资产的清理转移。为避免店方在资产清理结束后发生无视员工权利的情况，员工在该店基层工会的领导下进行了有组织的维权行动，店工会向常德市总工会和市政府发出告知函请求援助，对资方的资产转移活动进行抵制。市总工会、市信访局、区政府、媒体以及劳动法专家学者相继介入其中，各方的行为又使得劳资争议更趋复杂。经过接近2个月的协调，一些员工接受了安置方案而离开了，余下的60余名员工在4月25日提出了劳动仲裁申请。直至5月26日，该案件进入仲裁程序之时，仍有超过60位员工在店基层工会的领导下抵制资方的资产转移活动。在常德市劳动仲裁委的主持下，最终63名员工选择与常德沃尔玛方达成和解协议。

通过常德沃尔玛基层工会维权的案例可以看出基层工会在维护劳动者权益方面的积极作用。这一作用的实现，有赖于三个方面的条件：

一是强有力的组织体系保障。在这一案例中，我们能够深刻地感受到企业工会代表劳动者进行维权是社会进步，是基层工会组织的成长。这主要源于工会的组织与劳动者的利益是一致的，并不是受雇主控制的工会。在构建和谐劳动关系中，工会发挥着代表和维护劳动者权益的重要作用，它改变了单个劳动者势单力薄、与雇主严重不对等的局面，使得一般劳动者能够通过集体的形式与雇主及其组织进行协调。根据《工会法》的规定，工会是职工自愿结合的工人阶级的群众组织，代表职工的利益并依法维护职工的合法权益。其主要职能包括了维护劳动者的合法权益、参与管理职能、组织职能和教育职能。我国工会实行的是一元工会制度，中华全国总工会是我国唯一的工会系统，企业基层工会、产业工会和地方各级总工会都属于其下属工会，并接受其领导和指导。2019年，国家协调劳动关系三方（人力资源和社会保障部、全国总工会、中国企业联合会、全国工商联）联合下发了《关于实施集体协商“稳就业促发展构和谐”行动计划的通知》，就做好新形势下集体协商工作进行了安排部署。截至2021年底，全国报送人社部门备案的集体合同文本132万份，覆盖职工1.2亿人。根据全国总工会2022

年7月的统计，全国共有280多万个基层组织、近3亿会员①。从近些年地方工会和集体协商的数量来看，工会建会率和集体协商覆盖率超过80%的已经颇为常见，有的则高达100%。

二是出色的组织领导能力。实现工会的维权职能，需要工会负责人具备出色的组织领导能力，不但能在劳动者集体内部凝聚共识，形成民主管理机制，实现劳动者内部的团结，还能够制定有针对性行动策略，动员各种资源更有效地达成集体行动的目标。这种组织领导能力来源于工会主席的责任心及其与劳动者之间保持着密切的联系。案例中工会主席本来凭借着自身同时担任企业管理人员的优势，可以调任长沙或者益阳某店的平级主管，待遇也不会发生变化，因此最初并未打算参与劳动者的集体行动。但是看到企业的一系列表现之后，他认为资方实在太强势，员工们太弱势，便转而组织劳动者开展维权行动。工会主席对维权行动的组织领导，给劳动者带来了信心。

三是较强的社会活动能力。工会的基本职责体现在两个方面，即维护职工合法权益，竭诚服务职工群众。要实现这些职能，基层工会就应当具有较强的社会活动能力，既要深入群众掌握职工的工作生活的状况和需求，也要了解企业生产，更要与党的基层组织、政府部门和上级工会保持良好的沟通，充分发挥桥梁和纽带作用。习近平总书记曾指出，时代变化了，但从群众中来、到群众中去的工作方法不能变。工会要适应新形势新任务，加强和改进职工思想政治工作，多做组织群众、宣传群众、教育群众、引导群众的工作，多做统一思想、凝聚人心、化解矛盾、增进感情、激发动力的工作，更好强信心、聚民心、暖人心，使广大职工在理想信念、价值理念、道德观念上紧紧团结在一起。②

---

① 参见《党的十八大以来工会工作成就经验新闻发布会》，2022年7月29日，见https：//www.acftu.org/xwdt/xwfbh/202207/t20220729_812796.html。

② 参见《习近平：团结动员亿万职工积极建功新时代　开创我国工运事业和工会工作新局面》，《人民日报》2018年10月30日。

第三节　和谐劳动关系法治化构建的认同机制

和谐劳动关系法治化构建，笔者提出如下认同机制：劳资双方之间对各自利益的相互承认是认同机制的物质动力；劳资双方的互利双赢是认同机制的理念共识；劳资双方在理性协商基础上实现自我决定是认同机制的行为导向。

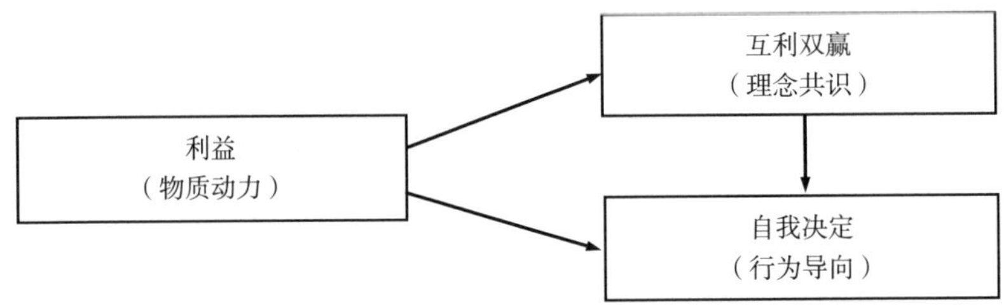

图 5.4　劳动关系治理法治化的认同机制示意图

一、物质动力：劳资利益的相互承认和统一

劳动关系治理法治化认同的物质动力在于劳资双方之间对利益的相互承认和共识。利益，特别是物质利益，是导致劳动争议的最根本原因，也是影响认同的最直接因素。忽视利益的差别，就会偏离解决问题的方向①。

马克思说过，“人们为之奋斗的一切，都同他们的利益有关”②。利益是最重要的动力、传递媒介。宏观动力主体最经常的是通过利益这一传导媒介，将自身的社会运行动力化解、传递到中观、微观等层次的动力主体身

① 参见司春燕：《社会转型期的心理失衡与和谐社会心理构建》，《思想政治工作研究》2010 年第 7 期。

② 《马克思恩格斯全集》第 1 卷，人民出版社 1995 年版，第 187 页。

上。社会成员在社会整体计划目标所规定的利益的导向下，积极向上，奋发努力工作，经常而不间断地进行创造性劳动，开展创造性的社会活动。这样，利益就将宏观社会运行动力传导到了中观、微观动力主体身上。反过来，社会成员的创造性劳动、勤勉工作又促使整个社会计划、目标较为圆满地实现，从而使得国家整体利益得到了保证。社会成员单个动力实际上凝聚成了实现社会整体利益的宏观运行动力①。可以说劳动关系所反映的种种劳资矛盾、冲突，很大程度上是没有处理好物质利益分配的结果。

在社会结构剧烈变动、利益格局急剧调整的过程中，心理失衡成为一个较为普遍的现象。只有承认和肯定物质利益是人们进行包括生产活动在内的社会活动的物质动力，才能正确认识和处理认同欠缺的现象②。而法治化的要求使得我们需要在各种相互冲突的利益矛盾中，"通过经验来发现并通过理性来发展调整关系和安排行为的各种方式，使其在最少的阻碍和最少浪费的情况下给予整个利益方案以最大的效果"③。

然而，在现代社会利益是多元的，各种利益之间甚至是相互冲突的。由此就带来了一个无法回避的问题，法律是否可以对上述不同利益同时都予以保护呢？如果不能同时满足不同主体的利益要求，法律应该优先保护何种利益？我们确定需要优先保护的利益的价值标准，或者说对上述利益重要性的先后位序排列的依据又是什么呢？最重要的难题是，这样的排列怎样才能得到不同利益主体的认同呢？这就涉及法的价值的认同问题。对此，庞德提出了"利益评价"问题，即尽可能多地满足一些利益，同时把其他利益的牺牲和摩擦降低到最小限度。

对于这个难题，博登海默的回答是：我们的确不可能根据哲学方法对那些应当得到法律承认和保护的利益作出一种普遍有效的权威性的位序安排。

---

① 参见郑杭生主编：《社会学概论新修》，中国人民大学出版社 1994 年版，第 50 页。

② 参见范和生、唐惠敏：《论转型期中国社会心理的重构》，《吉首大学学报（社会科学版）》2015 年第 1 期。

③ ［美］罗斯科·庞德：《通过法律的社会控制法律的任务》，沈宗灵、董世忠译，商务印书馆 1984 年版，第 71 页。

然而，这并不意味着必须将所有利益视为必定是位于同一水平上的，亦不意味着任何的评价都是行不通的。博登海默认为给出的价值位序的排列是：生命的利益应当高于财产方面的利益；健康方面的利益高于享乐或娱乐的利益；在合法的战争情形下，保护国家的利益要高于人的生命和财产的利益；为了保护子孙后代而保护国家的自然资源要高于某个个人或群体通过开发这些资源而支付的欲望，特别是当保护生态的适当平衡决定着人类生存之时。① 为此，不同利益主体就需要对上述利益衡量和评价标准取得共识，在此基础上对相互对立的利益进行调整，以及对它们的先后顺序予以安排。

我国劳动关系经历了从计划经济到市场经济的过程。建立在计划经济体制基础上的企业劳动关系实质上是一种自上而下的劳动行政关系或者说是行政隶属关系。这种关系的两端分别是国家和企业的劳动者。国家是唯一的“雇主”，负责劳动力的调配、工资水平的确定、福利待遇的发放等；受雇的一方同时包括了企业的管理者和一般劳动者。在这种国家用工体制之中，国家以“家长”的身份代表社会，对企业和劳动者进行统一的管理。企业没有独立的经济地位，也不享有独立的用人主体地位，它只不过是行政职能的中介而已。同时，劳动者的职业选择以服从国家分配为准则，本人几乎没有协商谈判的余地。因此，企业和劳动者并不具备利益主体的身份，劳动者的个人利益包含在企业的集体利益之中，集体利益又包含在国家利益之中。在劳动生产过程中，个人、集体和国家共同构成了“国家利益”的统一体。在这种局面下，企业和劳动者并不存在明显的利益冲突，尽管由于社会分工不同，企业的管理者掌握一定的权力，但是在工资收入和经济地位上，与一般劳动者相差并不多。随着社会主义市场经济改革进程的推进，现代企业制度逐步建立，企业成为产权清晰、政企分离、权责明确、管理科学的法人实体。同样，劳动者也从手捧国家的“铁饭碗”逐渐转变成了劳动合同调整

---

① 参见［美］博登海默：《法理学：法律哲学与法律方法》，邓正来译，中国政法大学出版社 1999 年版，第 400 页。

下“自由选择”的求职者。企业和劳动者双方分别成为独立的利益主体，也就逐渐产生了利益的分化。与此同时，劳动力市场逐步发育成熟，劳动力供求双方日益具有相对独立性，成为对等的利益主体，劳动关系归属企业化，在此基础上形成了真正市场经济意义上的劳动关系。双方之间的利益冲突逐渐成为劳资矛盾的聚焦点。

在市场经济的劳动关系中，劳资双方之间在利益目标上既存在对抗性又存在非对抗性。劳动者与雇主在利益目标上的冲突表现为：前者追求工资福利的最大化，而后者追求利润的最大化，这在一定意义上是成本与利润的矛盾。因而，双方之间利益的对抗到了一定程度时，就会产生劳资冲突。但是同时，我们还应该注意到，劳动关系并非是一种非此即彼的斗争关系。劳资双方之间也是一种利益伙伴关系，彼此利益处于相互依存的共生状态①。只不过这种“利益伙伴关系”，并非计划经济时代“利益一体化”的关系，而是在承认劳动关系主体利益差别、保证劳动者权益基础上的一种利益协调型的劳动关系②。正是因为利益对抗性的存在，才促使了劳动争议的发生，而利益的非对抗性则又为我们解决劳动争议提供了可行性。基于这样的理由，我们可以说，利益的相互承认和共识是和谐劳动关系构建法治化认同的重要物质动力。

二、理念共识：劳资双方的互利双赢

劳动关系主体之间的互利双赢是认同机制的理念共识。劳动争议的外在形式表现为劳资之间的斗争，谈到斗争，我们往往会想起德国法学家耶林提出的“为权利而斗争”的主张。他说道：“法的目标是和平，而实现和平的手段是斗争。只要法必须防御来自不法的侵害——此现象将与世共存，则法

---

① 参见王全兴：《劳动法（第三版）》，法律出版社 2008 年版，第 30 页。

② 参见何燕珍、林永基：《劳动关系调整模式的比较及启示》，《当代经济管理》2005 年第 4 期。

无斗争将无济于事。法的生命是斗争，即国民的、国家权力的、阶级的、个人的斗争。”① 然而，斗争不可能是没有限度的，否则个体之间就会出现像霍布斯所说的，斗争将呈现出“每一个人对每一个人的战争”状态，人与人的关系就像“狼与狼关系”，“是和非以及公正与不公正的观念在这儿都不存在”。② 其结果将是双方同归于尽，或者两败俱伤。因为一旦斗争失去限度，甚至会用他者的死来证明自己的存在和权利，那么对他者而言，这个个人对他者无疑就是一个危险的存在；他者为了维持自己的生存反过来就会进行拼死的抵抗。这样一来，主体之间必将陷入一种深刻的矛盾和冲突之中。本来，个体是为了更好地自我保存而否定他者，才将对方置于死地的，但是这样做的结果却反过来赌上了自己的性命，这也就失去了“互相承认”的前提。③ 因此，主体之间需要对斗争进行理性的克制，斗争的目的不是使双方毁灭，而是按照自己的理性判断和理性的方式，尽量达至共识和互相承认，选择通过契约、规则形式来解决纷争。④

事实上，为了改善、维持劳动权利和工作条件而发生的劳动争议，并非止于暴力的形式，解决争议最终还是应当回归到平等协商的程序上来。在激烈冲突的情况下，无论是劳方还是资方都会趋近于一种非理性的状态，特别是劳动者个体一旦融入群体激情的氛围之中，他的个人理性便会被湮没，表现出极端化、情绪化和低智力化等特点，群体情绪的狂暴会因个体责任感的消失而增强，进而对社会产生破坏性的影响⑤。劳资之间相互斗争的制度化、合法化与正当化的过程，只是在建立对手之间的一套制度化关系，这些

---

① ［德］鲁道夫·冯·耶林：《为权利而斗争》，胡宝海译，中国法制出版社2004年版，第1页。

② ［英］霍布斯：《利维坦》，黎思复、黎廷弼译，商务印书馆1985年版，第96页。

③ 参见韩立新：《从“人伦的悲剧”到精神的诞生——黑格尔耶拿〈精神哲学〉草稿中从个人到社会的演进逻辑》，《哲学动态》2013年第11期。

④ 参见龚廷泰：《法治文化的认同：概念、意义、机理与路径》，《法制与社会发展》2014年第4期。

⑤ 参见［法］古斯塔夫·勒庞：《乌合之众——大众心理研究》，冯克利译，中央编译出版社2000年版，第36—38页。

对手所拥有的法律地位和组织力量在相互毁灭或者相互适应之间选择其中的一方①。

集体协商制度所建立的一系列制度化关系则主要基于合作和共识，而非斗争。它能够促使劳资双方在力量基本对等的情形下，基于“合则两利、斗则两伤”的互惠理性，而趋近于选择和平的方式解决矛盾。与此同时我们需要注意的是，我国的集体协商与国外的集体谈判有着不同的文化背景，需要通过理性协商而达成互利双赢的这种共识，而非强调一种斗争哲学。我国集体协商，是由社会主义核心价值观作强有力支撑的。三个层面、二十四个字的社会主义核心价值观，是统领集体协商主体双方、贯穿集体协商全过程的融合剂。“互利双赢”一直是我国集体协商最可宝贵的精神品格。在我国，任何一个地方、任何一个企业，都不是把集体协商仅仅锁定在如何给职工增长工资上，而是必须同时关注是否促进了企业发展。“促进企业发展，维护职工权益”是中国集体协商的一面高扬的旗帜。② 因此我们说，劳动关系主体之间应当在理性协商的基础上达成互利双赢的共识，将利益的对抗性统一于此，这是认同机制的理念共识。

案例　上海金桥开发园区总工会构建和谐劳动关系的实践③

上海金桥经济技术开发区是1990年经国务院批准设立的国家级开发区，现有各类企业1000多家、从业人员16.9万人，拥有汽车、电子信息、现代家电、生物医药及食品等四大支柱产业，是上海重要的先进制造业基地和新兴的生产性服务业聚集区，工业经济规模占浦东新区的五分之一、上海市的

---

① Richard Hyman, *Understanding European Trade Unionism: Between Market, Class and Society*, SAGE Publications, 2001: 49-50.

② 参见司志通：《我们需要什么样的集体协商文化》，《工会信息》2015年第15期。

③ 参见张琴：《“帮、保、促”——浦东新区工会架起劳资沟通桥梁》，2013年4月26日，见http://www.sh.xinhuanet.com/2013-04/26/c_132343142.htm；《上海金桥开发区工会联合会主席吴慧芳同志事迹》，2014年6月30日，见http://acftu.people.com.cn/n/2014/0630/c67502-25219345.html。

十五分之一。

金桥开发园区总工会在推进构建劳动关系和谐园区时，以“帮企业、保岗位、促稳定”为指导思想，坚持“两个统一”原则，维护企业合法经营权益和维护劳动者合法权益相统一，维护企业的持续发展与维护员工的全面发展相统一。为此，金桥工会联合会推出了多项工作举措，推进集体合同和集体协商机制建设，努力提高外资和民营企业集体合同签约率。

1. 树立“帮、保、促”三方共赢局面

多年来的实践，金桥开发园区总工会确立了“帮企业、保岗位、促稳定”的指导思想。“帮企业”：帮助企业克服困难，开展科技创新、提合理化建议、组织职工技能培训等活动。“保岗位”：树立“职工是企业宝贵人才资源”的理念，在确保职工岗位的前提下，与企业共商应对措施。“促稳定”：促进企业构建稳定的劳动关系，使企业赢得生产经营的良好发展，职工赢得稳定的就业岗位和职业发展机会，社会赢得良好秩序与和谐稳定局面。

2. 树立“两个统一”维护双方合法权益

企业与职工之间是相互依存的辩证关系，在依法维护好职工合法权益的同时，维护和帮助企业发展生产，保住职工的就业岗位，这是对全体职工长远利益的最切实维护。在调处劳资纠纷过程中，始终坚持“两个统一”理念：维护企业的持续发展与维护职工的全面发展相统一；维护企业合法经营权益和维护劳动者合法权益相统一。

金桥开发园区总工会在参与解决某塑料工业有限公司停产纠纷的过程中，“两个统一”原则得到了集中体现。

2015 年 4 月 27 日上午，位于金桥开发区的某塑料工业有限公司的全体工会委员，到金桥开发园区总工会反映企业即将关闭、职工将要全部面临失业的有关情况，寻求上级工会帮助。金桥开发园区总工会即刻派员前往该公司了解情况，多次与投资方协商。根据该公司的实际情况，决定全力帮助其维持生产，力保职工就业岗位。从两方面入手开展工作，一方面积极帮助企业稳定客户，建议企业继续经营；另一方面，积极搭建协商平台，努力形成劳资双方都能接受的经济补偿方案。同时，又主动牵头整合社会各方资源，请求金桥管委会维稳办和金桥治安派出所及时介入，稳定事态。经过各方合力工作，该公司全部172名职工中，108名职工选择继续留在公司工作（大多是本地职工），占职工总数的63%；63名职工选择离开公司（大多是外来务工者）；有1名工伤职工选择继续保留原劳动关系。而濒临关闭的该公司也“死而复生”，重新恢复生产。

金桥开发区在构建和谐劳动关系方面，总结了自己的特色。一方面，从浦东新区发展转型与产业升级的现实要求出发，把保护劳动者的合法权益作为基本原则和立法宗旨，在制度设计上加大了对维护劳动者权益的工作力度，有利于实现社会的公平正义。另一方面，从增强劳动者团体协调能力出发，结合金桥开发区的实际情况，推动与规范集体协商机制，以促进劳动关系双方当事人对话、合作方式的形成，有利于更好地保护当事人的合法权益，构建和谐稳定的劳动关系。金桥开发区探索构建和谐劳动关系的实践经验，形成了一条基本途径、两大渠道依托、三重思路转变、四大制度创新和五项长效工作机制。这些是在劳动关系协调领域促进经济社会协调发展的重要工作①。

一条基本途径：金桥开发区在构建和谐劳动关系，坚持一条基本途径，即发挥基层工会的作用。工会是维护劳动者权益的组织，基层工会最为贴近劳动者，是劳动者利益的代表，是构建和谐劳动关系的重要源头。发挥基层工会的作用是金桥开发区构建和谐劳动关系的一条基本途径。这条基本途径，也是金桥开发区构建和谐劳动关系的核心思想。发挥基层工会的作用，一方面是维护劳动者权益的重要体现和重要保障，是制度设计和各项工作的

---

① 参见刘金祥、吴慧芳：《走向和谐：上海金桥开发区构建和谐劳动关系实践与探索》，中国劳动社会保障出版社2013年版，第23—36页。

出发点；另一方面也是当前解决劳动关系冲突问题的第一道防线，是化解和缓和劳动关系矛盾的首要途径。

两大渠道依托：在坚持发挥基层工会作用的基础上，和谐劳动关系的构建关乎诸多方面，但工会作用的发挥唯独不能离开党的领导和政府的协调，也不能离开社会各层面的力量。这两方面，构成金桥开发区构建和谐劳动关系的两大渠道依托。一方面，党和政府的领导与推动是构建和谐劳动关系的重要保障和依托，和谐劳动关系组织平台的建设和发展也是党政工作的重要着力点；另一方面，要实现劳动关系的和谐稳定，既包括企业与劳动者个体之间的和谐相处，还包含与外部社会环境的和谐统一。构建和谐的新型劳动关系，确保经济社会既充满活力又和谐稳定，创新当前劳动关系的社会管理，也是金桥开发区构建和谐劳动关系的另一重要渠道依托。

三重思路转变：构建和谐劳动关系是党和政府在新时期对市场经济条件下的劳动关系提出的新的要求，也是劳动关系的内涵所在。在构建和谐劳动关系的战略部署上，金桥开发区适应市场需求，着力转变在组织模式、信息收集、制度建设三个方面的工作思路。在组织模式方面，领导小组实行党群工一体化、机制运作实行多主体联动化、依托对象实行园区内外并重化；在信息收集方面，信息收集从被动走向主动，信息渠道从分散走向网格化下移，信息内容从一般走向专题，信息通报从内部走向联席会议；在制度建设方面，工作方式从救火走向制度建设，工作渠道的服务从点向面扩展，工作规范从实体走向程序。

四大制度创新：思路的转变终究要落实到制度层面。制度创新是把思维创新、技术创新和组织创新活动制度化、规范化，同时又具有引导思维创新、技术创新和组织创新的功效。金桥开发区进行制度创新就是要将构建和谐劳动关系的战略予以制度化和规范化，通过四大制度创新，包括工会组织建设的制度创新、职工民主管理的制度创新、劳动关系协调监督的制度创新、劳动关系风险防控的制度创新，以此引导各项创建工作在思维、技术和组织层面获得突破性的效果。

五项长效工作机制：金桥开发区为保证构建和谐劳动关系的制度能够长期正常运行并发挥预期功能，构建了五项长效工作机制，具体包括：发挥资源整合机制，统一构建和谐劳动关系的战略思想；贯彻风险防控机制，强化构建和谐劳动关系的保障措施；推进集体协商机制，畅通构建和谐劳动关系的民主渠道；深化服务协调机制，提升构建和谐劳动关系的协调能力；引导自主创新机制，推动构建和谐劳动关系的平台发展。这五项机制相辅相成，体现了金桥开发区构建和谐劳动关系各项制度的规范性、稳定性、长期性，各项工作之间的衔接与关联相对固定地按照一定规范和模式运行，起到了长期的效应和作用。

三、行为导向：和谐劳动关系的文化实践

培育和践行社会主义核心价值观，并使之在劳动关系中形成共识，是和谐劳动关系构建法治化认同的思想观念基础。劳动关系作为一种经济利益关系，不仅是契约关系，也是一种文化关系①。因此，劳动关系的治理，要得到人们的认可和接受，不仅仅需要完善法律、政策等正式制度，尤为重要的还需达到文化上的共识，这是劳动关系稳定和谐的基础与根本所在。

文化作为人类精神领域的遗传密码，对劳动关系的再造、同构作用是巨大的。文化在一定程度上决定了人们的思维方式、行为方式和情感方式。甚至，不同历史时期的劳动关系调节模式的生成也深受文化的影响。例如，日本劳动关系模式就是在日本文化背景之下形成的以家庭关系为主的劳动关系调节模式，美国最初的重效率、以科学管理理论为代表的劳动关系调节模式就是在自由主义、功利主义文化基础上形成的②。在不同社会发展阶段、不

---

① 参见吕景春、李永杰：《论和谐劳动关系的文化机制与路径选择》，《经济问题》2008年第4期。

② 参见曹凤月：《文化研究：建构劳动关系和谐的新思维》，《当代世界与社会主义》2013年第6期。

同所有制、不同规模的企业，劳动关系协调的文化因素往往表现出巨大的差异性和复杂性。例如，儒家文化角色的教化、家族经营模式、传统阶级意识和契约观念等均在不同的阶段影响着我国劳动关系协调制度的运行，并且在不同的所有制企业之间呈现不同的影响程度。

然而文化并非能够包揽一切，俞吾金教授指出，我们应该严肃地拒绝对文化概念的滥用，自觉地把对文化的理解限定在狭义文化概念的范围内，即把文化理解为观念形态的东西，而其核心则是价值观念①。正确的价值观是文化进步的引擎和导向。习近平总书记指出："人类社会发展的历史表明，对一个民族、一个国家来说，最持久、最深层的力量是全社会共同认可的核心价值观。核心价值观，承载着一个民族、一个国家的精神追求，体现着一个社会评判是非曲直的价值标准。"② 我们在劳动关系的文化上达成共识，就需要以社会主义核心价值为指导，增强劳动关系治理的认同，进而构建和谐的劳动关系。劳动关系治理的认同必然会受到这些因素的影响。

以社会主义核心价值观来引领劳动关系法治化，并不是一种偶然碰撞或者内容上的机缘巧合，而是在更深层次上存在着有机结合和本质联系。只有透过事物的现象，从本质的层面探寻内在关联，才能筑牢二者相契合的理论根基，进一步促进社会主义核心价值观入法入规，并使劳动关系的实践和理论更具持久的生命力。

第一，劳动关系法治化与社会主义核心价值观相契合具有共同的科学性理论基础。习近平总书记指出："我们提出的社会主义核心价值观，把涉及国家、社会、公民的价值要求融为一体，既体现了社会主义本质要求，继承了中华优秀传统文化，也吸收了世界文明有益成果，体现了时代精神。"③ 由此来看，社会主义核心价值观至少具有如下两方面的内涵：其一，它是社

① 参见俞吾金：《我们该在何种意义上使用文化——对"文化自觉"的元批判》，《探索与争鸣》2013 年第 1 期。

② 《习近平谈治国理政》，外文出版社 2014 年版，第 168 页。

③ 《习近平谈治国理政》，外文出版社 2014 年版，第 169 页。

会主义意识形态的本质体现，具有历史性和动态性，并非资本主义社会宣扬的抽象性、虚幻性的“普世”价值；其二，它是马克思主义基本原理立足于中华传统文化同中国特色社会主义的实践相结合而形成的中国化重要成果，是对历史的总结与升华①。因此，社会主义核心价值观，既体现社会主义的发展规律，又立足于中国社会的现实和传统。这使其成为社会主义法治建设的灵魂，并成为劳动关系法治化与社会主义核心价值观高度契合的理论基础。

劳动关系法治化与社会主义核心价值观相契合在哲学基础上的科学性体现了马克思主义唯物史观的基本原理。唯物史观认为，社会存在决定社会意识，“人们的一切法律、政治、哲学、宗教等等观念归根结底都是从他们的经济生活条件、从他们的生产方式和产品交换方式中引导出来的”②。价值观和法律都产生于一定的生产方式之中，只有与生产方式相联系、从社会性质和历史进程出发，才能正确理解相应的价值观和法律形态以及他们之间的内在关联。社会主义核心价值观建立在社会主义生产方式的基础之上，作为中国当代的价值共识，来自于五千年中国文化传统的底蕴、百年来民族复兴的奋斗、七十年来社会主义的实践、四十年来改革开放的经验。同时，法和价值观作为上层建筑的范畴，“是以经济发展为基础的。但是，它们又都互相作用并对经济基础发生作用”③。法和价值观协同发展、形成合力，就会对经济发展起到正面的能动作用；否则，相互掣肘，必然会对经济发展产生消极影响。社会主义核心价值观作为社会主义意识形态的本质体现，自产生以来就代表着先进生产力的发展要求，科学处理与经济基础和其他上层建筑之间的关系，不断促进我国生产力水平的提高。

第二，劳动关系法治化与社会主义核心价值观相契合具有共同的主体性

① 参见房广顺、隗金成：《社会主义核心价值观与中华传统文化的契合性》，《马克思主义研究》2015 年第 10 期。

② 《马克思恩格斯全集》第 28 卷，人民出版社 2018 年版，第 611 页。

③ 《马克思恩格斯选集》第 4 卷，人民出版社 1995 年版，第 732 页。

价值选择。马克思主义认为，人民群众是历史的创造者，是社会物质财富和精神财富的创造者，是社会变革的决定力量。正如习近平总书记所讲，“人民群众是我们力量的源泉”①，“坚持人民主体地位，充分调动人民积极性，始终是我们党立于不败之地的强大根基”②。回顾我国社会主义革命和建设的伟大历程，得出的一条宝贵经验就是：始终坚持人民的主体地位，发挥人民群众的首创精神，依靠人民推动社会进步，实现以人民为中心的发展。价值观是关于事物价值观念的内核和基本精神，往往体现了特定的立场和态度③。社会主义核心价值观作为马克思主义意识形态的表达，始终站在工人阶级的立场上，围绕“实现人的自由而全面的发展”，完成了对传统文化的超越和升华、对资本逻辑的批判和反击，使得“以人民为中心的发展”成为现实。

社会主义的本质决定了核心价值观以人民为中心的主体性价值。这一价值选择深刻地嵌入我国劳动法律制度之中并作为法律的终极目标。在资本主义社会，整个社会的生产方式完全由资本逻辑支配，它通过支配各种要素实现对人的支配，而人成为资本的工具，只是资本机器中的一个零件而已。人“只要他能够适应资本的需要，就不再被视为没有任何技能”④。当社会主义横空出世之后，人的历史地位得以明确，使人由推动社会发展的工具变成了实现发展的目的。社会主义劳动法以劳动者的主体性价值为中心，围绕着劳动者权益保护、劳动者资源配置和劳动者人才开发进行制度设计。劳动立法中渗透的社会主义核心价值观超越了资本逻辑运动附庸的价值观，在人本思想上实现了工具与目的的统一、价值主体与客体的统一，推动作为社会关系的总和的人的本质的发展。

---

① 《习近平谈治国理政》，外文出版社 2014 年版，第 5 页。

② 《习近平谈治国理政》，外文出版社 2014 年版，第 27 页。

③ 参见郭凤志：《价值、价值观念、价值观概念辨析》，《东北师范大学学报（哲学社会科学版）》2003 年第 6 期。

④ ［美］哈里·布雷弗曼：《劳动与垄断资本：二十世纪中劳动的退化》，方生、朱基俊、吴忆萱等译，商务印书馆 1978 年版，第 401 页。

第三，劳动关系法治化与社会主义核心价值观相契合具有共同的包容性发展导向。恩格斯曾提出，“我们的理论是发展着的理论，而不是必须背得烂熟并机械地加以重复的教条”①。社会主义核心价值观形成的重要前提就在于“马克思主义具有与时俱进的理论品质”②。马克思主义理论具有充分的开放性和广泛的包容性，它会随着实际情况的变化和时代的发展而不断吸收新的元素。一方面，它以其科学性和真理性产生巨大的吸引力和恒久的生命力，为世界范围内的工人运动提供理论的武器，并成为指导中国特色社会主义实践的指导思想；另一方面，它在追求真理的道路上不断地推陈出新、自我完善，用实践的态度影响世界历史的发展进程，不断促进马克思主义中国化实现历史性飞跃。因此，马克思主义的理论品格决定了社会主义核心价值观的发展历程也是开放包容的。与中国工人阶级的历史发展近乎同步的劳动立法同样具有包容并蓄的开放品格。尽管劳动法的调整对象主要是劳动关系，但是其辐射的领域也从劳动关系领域逐渐向一般劳动行为的范畴扩展。例如，劳动标准的适用不仅仅是劳动关系中的雇主义务，它逐渐成为一种社会的共识普遍被各行各业的从业人员所广泛接受。

此外，马克思主义与劳动关系法治化在实践上都是积极的、主动的，但是二者的动力来源却不尽相同。马克思主义自诞生之日起就彰显自身作为革命理论的思想武器，使无产阶级拥有改变世界的物质力量。因为“理论只要说服人，就能掌握群众；而理论只要彻底，就能说服人”③。随着实践的发展变化，这种物质力量成为马克思主义一种内生的驱动力，使其愈发显示出蓬勃旺盛的生机，任何反动的力量是无法阻止的。劳动立法的产生和发展往往伴随着无产阶级革命领导的工人运动。在现代社会中，劳动立法已经成为一项重要的国家义务，通过国家主动协调劳动关系来保障劳动者的合法权

---

① 《马克思恩格斯选集》第4卷，人民出版社1995年版，第681页。

② 习近平：《在哲学社会科学工作座谈会上的讲话（2016年5月17日）》，人民出版社2016年版，第13页。

③ 《马克思恩格斯文集》第1卷，人民出版社2009年版，第11页。

益并促进社会的实质正义。但是总体而言，任何立法工作都不可能形成理论上的自觉，劳动立法本身缺乏内生性的动力机制，仍然需要外界的推动力量。我国的劳动关系法治化是完全在工人阶级政党的领导和推动下进行的，既确保了劳动关系法治化鲜明的社会主义意识形态特征，又得以具有马克思主义中国化的理论品格，能够结合我国劳动关系的现实状况作出符合社会发展的理论创新，对社会矛盾的发展变化和未来趋势作出前瞻性的谋划。

在当前经济社会转型和全球化进程加快的时代，如何在劳动关系中培育和践行社会主义核心价值观，是我们亟待思考和解决的问题。

首先，培育和践行社会主义核心价值观，必须基于一种劳动关系文化的自觉。文化的自觉，是一种主体的需求，一种民众的觉醒，一种社会的呼唤，一种理性的行为①。费孝通先生认为，文化自觉是指生活在一定文化中的人对其文化有“自知之明”，明白它的来历、形成过程、所具的特色和发展的趋向，不带任何“文化回归”的意思，不是要“复旧”，同时也不主张“全盘西化”或“全盘他化”②。在劳动关系中培育和践行社会主义核心价值观，应当把握劳动关系的文化自觉。这种文化自觉带有中国传统文化的基因，潜移默化地影响着劳资双方的思想方式和行为方式。例如，我国传统文化价值强调“以和为贵”“中庸之道”“凡事好商量”等，这些在当前的劳动关系协调中仍然发挥着必要的指引作用。培育和践行社会主义核心价值观，必须从中汲取丰富的营养。然而随着经济全球化的影响，劳动关系面临着越来越多的外来文化的影响，中国传统文化也存在与现代劳动关系难以融合的成分，例如传统道德主张“德主刑辅”，有“无讼”的习惯，加之中国社会中亲缘关系、血缘关系和地缘关系等非契约关系长期以来占据主要地位，社会关系更多地依靠道德来处理，法治和契约在社会关系中并不占据主

---

① 参见龚廷泰：《法治文化的认同：概念、意义、机理与路径》，《法制与社会发展》2014 年第 4 期。

② 参见费孝通：《反思 · 对话 · 文化自觉》，《北京大学学报（哲学社会科学版）》1997 年第 3 期。

导地位。因此，我们在继承传统文化精髓的基础上，应建立更清晰的、适合市场经济特征的思想观念基础，在强调诚信、合作、集体利益的基础上更加注重法治、契约观等内容的充实①。这就要求，既要对外来文化有深刻的反思与体认，又要对中国本土文化土壤特别是传统文化有深刻的批判、过滤、传承与创新②。在反思中对中外文化发展历程、成长规律、利弊得失有精到的把握，从而达至劳动关系文化的自觉，为社会主义核心价值观的培育提供坚实的理论基础。

其次，培育和践行社会主义核心价值观，必须依赖于劳动关系治理的体制机制建设的完善和保障。培育和践行社会主义核心价值观是一项复杂的社会系统工程，必须与各方面工作有机融合、协调发展。任何社会要使其主流价值观念得到广泛认同并保持稳定性、连续性，必须使国家的法律法规、方针政策和治理行为等很好地体现核心价值观念的要求。要把培育和践行社会主义核心价值观的要求体现到制度设计、政策法规制定和社会管理之中，从政策环境、体制环境、社会环境等多方面给予有力支撑，在劳动关系治理领域形成培育和践行社会主义核心价值观的强大合力。

习近平总书记指出："核心价值观是文化软实力的灵魂、文化软实力建设的重点。"③ 这是决定文化性质和方向的最深层次要素。一个国家的文化软实力，从根本上说，取决于其核心价值观的生命力、凝聚力、感召力。培育和弘扬核心价值观，有效整合社会意识，是社会系统得以正常运转、社会秩序得以有效维护的重要途径，也是国家治理体系和治理能力的重要方面。历史和现实都表明，构建具有强大感召力的核心价值观，关系社会和谐稳定，关系国家长治久安。社会主义核心价值观层别从国家、社会和公民提出了反映现阶段全国人民"最大公约数"的价值要求。这三个层面的价值要

① 参见詹婧：《企业民主参与动力研究——基于劳资双赢的经济学视角》，博士学位论文，首都经济贸易大学，2008 年。

② 参见龚廷泰：《法治文化的认同：概念、意义、机理与路径》，《法制与社会发展》2014 年第 4 期。

③ 《习近平谈治国理政》，外文出版社 2014 年版，第 163 页。

求，也不同程度地反映在劳动关系治理体制的国家治理、社会治理和企业治理的层面。培育和践行社会主义核心价值观，在国家层面“富强、民主、文明、和谐”的核心价值观集中体现了劳动关系的国家宏观政策和制度体系的价值目标和价值追求；社会层面“自由、平等、公正、法治”的核心价值观集中反映了社会主义的基本属性，体现了劳动关系协调机制的核心思想，因而也是构建社会主义和谐劳动关系的必经之路；个体层面“爱国、敬业、诚信、友善”的核心价值观体现了社会主义价值追求和职业道德行为的本质属性，是企业文化调整的价值共识。

与劳动关系治理体制的宏观、中观和微观层次相应，社会主义核心价值观的三个层次相互联系、相互贯通，集中体现了国家、集体和个人在价值目标上的统一，体现了国家目标、社会导向和个人行为准则的统一，是马克思主义价值理论中国化的最新成果。因此，培育和践行社会主义核心价值观，必须将其放置到我国劳动关系治理体制机制的不断改革发展、不断深化的大环境之中予以考量，必须将其放置到劳动关系社会治理的系统工程中予以观照，必须放置到和谐劳动关系所依赖的企业文化调整的机制建设中予以探究。

最后，培育和践行社会主义核心价值观，关键在于要把文化、理念、精神融入到劳动关系治理的具体实践之中。中共中央办公厅印发的《关于培育和践行社会主义核心价值观的意见》提出，要把践行社会主义核心价值观作为社会治理的重要内容，融入制度建设和治理工作中，形成科学有效的诉求表达机制、利益协调机制、矛盾调处机制、权益保障机制，最大限度增进社会和谐；实现治理效能与道德提升相互促进，形成好人好报、恩将德报的正向效应；使正确行为得到鼓励、错误行为受到谴责。因此，习近平总书记强调，要切实把社会主义核心价值观贯穿于社会生活方方面面，通过教育引导、舆论宣传、文化熏陶、实践养成、制度保障等，使社会主义核心价值观内化为人们的精神追求，外化为人们的自觉行动。劳动关系问题尚未能够得到有效的治理，反映了在培育和践行社会主义核心价值观方面，还存在着诸多的问题。一方面，在诉求表达机制、利益协调机制、矛盾调处机制、权益保障机制的建设和保障方面还存在着改善的空间；另一方面，社会主义核心价值观在劳动关系领域还没有能够将其内化为人们的精神追求、外化为人们的自觉行动。因此，要通过社会主义核心价值观的宣传与普及，让广大劳动者能够理解其真谛；通过对社会主义核心价值观的理解，使之树立起对社会主义核心价值观的理性信仰，从而在全社会树立对社会主义核心价值观的认同。社会主义核心价值观的认同本身既是一个理论问题，也是一个实践问题，因为社会主义核心价值观是一种具有实践性和实用性的社会主义文化，它既体现了社会主义本质要求，继承了中华优秀传统文化，也吸收了世界文明有益成果，体现了时代精神。

案例　日本丰田汽车公司“春斗”经验①

第二次世界大战之后，日本丰田汽车公司面临一系列经营困境。在几近破产的情况下，公司决定大量裁员和减薪。这一决策直接导致了严重的劳资冲突，最终以公司领导人下台才得以平息。这一劳资冲突也直接导致了部分员工对公司管理层的不信任。此后，为解决开放美国车进口的顾虑，丰田公司的工会和劳动关系事务处的代表一同前往美国考察，才使得工会尽弃前嫌。在考察过程中，丰田工会认识到日本工人所具有的种种优势，加上终身雇佣和日本文化形成的共同情感，在回国之后，丰田工会就同丰田公司签署了著名的《劳资宣言》，确立了以互信为基础共同为公司进行奋斗的目标。这一宣言提出了三项重要的原则：第一，共同致力于汽车产业的繁荣昌盛，为国民经济的发展作出贡献；第二，劳资双方以相互信任为基础；第三，通过提高劳动生产率，维持企业发展的同时，改善劳动条件。

这一宣言成为丰田劳动关系的重要准则。正是在此基础上逐步建立起来

① 参见罗长海、陈小明、肖春燕、郭灿希：《企业文化建设个案评析》，清华大学出版社 2006 年版，第 75—76 页。

的劳资互信合作关系，才使得丰田公司与丰田工会在每年的“春斗”① 中基本上能够取得一次性答复的成功。这一现象被许多企业所羡慕，同时每年丰田公司工资集体协商的成果也成为日本汽车行业的重要标杆并极具象征意义。

1976 年的“春斗”中，丰田工会提出增加工资 12%的要求，公司方面的答复是：公司原计划增加 9.96%的工资，但是考虑到工会方面的要求，同意将工资提高 10.27%，外加每人平均 3 万日元的慰劳金。公司方面未能完全满足工会的要求，并非是出于公司经营的困难，而是考虑到如下两方面的原因：第一，工资增长幅度过高会引起社会的不满，特别是对丰田旗下公司和全国销售店会产生负面影响。第二，公司认为在经营条件好的情况下应当储备一部分财力，以备在今后可能发生的危机时期顺利过关。因为根据“山谷理论”，山越高，接连的山谷就越深。在高峰时，即使引起一些不满，也要为将来储备。如果到了山谷之时，就应该毫不吝啬地拿出来分配。于是双方在融洽的氛围下轻松地达成了共识。

2016 年，尽管丰田公司的利润连续第三年打破纪录，但是丰田工会并未要求大幅增加底薪，而是争取每月调高底薪 3000 日元，这一数字仅为去年要求的一半。然而，在“春斗”中，劳资双方达成的共识则是将这一数额降低到了 1500 日元。丰田社长丰田章男认为，过去几年来丰田的获利受到有利的汇率支撑，不过自 2016 年以来，这一趋势已大幅反转，过去哪一年都没有今年让人烦恼。② 对此，丰田工会发言人说：“考虑到通膨减缓和经济前景的不确定性，我们不能只因为公司今年的获利可望创新高，就要求

① “春斗”是指在日本每年春季由工会组织的劳动者为了提高薪资和改善工作条件而进行的斗争，也称为“春季生活斗争”“春季斗争”“春季集体协商”。“春斗”进行的方式大致是先由协商能力较强的产业工会与雇主（或雇主团体）进行协商，再由较弱小的工会以这些成果为目标，与雇主进行集体协商。（参见陈月娥：《劳资关系（含概要）》，台湾千华数位文化股份有限公司 2013 年版，第 333—334 页）

② 参见罗宾·哈丁：《日本“春斗”结果打击安倍经济学》，见 http：//m. ftchinese. com/story/001066688。

大幅加底薪。我们应争取在短期获利增加时加发红利，而不是加底薪，底薪在景气不好时不能调降。”① 当然也有人发牢骚，丰田职工在日本是干的最好的，但是得到的收益与社会上相差无几，这未免太不划算了。针对这种情况，丰田汽车工业工会执行委员长张梅村志郎等人解释说，在自由主义经济体制下，给努力工作的人多付工资是理所当然的，但是从大处着眼、长远考虑，更为重要的是要达到保持长期稳定的目标。

丰田公司的一位曾在美国工作的执行董事长诸星和夫对于丰田汽车的发展更有自己独特的看法：尽管取得利润是重要的，但是利润并不只是金钱而已，它更意味着对梦想的追求。全球的企业都是“经济动物”，但是如果对这种事情过分关注的话，就会陷入一种挣钱的游戏而偏离企业的宗旨。相对于埋头赚钱而言，我们的人更愿意做自己愿意做的事情，制造尽善尽美的产品——汽车。

通过上述案例我们能够发现，日本丰田汽车公司“春斗”的历程表明了劳动关系由冲突走向和谐的认同过程。

第一，劳资双方对利益追求的不同决定了劳资双方在劳动过程中存在着冲突的一面。在一种极端的状态下，劳资冲突会以暴力的形式展现出来。1949 年，丰田公司濒临破产，决定进行大面积裁员。公司技术部负责人丰田英二在 2000 多名员工面前说：“现在的丰田就好像一艘快要沉下去的船，如果没有人自动跳海，船就会下沉，所以我希望大家能够认清裁员的现实。”丰田工会的负责人立刻对此进行了强烈的反击，并组织工人进行了罢工。② 公司的这种做法使得劳资双方认同的物质动力遭到了严重破坏，以劳动者被裁员来换取公司的生存和发展，显然是对劳动者的利益缺少认同。在

① 田思怡：《日本工会不积极要求加薪　冲击安倍经济学》，2016 年 2 月 24 日，见 http：//a. udn. com/focus/2016/02/24/18149/index. html。

② 参见刘东伟：《站在巨人肩上（企业家　政治家卷）》，广西师范大学出版社 2010 年版，第 279—280 页。

这种对立的冲突之中，劳资双方进行了深刻的讨论，最终达成了协议：工会同意裁员，从职工中招募自愿退职者，将原有的 7500 名职工裁减到 5500 名；同时，资方除了社长丰田喜一郎之外，其他管理人员全部引咎辞职。丰田喜一郎为了平息众怒，决定与被裁撤员工一同进退，引咎辞职。① 至此，一场持续了一年三个月的劳资纠纷才得以告终。当物质动力没有能够得到充分的尊重之时，劳资冲突就表现得极为激烈，而最终的结局往往也并不理想，在斗争之中"两败俱伤"的可能性大大增加。

第二，劳资双方作为利益的共同体，尽管存在冲突，但是这种冲突并非是毫无节制的、不可调和的。企业需要经营发展，劳动者也需要获得工资收入，二者统一于企业的经营活动之中。离开了劳动者，企业便难以维系；同样，劳动者离开了企业，也会面临重新的选择和危机。这就要求他们在理念上需要达成劳资互利双赢的共识。因此，丰田公司和工会能够签署《劳资宣言》，在很大意义上是劳资双方谋求互利双赢的一种效果。

第三，劳资之间的互利双赢并非是一种形式化的说教体系，而是真实地指导双方处理劳资冲突、化解劳资矛盾的准则。这使得劳资双方在处理相关问题时，能够积极、真诚地参与协商，促进由冲突走向和谐。2016 年丰田公司虽然存在获利上涨的空间，但是仍然面临着未来不确定的经济形势，这种忧虑使得公司的经营管理层更加焦灼。在劳资双方的沟通之中，公司能够坦诚地表明自身经营情况的处境和未来可能发生的危机。同时，工会也能理解企业未来展望的不确定性。因此工会并不会太坚持工资的绝对增长，而是站在劳资互信的基础上谋求长期稳定的提高。在公司经营前景不明朗的情况下，工会将目标更加专注于提高工时的弹性、增加子女照顾的机会和改善生活的质量等方面。

---

① 参见郭威：《社区商务方式：丰田全景案例》，机械工业出版社 2015 年版，第 26 页。

第六章

和谐劳动关系建构法治化的实践路径

第一节　规制之维：和谐劳动关系构建法治化的基础

尽管法律本质上是不完备的，在劳动关系治理中，基本的立法仍然是法治化构建的一个关键性的基础，它得以明确法律对于劳动关系的基本态度，这也是法治路径的一个基础工作。只不过我们追求法治保障的逻辑思路并不局限于法律本身的绝对完美性，更不能产生形式法治的路径依赖。

一、确立多层次、多元化的劳动法调整思路

当前，中国特色社会主义已经进入新时代，我国社会主要矛盾已经转化为人民日益增长的美好生活需要和不平衡不充分的发展之间的矛盾。新的历史方位为劳动立法指明了新的发展方向，劳动立法中的“中国特色”将更加鲜明而具体，在功能和策略上必然应当适应社会发展的客观变化，在劳动关系治理的实践中不断丰富和发展。

（一）彰显劳动立法的“中国特色”

中国共产党领导劳动立法的百年探索，本身就是“中国特色”不断得到巩固、发展和焕发生机的过程。如果说最初的“中国特色”主要是一种政治制度的比较优势或者学术理论的凝练总结，那么未来的“中国特色”将成为统领社会发展和法治建设的精神内核与前进动力。进入新时代，中国特色社会主义继续焕发新的生机，对未来劳动立法中的“中国特色”理应有进一步的把握和展望。

1. 党的领导形成的政治优势

劳动立法与中国共产党及其领导的工人运动之间的关系，决定了党的领导成为我国劳动立法最本质的特色。习近平总书记指出，中国特色社会主义最本质的特征就是坚持中国共产党领导①。进入新时代以来，党的领导成为劳动立法更加坚固的政治优势②。正是由于党的领导，我国劳动立法才能始终立足中国国情、扎根劳动群众，形成“中国特色”的政治优势。这种政治优势至少体现在三个方面。

一是巩固劳动法的阶级基础。中国共产党自成立以来就坚定其工人阶级先锋队的性质，坚持全心全意依靠工人阶级的立场。劳动立法直接关系到工人阶级的生产生活与权利的实现方式，直接反映着党的生命活力和执政基础。党的领导为劳动立法提供了政治保障，使其充分体现工人阶级与最先进生产方式相联系的过程，始终关注社会生产中的广大劳动者，不断巩固和强化阶级基础。

---

① 参见习近平：《中国共产党领导是中国特色社会主义最本质的特征》，《求是》2020 年第 14 期。

② 2021 年修改的《安全生产法》明确规定了安全生产工作中坚持党的领导，同年修改的《工会法》又进一步在总则中突出了坚持党的领导，并明确了工会是党联系职工群众的桥梁和纽带。当然，明确坚持党的领导并不仅仅局限于劳动立法，还包括了 2021 年通过的《监察官法》《军人地位和权益保障法》《法律援助法》，以及 2021 年修改的《科学技术进步法》《审计法》《兵役法》《教育法》等多部法律。

二是奠定劳动法的民主制度。我国劳动法中的产业民主制度，不是劳资政之间妥协的工具，也不是多重势力博弈的结果，而是社会主义民主政治下体现意志、保障权益和激发创造的全过程民主。这种民主制度的根本保证就在于党的集体统一的领导。在党的领导下，中国特色的集体协商、职工民主管理、劳资矛盾预防化解等民主制度，更加有助于促进劳资共识，保障劳动者的主人翁地位。

三是提高劳动法的适应能力。面对劳动关系矛盾，我国劳动立法并未效仿西方国家劳资对抗型的立法模式，而是在搁置集体劳动关系立法争议的前提下，通过党和政府对劳动关系的软性调控，采取积极引导、激励、督促的方式，使得党和政府的力量和影响逐渐地、直接地进入企业，预防和化解劳资矛盾①，从而有效地促进了劳动法的实施，还提高了劳动法面对新问题的适应性。

2. 坚持以人民为中心的根本立场

在资本主义国家，整个社会的生产方式完全由资本逻辑支配，它通过支配各种要素实现对人的支配，因此西方劳动法的根本立场在于对资本运行进行干预和调节。我国劳动法则发端于党领导的工人运动，经历了民族独立和人民解放，走向了实现人的全面发展和全体人民共同富裕的历史阶段，由始至终都体现了以人民为中心的根本立场，超越了西方以资本运行为中心的劳动法发展轨迹，在人本思想上实现了工具与目的的统一、价值主体与客体的统一，推动作为社会关系的总和的人的本质的发展。

习近平总书记指出，“人民群众是我们力量的源泉”②，“坚持人民主体地位，充分调动人民积极性，始终是我们党立于不败之地的强大根基”③。随着我国社会主要矛盾的变化，新时代劳动立法以人民为中心的根本立场将

---

① 参见游正林：《对中国劳动关系转型的另一种解读——与常凯教授商榷》，《中国社会科学》2014 年第 3 期。

② 《习近平谈治国理政》，外文出版社 2014 年版，第 5 页。

③ 《习近平谈治国理政》，外文出版社 2014 年版，第 27 页。

更加深入，并深刻地嵌入我国劳动法的制度实践中。2021 年《工会法》的修改直接体现了这一立场：一是工会的基本职责在“维护职工合法权益”的基础上拓展了“竭诚服务职工群众”，并增加了工会民主制度、工会工作体系、职业教育、文体活动和职业安全等方面的规定，充分体现了工会联系职工群众基本职责的广泛性。二是扩大了工会的覆盖范围，明确新就业形态下劳动者参加工会的权利，保障产业工人的主人翁地位，并将基层工会组织覆盖面拓展到了社会组织，适应我国人民当家作主和依法治国的新要求。三是提高了工会的参与力度。县级以上总工会提供法律服务由授权性规定转为义务性规定；在涉及职工利益的讨论会议上，广泛地扩大工会代表参加讨论的事项范围，有助于工会反映职工诉求并加强与职工的密切联系。

3. 构建和谐劳动关系

我国劳动法的根本立场决定了协调劳动关系的特色方式。自从党的十六届六中全会提出和谐劳动关系的理念及其思路之后，和谐的价值理念逐渐融入劳动立法之中，并成为指导劳动立法及其制度实践的重要目标。劳动法中确立的和谐，是在正视劳动关系对立性、差异性和从属性基础上追求统一、共生、互利的一种法治状态。在这一和谐观的指导之下，我国劳动法在实践中形成的劳资自治模式、基层治理模式、政府干预模式成为实现和谐劳动关系的制度性依赖和保障。

经过中国特色社会主义法治的实践证成，构建和谐劳动关系的中国特色主要表现在三大方面：一是在劳资自治方面，形成了以契约自由和人文关怀为基础、以核心价值认同为导向、以劳资利益共同体为目标的劳资自治模式，其中工会是桥梁和纽带，三方机制和集体协商是制度保障，包容和共享则是实现方式。二是在基层治理方面，形成了党建引领的劳动关系特色协调模式，党的组织在劳动关系主体框架内被赋予了新的内涵，其中党总揽全局、协调各方是劳资治理的优势，党的群众路线是促进劳资合作而非对抗的根本保障。三是在政府干预方面，形成了以推动劳动标准的保障和监察为常规状态、以重大劳资矛盾的预警和紧急处理为特别状态的管理模式。以和谐劳动关系为导向的劳动法律制度实践，对我国劳动关系矛盾的预防和化解起到了显著的作用，特别是在全球金融危机、新冠疫情防控等特殊时期，保障了劳动者的就业岗位和企业的生产发展。

（二）促进劳动立法的多元化功能

从历史发展的成就来看，我国劳动法具有较强的秩序功能和维权功能，它构建了与市场经济体制相适应的劳动用工秩序，还确立了劳动者的权利体系及其保障机制①。然而随着新时代我国社会主要矛盾的变化，劳动就业与生活需求已经发生重要的变化，劳动领域暴露出的一些主要矛盾倒逼劳动法的定位向多元化功能的方向进行拓展和改革。

1. 促进劳动者的全面发展

进入新时代，我国社会主要矛盾的变化说明快速而不平衡的经济增长模式已经无法满足社会发展和人民生活的需求。党中央提出，增进人民福祉、促进人的全面发展是我们党立党为公、执政为民的本质要求。促进劳动者的全面发展，是新时代劳动者权益保障事业的升华，是创造美好生活与保障人民发展权对劳动立法提出的要求，是党坚持以人民为中心的发展理念在劳动立法中的直接体现②，更是在新时代社会主要矛盾变化背景下劳动立法功能拓展的重大革新。

劳动立法促进劳动者全面发展，至少需要把握关键几点。第一，劳动者全面发展主体是劳动者。劳动法立法的功能不但要促进发展主体的全面，还要促进主体发展的全面；既要考虑多元化用工、新经济形态下不同劳动者群体的保障，还需要考虑如何更高质量和更充分地促进劳动者的发展。第二，劳动者全面发展，是劳动者个体与国家、社会相统一的发展。劳动法在保障劳动者权益的同时，还应当激发劳动者的积极性和创造性，将劳动者的发展

---

① 参见谢德成：《新时代劳动法的功能拓展与制度调适》，《当代法学》2019 年第 4 期。

② 参见李雄：《新时代我国劳动关系治理的重大转型》，《学术界》2020 年第 8 期。

融入国家发展和社会进步之中。正如习近平总书记所强调："要坚持社会公平正义，排除阻碍劳动者参与发展、分享发展成果的障碍，努力让劳动者实现体面劳动、全面发展。"① 第三，劳动者全面发展，是与社会发展同步的历史过程。发展永无止境，发展权的实现没有终点。促进劳动者的全面发展，并不是超越历史局限和企业承受能力去追求不切实际的高福利，也不是要求劳动者一味地付出而没有回报，而是一个根据社会客观条件不断发展的过程。劳动立法应当根据社会主要矛盾的变化不断地进行调整，追求更加平等和更加充分的发展。

2. 促进劳动力市场的发展

劳动法的功能不仅仅在于确立劳动秩序，还应当具有调节劳动力市场的经济功能。在持续推进经济发展新常态和供给侧结构性改革的背景下，经济增长速度和动力的调整反映了经济快速增长掩盖的就业与用工的结构性矛盾。在新时代的条件下，我国经济发展已由高速增长阶段转向高质量发展阶段，但是劳动力市场的配置却难以满足经济发展的要求。在这一背景之下，党中央将实施就业优先战略作为增进民生福祉的一项重要任务，劳动力市场供需动态平衡的问题则成为更加充分更高质量就业的重要影响因素。

劳动立法促进劳动力市场的发展，对就业促进和劳动力供求平衡具有重要的引领作用，主要通过三种机制得以实现。一是劳动力市场竞争机制。劳动法通过保障契约自由、强化劳资自治等方式，实现劳动力市场的自我选择，对劳动者和雇主提高就业能力和人力资本投资具有激励作用，从市场机制本身促进更高质量的就业，有助于实现劳动力供给平衡的市场调节。二是劳动力市场保护机制。劳动法通过调整工资工时等劳动标准和社会保险关系来影响劳动力价格，既能避免雇主滥用其经济强势地位伤害劳动力再生产能力，又能从基本层面增进劳动者福祉，为市场供求的平衡提供基本的法律标准。三是劳动力市场促进机制。劳动法通过激励、促进、引导的方式，促进

① 《习近平谈治国理政》，外文出版社 2014 年版，第 46 页。

人力资源服务、职业教育和培训等相关行业的发展，提高劳动力质量与产业需求的匹配度。

3. 促进社会治理的发展

党的历史经验表明，劳动关系事关经济发展与社会稳定。劳动法本身就是立足于社会利益本位来保障劳动者的合法权益，具有促进社会治理的功能。特别是社会转型期劳动争议居高不下的局面，要求劳动法必须健全劳资矛盾预防调处解决机制并在社会治理中发挥重要作用。新时代法治社会建设对劳动法的一项基本要求就是实现劳动治理的法治化，依法协调劳资利益、解决劳资矛盾，培育依法用工、依法履约、依法维权的法治环境，促进劳动关系充满活力又和谐有序。

劳动法促进社会治理的功能，应当与构建和谐劳动关系的目标相一致，与法治国家、法治政府、法治社会一体建设进程相协调，与社会经济发展的水平相适应。进入新时代以来，党中央将社会治理的目标立足于人民对美好生活的向往，从保障和改善民生的角度推出了保障劳动就业的一系列重要举措，并从社会矛盾纠纷解决的角度提出了劳资矛盾的预防和调处方式。劳动法通过促进劳资自治、完善基层治理、强化政府干预等中国特色的治理方式，促进公平的就业环境，矫正不平衡的劳动关系，有助于实现改善民生和良好的社会秩序，促进共建共治共享的社会治理格局。同时，劳资矛盾的预防、调处、化解机制，以及集体争议和群体性事件的治理，不断被纳入劳动法的调整视野之中，这些都有助于促进整个社会治理的健康发展。

（三）完善劳动立法思路和策略

劳动立法的多元化功能决定了劳动法在规制的思路和策略上必须作出相应的调整。在全面依法治国的时代背景下，劳动立法只有适应新时代经济社会发展的特点，积极面对劳动用工的形式和劳动力市场的变化，有效处理影响劳动关系的各种要素，促进劳动关系的和谐发展，才能发挥法治在劳动关系治理中的积极作用。

1. *劳动法调整模式上的层次性*

随着科技发展和社会转型的影响，我国社会分工和就业形态日益呈现多样化，劳动法原先形成的“一体适用、同等对待”的调整思路在复杂多变的劳动用工面前已经显得捉襟见肘。劳动立法应当摒弃这种单一的调整思路，只有通过确立多层次、差异化的分类调整模式，提高劳动法对不同类型劳动用工保障和规制的适应性，才能有助于促进劳动者的全面发展。

在规制的起点上，劳动法可以根据不同的用工形式确立多层次的介入方式。在传统劳动法规制模式的基础上，对新就业形态劳动者、学生工、家庭雇工等特殊就业群体，劳动法有必要在标准劳动关系之外的规制中健全“第三条道路”，即突破“全有”或者“全无”的思路，给予特殊劳动者在基本生存权层面的保障，包括最低工资标准、劳动保护和职业安全健康标准，以及组织和参加工会的权利等方面，从而增强劳动立法对就业形态和用工变化的适应能力。

在规制的过程上，劳动法可以根据不同的劳动者或雇主确立差异化的保护和干预方式。根据不同层次劳动者在议价能力上的差别，确立差异化的保护机制有助于促进劳动法保护的针对性，对岗位可替代性较强的劳动者的保护应当高于议价能力较强的劳动者。根据不同雇主在经济实力和控制权力上的差别，确立不同的标准执行机制有助于促进劳动法干预的针对性，对经济实力较强的雇主在执行劳动法标准上应高于经济实力较弱的雇主。

2. *劳动力市场需求上的适应性*

法律是一种平衡的艺术。劳动法规制的刚性过强尽管具有明显的秩序效果，但是并不利于平衡劳动力市场的灵活性与安全性、竞争性、公平性之间的关系。在劳动力市场结构性矛盾突出的背景下，劳动法的规制力度应当从高度管制的局面逐渐走向多样化的规制措施，结合自治型的供求机制和管制型的保护制度来促进劳动力市场的平衡发展。

劳动法的规制方式与市场需求之间的匹配，至少应当把握如下几点：第一，在多元化的用工格局中，不同的劳动群体都应当得到相应的制度保护，而劳动法的单一规制模式显然需要适当作出调整，在适用的方式上应当平衡灵活性和公平性的关系。第二，这种保护应当促进劳动力市场的规范化发展，既要创造公平的就业环境，也不宜扼杀雇主用工自主的自由，这样才有助于实现灵活性和安全性的平衡。第三，保护的方式应当立足于劳动力市场的供求平衡，例如通过市场化、社会化的多种途径提高不同群体劳动者的就业能力和就业质量，实现灵活性和竞争性的平衡。在劳动法的市场促进功能之下，劳动力市场灵活性与安全性、竞争性、公平性之间的关系，用工成本的压力与劳动用工制度的关系，将得到系统性的梳理和回应。

3. 劳动关系社会治理上的整体性

劳动立法要取得社会效果、政治效果和法治效果的统一，发挥促进社会治理的作用，就不能将手段仅仅局限于立法本身，更不能用孤立的方式去推动立法，而是应当确立劳动治理整体性和全局性的进路，“关注空间内各主体之间的互动关系，关注权威及其他权力来源的多样性，以及各种利益与行为的复杂存在”①，实现立法与改革决策的衔接，处理法律和政策、道德等措施之间的关系。马克思主义认为，人类社会是“一切关系在其中同时存在而又互相依存的社会机体”②，社会体系的各个环节不能割裂起来。只有在整体性的思路之下，将各种影响因素纳入劳动关系并进行系统性的考量，才能更加有效地发挥劳动法律治理的积极作用。

由于劳动关系的重要性，它在社会治理中总是与多重因素相互关联，包括法律和制度、工会、社会习俗、管理决策和意识形态等方面。因此，劳动立法考量的因素不能止步于劳资双方，而应当是一个系统化的多元结构。首先，在主体上除了劳资政三方之外，对三方主体能够产生影响的利益相关者，以及其他社会中间力量，在维护劳动关系稳定、促进劳动关系和谐、解决劳动关系矛盾等方面能够发挥有效作用。其次，影响劳动治理的因素是多

---

① ［英］科林·斯科特：《规制、治理与法律：前沿问题研究》，安永康译，清华大学出版社2018年版，第32—33页。

② 《马克思恩格斯文集》第1卷，人民出版社2009年版，第604页。

样的，需要考虑到社会发展的历史阶段、文化认知的程度、劳动者不同阶层的差异、科学技术发展的水平、创新人才培养的需求等方面。这些因素的平衡，有助于实现科学的劳动立法。此外，为了确保规制方式行之有效，党领导的劳动立法还应当注重听取党内外的意见和建议，开展立法调研、立法后评估等工作，并通过群团组织团结力量、搭建沟通的桥梁，以利于劳动立法与其他要素的有效衔接和深度融合。

二、劳动者集体行动立法及其技术路线

立法是推进法治建设的首要环节和必备基础，也是法律运用的逻辑起点和基本前提。因此从立法者的角度而言，最大限度地追求法治保障的路径就在于通过立法和法律解释努力寻求法律与现实的契合。当前，我们在立法上的追求应当最大限度地实现法律语言的清晰明确、法律规范的严谨缜密以及法律价值的公平正义，为法治路径的实现不断创造形式上的条件，同时还应当强化法律解释工作，进一步阐明立法意图，有力应对社会中出现的矛盾和问题①。这些工作的完善与健全有赖于立法者素质的提升、立法技术的改进、立法程序的规范等方面，并非一蹴而就，立法工作任重而道远。

（一）推进劳动者集体行动立法的必要性

劳动关系法治化建构的实践路径，就其基础性工作而言，是其合法化的过程。从直观的角度来看，似乎立法是最为有效的方式。关乎劳动争议的立法，往往是与集体行动权或者罢工权的问题密切联系在一起的。有论者认为当前迫切需要立法，而有论者认为立法时机尚且不够成熟。反对者基于劳动争议在现实中的破坏性的假设，自然权利的法定化将可能会带来严重的后

---

① 参见胡光志、靳文辉：《论法律的不完备性及其克服》，《理论与改革》2009 年第 2 期。

果，认为目前尚未达到立法时机，通过以法定的形式规定罢工等集体行动的条件尚不具备，主要观点体现在如下几点：我国市场经济发展水平还不够发达；当前劳动者的罢工意识还不够成熟；配套的法律法规尚不健全；我国工会有待观念和工作方式的转变①。而赞同者多是从人权的角度或者保护劳动者权益的层面进行自然权利的论证②。根据马克思的观点，如果现行法律和社会发展阶段发生显著的矛盾，那么法官们的任务就是要超过法律，直到它认识到必须满足社会的客观要求为止；法官只是应当根据“我们的时代、我们的政治权利、我们的社会要求来解释它”③。马克思肯定了法律和社会发展之间存在矛盾的状态，继而在这种状态之下，他并非主张推翻法律，而是对适用法律和解释法律的过程提出了要求，将最终的落脚点集中于“我们的时代、我们的政治权利、我们的社会要求”。马克思肯定了法律的重要意义，他认为对任何具有社会独立性的生产方式来说，规则和秩序本身都是一个必不可少的要素；这种规则和秩序摆脱了偶然性和任意性，成为一种生产方式的社会固定的形式；一种生产方式之所以能够取得这个形式，只是由于它本身的反复的再生产；如果这种再生产持续一个时期，那么它就会被作为习惯和传统固定下来，最后成为明文的法律④。

劳动关系治理面临的法治化问题，亦被诸多学者归因于法律不健全的弊端。一般而言，社会矛盾极为突出的领域在一定程度上都会存在法律规制的缺位，它可能会表现为立法上的空缺，也可能会是实在法律难以满足经济社会的客观需求。劳动争议就是当前社会亟待纳入法律制度的框架运用法治途径加以解决的社会问题⑤。面对劳动关系领域出现的新问题，劳动立法的进

---

① 参见史探径：《中国劳动争议情况分析和罢工立法问题探讨》，《法学研究》1999 年第 6 期；许建宇、王怀章：《论罢工权应该缓行》，《山西大学学报（哲学社会科学版）》2003 年第 6 期。

② 参见周永坤：《“集体返航”呼唤罢工法》，《法学》2008 年第 5 期。

③ 《马克思恩格斯全集》第 6 卷，人民出版社 1961 年版，第274 页。

④ 参见《马克思恩格斯文集》第 7 卷，人民出版社 2009 年版，第 896—897 页。

⑤ 参见刘湘琛、曾嵘：《集体劳动争议的法律调整问题——以和谐社会的构建为视角》，《求索》2007 年第 2 期。

程往往落后于社会的实际需求。因此，我国劳动关系的立法还应该持续推进，有关部门应该积极研究劳动关系领域出现的新问题，并对现行法律进行完善和修改，避免法律法规的滞后性影响社会发展和人民需求。笔者认为，推进劳动关系立法，特别是劳动者集体行动相关的立法，既具有现实的必要性，又具有充分的可行性，体现为如下几方面。

第一，社会经济发展的条件为集体行动立法提供了客观的基础。立法的基础是社会客观实际，既不允许立法上的唯意志论，也应当消除立法落后于经济发展的状况。马克思认为，君主们在任何时候都必须服务经济条件而且根本不能向经济条件发号施令①。强调立法要以社会客观实际为基础，旨在说明两点。一是任何立法不能脱离特定的社会条件尤其是经济条件，不能超越社会的发展阶段，不允许立法上的唯意志论。当前我国社会发展阶段，劳动与雇佣关系仍然广泛存在，在劳资利益呈现分化的局面之下，劳资冲突成为一种普遍的形态。劳动争议的立法不能脱离当前我国劳动关系所处的经济发展阶段，也不能对劳动者权利进行超现实的解读。二是社会已具备立法的客观条件，就应该及时制定促进新的社会关系形成的法律，必须及时发现和消除立法落后于经济发展的状况②。在劳动关系中，居于经济从属性地位的劳动者采取集体行动来维护自己的权益或者为达成其合理诉求，仍然是当前经济条件所导致的一种必然状态。当劳资冲突逐渐呈现激烈化和无序化的趋向，通过立法对劳动争议及其治理行为进行规制，反映了对社会客观实际的尊重，有利于消除立法落后于劳动关系发展的状况。马克思认为，社会的迫切需求会而且一定会得到满足，社会必然性迟早总会使立法适应其所要求变化的要求③。因此，顺应社会发展的需求开展立法活动，不仅是社会必然性的要求，这种必然性也决定立法是势不可挡的。

第二，我国对劳动者集体行动治理已经具备了相应的实践经验。从

① 参见《马克思恩格斯全集》第4卷，人民出版社1958年版，第121页。

② 参见汪毓：《立法条件的论证》，《法学》1992年第4期。

③ 参见《马克思恩格斯文集》第3卷，人民出版社2009年版，第231页。

1949 年新中国成立至今，我国在对待罢工和工人运动的不同层面一直在进行探索。即使在改革开放之前，在不同历史阶段发生的工人罢工、怠工和请愿等集体行动，均得到了相对较好的处理，并形成了宝贵的经验。例如 1957 年《中共中央关于处理罢工、罢课问题的指示》这一文件就是在当时处理工人罢工经验总结反思的基础上形成的重要指示，这对于当时乃至目前的劳动争议的治理都具有重要的启示意义。改革开放之后，随着劳动关系市场化的发展，劳动争议逐渐成为劳资冲突一种表现形式。中央政府和地方各级政府先后出台了一系列劳动关系治理的规范性文件。从 1992 年《工会法》到 2001 年修正的《工会法》，均反映出对待劳动争议，政府总是慎重地加以调解处理①。为了避免劳动争议对社会治安的破坏，预防和减少对社会造成的严重危害，我国从《突发事件应对法》的角度对劳动争议进行了规制，中央和地方政府亦先后建立了一系列应急预案管理办法或者预警机制。公权力部门参与处置集体劳动争议时，除了对劳资双方慎重地调解处理之外，对其自身行为亦进行了必要的规制，例如在动用警力、使用警械和采取强制措施方面作出了严格的限制。这说明我国对劳动争议能够具有非常理性和客观的认识，规范性文件在其中发挥着至关重要的作用，这为立法提供了充分的实践经验。

第三，劳动关系治理的问题对立法提出了迫切的要求。我国在治理劳动争议方面积累了诸多宝贵的经验，然而以应急管理的思路来预防和处置集体行动，尽管能够降低对社会产生的破坏性影响，但是由于主要法律的缺位，劳动争议的治理只能不断地进行社会管理的创新，法律的独立性和权威性受到更多社会因素的挑战，法治逐渐失去了其应有的本色。劳动者行为由于缺少必要的法律规制且不断地强化其道德层面的伦理诉求，就形成了法治只能适应社会的观念，法治所具备的改造、调整社会的功能似乎已经消失了。当

① 参见史探径：《中国劳动争议情况分析和罢工立法问题探讨》，《法学研究》1999 年第 6 期。

前治理思路对劳动关系的制度建设并未能够起到积极的引导作用，在协调劳动关系方面也并未能够在劳资双方之间产生实际的法治化效果。缺少必要法律规范的治理对法治建设产生的这种消极作用，成为法治化所面临的重要障碍，通过立法进行积极引导和制度建设的需求极为迫切。

第四，法制条件和理论准备已经较为充分。改革开放以来，我国劳动保障立法进入实质性的发展阶段。1994 年《劳动法》颁布实施后，我国先后颁布实施了《安全生产法》《劳动合同法》《劳动争议调解仲裁法》《社会保险法》等法律以及一系列配套的法规、规章和司法解释，并签署了相关的国际公约。当前，一个多层次的、全方位的、宽领域的推动建立和谐劳动关系的劳动法律体系已经基本形成。在个别劳动关系、集体劳动关系和社会劳动关系这三个层次调整模式的法制架构也基本形成，在平衡劳动关系的国家管制和劳资自治方面亦取得了实效性的进展。劳动关系和劳动法的理论研究上，我国自改革开放以来诸多学者能够紧跟时代脉搏、贴近社会问题，在总结历史经验和借鉴国外成果的基础上，对劳动争议的问题不断进行积极的学术探索，对于提出、分析和解决我国劳动关系问题发表了诸多颇具代表性的研究成果。这些法制条件和理论研究基于法治化的建构和完善，成为推进立法的重要基础。

综上所述，当前推进劳动者集体行动立法是极为必要和迫切的。立法是制度化的一项重要基础，因为假想中的问题和现实中失序的可能而回避权利的规制，尽管能够在短期内为解决法制之外的阶段性问题提供了时间准备并避免了不必要的分歧，但是法律规制缺位产生的不确定的社会问题，非但不利于劳动者确立正确的权利意识，反而会加剧规则意识的淡薄。就反对者的观点而言，其不在于是否进行劳动争议立法的问题，而在于立法本身的技术问题。

（二）立法技术方面应当处理好的一些重要关系

劳动者集体行动的立法不但有利于增强劳动者维权的合法性基础，提高国家化解劳资矛盾的能力，还可以有效防止集体行动的泛化，避免本来已经形成的非正式规则发生异化。在架构法律制度时，甚至应比传统的公力救济制度更为细致和周延。我们必须从多个维度为集体行动设定界限，划定集体行动在不同部门法中的规范配置，则成为集体行动治理法治化的逻辑起点。

1. 劳动者集体行动的类型化区分及其一般条款

按照一般争议类型的划分，可以分为利益争议和权利争议，又可以分为个别争议和集体争议。事实上这些不同类型的争议，在我国劳动者集体行动现实状态之中均得以体现，且往往是交织在一起的。然而，这些不同类型的法律救济和争议解决机制是不同的。这就要求在集体行动的治理方面，应当根据类型化的方法对纠纷的类型进行分门别类并给予针对性的指导。在当前集体行动所呈现的复杂状况之中，应当基于劳动者诉求和原权利运行规则的差异性，分别厘清权利争议、利益争议之界限，方便劳动者主张权益的同时，确立相应治理的法治化举措。然而，亦有针对原权利所采取的一些救济措施，难以归入集体行动权之保障范围，例如显著违法或者侵权之行为，对于此类举措应予以明确。

我国现行的劳动争议处理机制是以权利争议处理为中心的，对利益争议的处理关注极少。利益争议是不可裁判的争议，所以只能由争议双方协商或行政调解处理。但是，法律的规定过于原则，可操作性不强。由于欠缺有效判例的支撑，现行劳动立法中集体行动的类型化略显不足，基于个别劳动关系思路权利争议的审判逻辑异常明显，而且，成文法的稳定性要求也不可能随时将大量新生成的非正式或者正式规则组合进既存的体系中。集体行动在形式上的多样性与突发性决定了集体行动中劳动者行为的任意性，就任何情形无一缺漏地规定具体集体行动中劳动者的行为几乎是不可能的，事实上争议类型混同的局面已经能够说明这一问题。通过一般化的立法则可以弥补类型化在周延性与灵活性方面的不足。针对当前集体行动的局面，可根据集体行动的外部限制设定一般化的条款，例如禁止有碍于社会公共福利安全，并禁止对企业的生产设备、工具等实施破坏性的举动，这些不局限于任何一种争议类型，而应使之成为所有集体行动界限之基础的法律规范。因此，从未来的视角来看，对集体行动的界限制度应当通过外部限制进行抽象式概括。

我们亦应当充分认识到，如果对一般条款作出扩大的解释，就会使类型化引导争议解决的目的落空，甚至政府和司法机关会无视已经确立的规则，任意行使自由裁量权，从而形成实质上禁止集体行动的效果。例如借维护“公共利益”之名，行保护“商业利益”之实，对劳动者的集体维权行动进行压制。因此，对外部限制的解释不宜扩大，应当综合考量行动之社会相当性的程度，在具体界限没有明确规定或者类推适用困难的情形下，援引一般条款来解决问题。

2. 劳动者的可支配行为与集体行动之间的关系

集体行动是以对雇主自由的直接“侵犯”为实际效果，然而其动因则存在不同情形，有雇主调整经营策略、雇主违法或者违约、雇主拒绝具体协商等之区分。与雇主的态度相对应，劳动者在不同情形之下发起集体行动虽然均可能构成私力救济，但是基于私力救济权利本身的特质，仍然存在不同的效果。由于绝对权和相对权的标的差异性，决定了劳动者在实现其权利的手段上存在不同，劳动者的集体行动对雇主产生的不利益程度，在一定程度上取决于劳动者对行为对象的可支配性①。事实上，现代民法在社会化的感召下，绝对权和相对权之间的界限似有逐步扩大两者“中间地带”的趋势。绝对权越来越受到国家利益、社会公共福利和他人权利限制与调和；而相对权的内部关系在不断受到外部干扰的同时，其权利的外延得以不断拓展。

当劳动者的行为指向完全以自己意志为主导的财产或行为时，集体行动对雇主的影响较小，行为界限可以适当拓宽，例如劳动者因人身损害和生命健康的诉求而实施集体行动。而当集体行动指向雇主的财产或行为时，就造成了对他人自由权或者财产权的干涉，这里仍然应当作一区分。如果集体行动所指向雇主财产或者行为，属于其对劳动者应当承担的法定或者约定的债

---

① 参见沃耘：《民事私力救济的边界及其制度重建》，《中国法学》2013 年第 5 期。

务，则劳动者的行为界限可以适当拓宽；如果不存在债权债务，仅为谋求劳动者福利的提升，劳动者的行为界限则应受到更为严格的限制。例如，工人因雇主拖欠工资而发生与之激烈的对抗，相比于雇主拒绝集体协商导致工人与之发生的激烈对抗，两者的性质是完全不同的。因此，劳动者对集体行动作用对象的支配效果，应作为集体行动界限划定的一个重要因素。

根据劳动者对集体行动对象的可支配性来划分集体行动的界限，可以解决理论上对私力救济之自助行为是否以“因情势紧迫来不及请求公力救济”为情势要件的争议，也有利于厘清合法的集体行动与违法行为的界限。

第一，集体协商与集体行动权之间的关系。一般来讲，集体协商是劳动者团体与雇主之间进行沟通的主要方式，亦是对劳动条件和劳动待遇等确定的一个重要环节。集体行动的发生在大多数情形下，源于劳资双方内部沟通的障碍。集体行动权主要是基于劳资双方沟通不力的情形之下，作为劳动者向雇主施加压力手段的一种救济权利。集体协商与集体行动二者之间的关系既是目的和手段的关系，也是原权利与救济权利的关系。如果雇主拒绝集体协商或者在集体协商中拒绝接受劳动者提出的合理条件，劳动者团体是否能够发起集体行动，则需要以前文所述三项原则进行充分之考量。

第二，雇主违法违约与集体行动的关系。尽管以提高劳动待遇为主要目的的利益诉求逐渐增加，但现实的情况是雇主违法或者违约的情形仍然占据着绝大多数，劳动者据此发起集体行动的亦不在少数。针对雇主违法或者违约的行为，劳动者可以通过协商、调解或者劳动仲裁和诉讼等公力救济的途径寻求法律救济，一般并不主张通过集体行动的形式来维护自己的权益。在此局面下对劳动者集体行动权界限的设定可以适度放宽，还存在一些重要的社会功能，例如能够强化雇主的守法守约意识，敦促雇主履行集体协商的义务。此外，亦得强化公力救济部门的职权保障，构成其执法的来源和在劳动关系中协调者角色的强化。事实上，针对雇主违法或者违约的集体行动，在无涉其他法律关系的情形下，在实践中劳动者基本并未被追究民事或者刑事责任，这也间接地默许了这一层含义。

3. 劳动者集体行动法治化建构的立法要点

关于是否进行集体行动立法的问题，学界存有诸多不同的看法。反对者的观点主要是基于经济发展水平、工会地位、配套法律和罢工意识等角度的考量，认为立法条件尚不成熟，① 或者基于这项权利在现实中的破坏性的假设，明确集体行动权将可能会带来严重的后果。笔者认为，立法是集体行动法治化的重要基础和保障，因为假想中的问题而回避权利的规制，更容易激发劳动者合法性认知的危机和规则意识的淡化。故此，应当尽力推进集体行动治理的立法进程，其难点不在于集体行动合法性的问题，而在于立法技术层面的操作。从集体行动现状和权利属性来看，立法不宜扩大集体行动权的行为界限，而是应当以禁止性的立法为着力点，将劳动者的集体行动逐步引导至法治化的轨迹上来。就当前而言，笔者认为如下几方面可以首先进行立法的研究和探索。

第一，立法规制雇主的不当劳动行为，有力推进集体协商机制建设。提供从属性劳动的特点决定了劳动者欠缺与雇主进行平等协商的一般性制衡条件，而集体行动作为一种压力性的手段，对于平衡劳资关系具有重要的协调作用。这一权利的实现，如果缺少法律规制，一方面，易于导致权利滥用，致使雇主利益受损；另一方面，雇主倾向于采取限制劳动者联合的措施，即使形成联合，集体行动权亦难以实现，最终使劳动者仍然受制于雇主的不当约束。因此，劳动者权利之实现，首要在于确立其保障性的措施，重解决如下不当劳动行为：雇主拒绝集体协商、雇主控制和干涉工会的组建、雇主因劳动者行使集体权利而给予不利益待遇。如此，方可避免雇主意图破坏或者弱化劳动者团体的不当行为，同时对雇主滥用支配地位也进行了必要的限制。

第二，立法确立集体行动的“冷却期”制度。“冷却期”的规定旨在保

---

① 参见史探径：《中国劳动争议情况分析和罢工立法问题探讨》，《法学研究》1999 年第 6 期；许建宇、王怀章：《论罢工权应该缓行》，《山西大学学报（哲学社会科学版）》2003 年第 6 期。

障劳资双方借由政府依法所提供的争议处理机制解决纷争的合法行为，同时使劳资争议在此期间得以暂为冷却，避免争议事件扩大。通常在这一法定期间内，禁止任何一方采取行动，尤其是劳动者不得罢工和雇主不得进行闭厂。在“冷却期”制度上，应当明确介入争议的实体和程序要件、限定的行业领域、冷却期限及相关规范和罚则。就美国联邦劳动法而言，“冷却期”是用来延缓罢工或锁厂行动、便于调解机构有时间和机会去解决争议的一段期间；这一期间也促进劳资双方当事人得以重新考虑各自主张①。在日本，针对规模庞大、涉及公共利益、可能危害国家经济、危及大众日常生活的集体行动，设有紧急劳资争议调整制度，而“冷却期”便是该制度中的一项重要内容，在这段时间内禁止劳资双方作为的同时，政府得以进行紧急调整，快速化解劳资矛盾。

三、完善劳动关系行政执法的方式方法

（一）用法治思维和法治方式推动集体行动的治理

把握法治思维和法治方式，针对劳动关系矛盾的治理，需要特别注意法治和政治、法治和伦理之间的界分。

第一，劳动关系的治理应当在法治与政治之间进行界分。法治与政治之间存在密切的关系，劳动关系问题也是政治学研究的前沿问题，但是如果在劳动关系的调整中无法区分政治和法治的界限，用政治的方式去解决法律的问题，法治的领地便受到越来越多的侵袭，势必影响劳动关系的市场化发展。

劳动关系的治理应当将政治法治化而非法治政治化。劳动关系与政治问题是紧密相关的。劳动关系矛盾的动因主要是经济利益，在本质上属于劳资

---

① See Roberts, H. S. , *Roberts' Dictionary of Industrial Relations*, Washington, D. C. : Bureau of National Affairs, 1986, p. 130.

矛盾。这种矛盾如果不能得到很好的解决，导致冲突升级形成某种政治力量，就会演化为严重的政治问题，动摇劳动者对政府、国家和社会的信任①。而这种政治任务集中体现在解决“根本利益一致基础上的具体利益差别的矛盾”，即劳资矛盾中具体的经济利益诉求：保障劳动者的合法权益，包括工资的按时发放、社会保险和住房公积金的依法缴纳、企业在“关”“停”“并”“转”“迁”中的经济补偿，以及提高工资、缩短工时或者提高劳动条件、福利待遇等的诉求。解决这些经济问题，抓好这一政治任务，其最终的途径应当是将劳资矛盾的解决方式纳入法治化的轨道中来。

劳动关系矛盾中出现了一些微观层面的政治元素，例如部分劳动者在集体行动中提出了改组和重建企业工会的要求，亦有劳动者在集体行动的支撑下开启了劳资自治的集体协商模式。这些政治元素出现的原因，说明了现实中企业层面的劳动关系协调制度出现了问题，特别是劳动关系自治与管制如何平衡、劳动者和企业利益如何平衡等。解决这些问题的关键仍然在于法治，即通过法律制度来保障劳资利益的平衡，发展劳资自治的空间，促进劳动关系的发展。如果将这些问题政治化，那么在市场经济条件下的劳动关系会受到过度的干预，既不能健全劳动关系的协调制度，又无益于法治的建设。

政治的作用体现在以政治来推动劳动关系的法治建设。尽管现实的治理行为中过度的政治化干预没有起到积极的作用，但是“去政治化”的极端观点同样是脱离现实的。任何国家的劳动关系，都与该国的国家权力和政治制度的性质和形态紧密相关。② 2014 年党的十八届四中全会通过的《中共中央关于全面推进依法治国若干重大问题的决定》提出，“依法治国，就是广大人民群众在党的领导下，依照宪法和法律规定，通过各种途径和形式，

---

① 参见常凯：《劳资冲突处理法制化：构建和谐劳动关系中一项急迫的政治任务》，《中国党政干部论坛》2006 年第 12 期。

② 参见陈峰：《罢工潮与工人集体权利的建构》，《二十一世纪》2011 年 4 月号（总第 124 期）。

管理国家事务，管理经济和文化事业，管理社会事务，保证国家各项工作都依法进行，不断推进社会主义民主政治法治化。”在市场经济国家，劳资关系的调整主要是在国家制定规则并提供相关保障的情况下，劳资双方通过集体谈判来明确权利义务关系并完善自治的发展空间。在经济转型时期，我国劳动关系调整机制仍然在集体劳动关系方面存在问题，劳资双方自治的相关举措一直不够完善。这包括：集体协商机制建设问题，相关立法的操作性不强，缺乏强制力；工会的政治性、先进性和群众性问题，由于工会在经济和行政上对企业的依赖程度较高，其独立性和民主性屡遭质疑；职工代表大会和企业内部治理之间的关系问题，主要问题表现为职代会的定位和职权、职代会与工会的区分、职代会与“新三会”（股东会、董事会、监事会）的协调等问题。这些问题从根本上来讲，是产业民主中存在的问题，尽管法治化是一种必然的解决途径，但是在转型期利益表达的局限和社会理性的规则秩序尚未建立，劳动关系的法治化仍然需要通过政治力量的推动。

第二，劳动关系的治理应当在法治与伦理之间进行界分。除了法律制度规范之外，伦理规范也是行为的主要规制手段，特别是在我国这样历史悠久的东方社会，儒家文化的伦理精神已经根深蒂固。劳动关系的伦理，是一种“道德共识”，也是寻求符合现实需要的合理劳动关系模式，更是积极探索构建和谐劳动关系的有效途径。① 但是，践行法治，应当明确法治与伦理之间在劳动关系治理方面的区别。如果将伦理的内容过多导入法治之中，将本属于伦理范畴的内容纳入法治的实践创新之中，则会造成一种逻辑上的混乱，有损于法治的权威。

2006 年 10 月中共十六届六中全会作出的《中共中央关于构建社会主义和谐社会若干重大问题的决定》提出要发展和谐劳动关系，这是国家级别文件中首次正式提出了“和谐劳动关系”的概念。和谐一般是指“和而不同”的意思，即事物的对立统一性，具有差异性的不同事物的结合、统一、

① 参见夏明月：《劳动关系伦理的提出及其价值旨归》，《哲学研究》2014 年第 5 期。

共存。以“和谐”来评价劳动关系，则是：（1）基于劳资关系从利益一体型转换为利益协调型的一种伦理要求，双方存在利益差别是和谐的内在特征，即劳资关系的本性是矛盾的；（2）劳资关系的矛盾能够得到统一，共存于这对关系之中，这是和谐的外在表现。

和谐劳动关系是一种伦理评价而非法律标准，它更加注重劳动关系伦理的实践。法律调整的劳动关系集中了自由与公平、正义等一系列的法律价值目标，是多元化、多层次的法律价值目标。内部因素更加注重劳动关系调整的意思自由，外部因素更加注重劳动关系的公平和正义。这种自由的实现，必然要通过一系列符合公平和正义价值目标的举措。“和谐”的伦理诉求体现出的价值目标则较为单一。“和谐劳动关系”这一概念的提出与当前劳动关系市场转型中利益冲突的社会背景息息相关，主要是为了避免、缓和劳动关系的冲突，使劳动关系主体之间达成和睦、融洽的状态。这与我国“和为贵”的文化传统和“和谐”的用语习惯存在一定的关系。但是，如果过于强调“和谐”的伦理诉求，为谋求稳定而遏制冲突，对法治无法起到应有的效果，甚至可能会造成一定的负面影响。

强调“和谐”，并非是不存在劳资冲突，而是在正视劳动关系天然矛盾的基础上，能够形成一种和睦、融洽的伦理关系。这种伦理关系首先应当正视劳资冲突的本性，但是冲突能够在一定的机制之下得以迅速消解。因此，即使发生了劳资冲突，也不能认为就是不“和谐”的。就像人的身体是否健康，不在于是否会偶尔发生一两次小感冒，只要这种感冒能够快速治愈并且不至于产生较大的影响，就不存在什么健康问题。

对和谐的伦理诉求不能以损害法律效果为代价。“和谐”价值中的秩序安定因素及其社会政策导向对于我国一直以来的劳动关系乃至其他社会关系都起到了极大的积极作用。但是就“和谐劳动关系”这一概念以及在此概念下的法律价值目标而言，过于强调秩序中的安定状态，容易忽视以秩序价值为基础的其他价值目标，进而产生一系列的副作用，其中尤为突出的则是劳动关系的市场转型障碍——过于强调单一的法律价值目标，进而导致法律效果不佳——法律价值目标的冲突加剧，最终导致劳动关系的冲突加剧。劳动者和用人单位的利益分化必然对市场经济的法律制度提出新的要求。作为法律关系的主体，劳资双方在人格和法律上的地位应当是独立和平等的。法律应当衡量劳资双方的利益，保障双方建立劳动关系的自主意思。“和谐劳动关系”在其运行之中，难免会出现迫于建立劳资双方的和睦秩序，而忽视双方利益的差别和利益冲突，使劳动关系重返“利益一体化”之局面，最终导致劳动关系市场转型之严重受阻。单纯强调利益的一致性而忽视差异和冲突，必然会更加激化矛盾。

将劳动关系的伦理诉求涵摄于政治任务和社会政策之中，最大的障碍是难以发挥法律的作用。法律仅仅成为一种工具，平时置之不理，撕破脸皮之时才拿来用用。这似乎成为当前法治的一种尴尬写照。基于“和谐劳动关系”概念之立法及行政执法，往往易于破坏市场经济的法治基础——契约自治精神。政府部门在劳动关系矛盾中的积极作为，主动解决、调停劳资纠纷，可能会出现立竿见影的效果。这可能是政府基于稳定社会秩序的做法，人们易于寻求便捷而有成效的途径，长此以往将使行政部门的工作不堪重负。当前新的利益格局已经形成，相应的价值导向还停留在政治口号以及社会政策引导上，而不注重法律的适用，可能会影响我国的法治进程。

（二）完善争议类型化区分格局下的法律调整机制

关于劳动争议的类型，在学理上的划分，基于诉求内容的不同，可分为“权利争议”和“利益争议”；基于争议主体的差别，可分为“个别争议”和“集体争议”。我国的司法实践并未明确区分权利争议和利益争议。现行的劳动争议处理机制基本上都是以权利争议处理为中心的，对利益争议的处理关注极少。在我国，集体争议问题讨论非常热烈，但是并没有针对共同的问题展开，目前也并未形成共识，大多数学者和司法实践倾向于将当事人一方人数众多的劳动争议认定为集体争议。这一认识来源于《劳动争议调解仲裁法》第七条的规定：发生劳动争议的劳动者一方在十人以上，并有共同请求的，可以推举代表参加调解、仲裁或者诉讼活动。这个界定从立法本意来看，集体争议在性质上仍然属于权利争议。不过随着社会实践的发展，一些利益性质的集体争议也开始出现。所以上述理解就会带来一些混乱。劳动者一方人数众多的争议可能涉及众多个别劳动关系中权利的实现，也可能涉及集体合同的签订、履行等。二者一个属于个别劳动法领域，一个属于集体合同法领域，处理的规则并不相同。我国《劳动法》集体合同的条款，也就是说考虑到了集体劳动关系，并将因集体合同的履行和适用所引起的权利争议和因集体合同的签订引起的利益争议分别进行处理，前者适用“一裁二审”的纠纷解决机制，而后者则适用独立的争议处理机制。根据《劳动法》第八十四条第一款的规定，因集体合同的签订引起的争议，首先由当事人协商解决，协商不成的，劳动行政部门可以组织双方协调处理。这一规定表明《劳动法》承认了权利争议和利益争议处理机制的不同。权利争议是可裁判的争议，可以通过劳动仲裁和诉讼来解决；而利益争议不可裁判，只能由争议双方协商或者行政调解处理①。

在司法实践中，这些不同类型的争议一般都是按照权利争议来予以解决，而集体行动中存在的利益争议，即因集体合同的签订引起的争议，则由劳动行政部门进行协调处理。在现实的劳动者集体行动案例中，不同的争议类型往往是相互交织在一起的，权利争议和利益争议可能都存在；既表现为有共同请求的多数人参与的个别争议，又存在集体劳动关系概念中的集体争议。

根据劳动者行为的区别，集体行动可以包括集体停工、怠工、设置纠察、集体拒绝加班等各种行为。美国根据判例法认为，即使没有工会出现，几个人的行动一旦被法院认为其目的在于互助或保护，也应当认定为合法；而间接联合抵制、怠工则被认定为是不受保护的“一致性行动”。在日本，

---

① 参见杨强：《从权利到利益：我国劳动争议的新特点及其应对》，《中国劳动关系学院学报》2010 年第 6 期。

部分或全面停工可以认为是适当的，和平设置纠察、静坐或占据工厂都被认为是适当的集体行动。我国台湾地区仅承认工会宣告罢工以及设置纠察线的合法性，并对该行为予以明确法律限制，对于合法的集体争议行动赋予一定的法律责任豁免特权，而其他类型的争议行动并不在法律保护范围之内①。在我国现实集体行动之中，因立法的缺位，劳动者发起的集体行动的合法性尚无明确判断。哪种行为合法？哪种行为非法？若合法，则应有民事或者刑事免责的规范；若非法，则应当承担相应法律责任。这些在学界尚无定论，而现实治理方面一般会根据集体行动的情节和造成的社会危害对组织者或者积极参与者根据《治安管理处罚法》的规定给予相应处罚。

通常情况下，发生集体行动之后，行政机关和工会通常采取的措施一般是各个部门联动处置：立即赶赴现场、迅速控制局面、充分听取意见、组织协商对话、促进达成协议、积极组织复工、防止连锁反应、总结经验教训。一般并未作出类型化的区分，在具体治理方案中，亦未有明显的区别。因此，集体行动治理的基本格局首先应当在于区分上述争议，并分别根据不同的争议特点设计不同的制度，强化制度的针对性。

第一，完善以权利争议处理为中心的争议处理机制，特别是对于群体性的权利争议，应当提高行政执法效能、拓宽调处渠道、强化法律援助。劳动者与企业之间发生权利争议，根据我国法律法规的规定，可以按照“一调一裁二审”机制处理。在已经具有了正规的纠纷解决机制的情况，劳动者仍然采取罢工、上访等形式来主张自己的权利，至少说明两个层面的问题。一方面反映出部分劳动者权利意识的不断膨胀，而规则意识则还有所欠缺，这需要政府和工会的循循善诱和积极引导，使劳动者的维权行为回归理性。另一方面则反映出当前劳动纠纷解决机制存在制度层面的问题，当前的劳动争议处理机制在化解劳资纠纷方面的能力与现实需求还存在一定的差距。

---

① 参见侯玲玲：《比较法视野下的劳动者集体争议行动之法律规制》，《法律科学》2013年第4期。

首先，做好思想工作，积极开展法制宣传教育工作，引导劳动者和企业采取法律途径解决纠纷。为了能够引导职工依法理性维权，维护职工的合法利益，政府和工会在参与处置劳资纠纷过程中，需要对劳资双方的合理性、合法性及相关法规进行释明，让劳动者对法律法规和企业状况有一定程度的了解，让企业对法律法规和劳动者权益保障问题有一个充分的认识。在做好思想工作的基础上，积极拓展双方协商、调解的渠道，对于不能达成协议的，引导双方通过劳动仲裁和劳动诉讼寻求法律救济。

其次，强化劳动监察的效能，提高行政执法工作能力。加强区一级劳动保障监察管理网格职责，尽快将“网格化、网络化”的三级信息收集机制延伸到企业层面，在重点行业增设企业兼职信息员。依托现有开发区、街镇、社区的“网格化、网络化”的信息监控管理平台，将信息收集机制延伸到企业层面，在建筑行业、服装行业、机械行业、餐饮行业等劳资纠纷高发领域的行业增设企业兼职信息员，建立“横向到边，纵向到底，责任明确，跟踪及时”的信息收集体系。对辖区内用人单位遵守劳动保障法律法规情况收集汇总和动态管理，并向一级网格负责单位上报有关情况；协助、配合上级劳动保障监察管理机构开展对辖区内用工情况的各项检查工作。

最后，拓宽调处渠道，加强法律援助。在争议仲裁阶段，推进裁审分轨的改革。对权利争议应尽快采用“或裁或审，自愿选择”的方式，以期职工的诉求能够得到及时解决。在争议诉讼阶段，推进劳动争议高发地区率先建立劳动法庭，专司劳动争议诉讼事务，以使劳动争议得以及时公正解决。从源头上遏制劳动关系冲突事件的爆发。

市场经济条件下，劳动争议及时有效调处的运行机制，需有来自专业机构和民间社会两个方面的积极性。完善法律援助服务站的工作，建立工会及社会有识人士的法律援助体系等，都是推进劳动争议处理制度走向法治化、民主化和社会化的必由之路。

第二，利益争议的处理应当健全集体协商机制。我国现行的劳动争议处理机制是以权利争议处理为中心的，对利益争议的处理关注极少。利益争议是不可裁判的争议，所以只能由争议双方协商或行政调解处理。但是，法律的规定过于原则，可操作性不强。当然，现行法律对利益争议的忽视是由于在立法时现实中此类争议确实较少。考虑到集体劳动关系和利益争议在我国仍然处于发展的过程中，可以根据本地实际进行地方立法，待时机成熟后再提倡制定全国性的法律法规。就目前而言，解决利益争议的劳资纠纷，需要政府和工会发挥好各自的积极作用。

首先，政府部门除了执法者的角色之外，还应当重点发挥作为协调者的积极作用。政府部门在利益争议的处理中扮演重要的协调者角色。从各国的立法和实践来看，大多规定在发生利益争议时，政府部门可以应争议方请求或视争议情况主动介入争议的协调处理。在我国，除了工会的作用外，为平衡劳动关系，保护劳动者利益，更需要政府部门积极主动地介入劳资纠纷，包括利益争议。《劳动法》第八十四条第一款也明确规定政府部门可以协调因集体合同签订引发的利益争议。但从实践看，政府部门忽视了这个角色，仅将自己定位于查处劳动法规违法行为的执法者角色。实践要求政府部门转变观念和角色定位。

其次，工会要强化劳动者权益代表者和维护者的地位和职能，努力提高集体协商能力，积极维护劳动者利益。尽管《劳动法》和《工会法》都明确规定工会是职工利益的代表者和维护者，但在实践中，一些工会习惯于视自己为劳动关系之外的协调者而不是参与者，有些时候甚至站到工人的对立面。工会必须摆正劳动者权益代表者和维护者的位置，这是市场经济制度下工会真正的定位。

最后，工会应努力提高集体协商能力。在权利争议中，工会代表劳动者主张权利往往有法可依，维权就相对容易。但是，在利益争议中，没有违反劳动法规的问题，而是劳资双方利益的分配问题，工会又缺乏有效的制衡手段，所以利益争议的解决会十分困难。因此，工会迫切需要培养懂专业知识、有谈判能力而且敢于说话、善于办事的专家型工会工作人员，摸索出更多有效的谈判手段，唯有如此才能在集体协商中占据有利位置。近年来，许多地方工会摸索出不少方法，如聘请劳动法律专家、派遣工资协商指导员、向用人单位发法律函等。

第二节　自治之路：和谐劳动关系构建法治化的途径

在自治路径上，笔者认为应当重塑劳动关系“三方”机制的“三层”互动架构：健全和发挥复合型的政府职能；培育和完善工会职能和社会协同治理；推进企业民主参与制度的有效实施。通过这一架构的有效运作，劳动关系协调主体的积极作用得以充分调动与合理配置，一方面将劳资冲突消解在萌芽状态，促进劳资矛盾在法治化的渠道内的顺利解决；另一方面，对于法律制度之外的劳动关系冲突做到积极的引导，形成良性的法治化效果。

一、健全党政主导下的集体协商机制

针对劳动争议的治理，政府角色并非仅仅是争议的调停者，因为争议本身所反映出的问题除了劳资关系之间的矛盾外，在经济社会转型时期，很大程度上还说明了制度建设和社会结构性的问题。因此，政府在劳资矛盾治理中所承担的角色要更为复杂和多元。劳动关系中“市场失灵”的存在，决定了政府凭借其优势成为介入劳动关系的主要理由①。然而政府在劳动关系中承担的角色和发挥的职能与各国劳动关系所处的历史背景和文化传统存在密切关联。程延园教授提出了政府的五种职能，即劳动者基本权利的保护或管制者、集体谈判与雇员参与的促进者、劳动争议的调停者或仲裁者、就业

① 参见李杏果：《论市场经济条件下政府介入劳动关系的界限》，《人文杂志》2010年第6期。

保障与人力资源的规划者、公共部门的雇佣者，这五种职能相对应的英文分别为 Protector、Promoter、Peace-maker、Planner 和 Public sector employer，因此又称为政府的“5P”角色[①]。这一观点被诸多学者广为采用。笔者认为，在劳动关系治理的自治路径上，政府职能应当是复合型，主要体现在两个方面：一是为了预防劳动争议，政府职能应当定位于集体协商中的主导作用和协调职能；二是为了更加直观地把握劳资冲突，政府职能还应当定位于劳动争议的预警和处置职能，这两方面是相互结合并且互为保障的。

（一）集体协商的主导作用和协调职能

从 1994 年《劳动法》正式颁布开始，我国就已经确立集体协商制度的法律地位。2000 年 11 月原劳动和社会保障部发布《工资集体协商试行办法》，集体协商在全国开始推行。此后，中华全国总工会多年发文大力推广集体协商。这一系列法律法规和政策文件已经为我国初步建构了集体协商的制度规范。在当前的劳动关系制度框架下发挥集体协商疏导劳资纠纷的功能，更好地与我国的国情结合，政府的正确定位至关重要。强调劳动关系自治路径中的政府职能，关键的问题在于明确政府的角色定位，以及在角色定位之下政府应当如何履行职责。

第一，政府应在集体协商的制度建设中发挥主导的推动作用。这种“主导”并非是由政府包揽一切，而是政府的作用居于关键性的地位，特别是在一项新的制度推行或者制度改革中具有统领全局的推动作用。政府的这种主导性作用最主要在于通过政策和立法来为集体协商提供基本的制度保障和监管，达到平衡劳动关系和社会保护的目的。通过对社会资源的控制和调配，政府应当对集体协商制度的操作性条款制定更为详细的规定，以便劳资双方能够遵照执行。同时，政府的主导作用要求其提供能够辅助劳资双方展

---

① 参见程延园：《政府在劳动关系中的角色思考》，《中国劳动保障报》2002 年 12 月 10 日。

开集体协商的必要的信息资源和参考标准。为了有效弥补当前集体协商的诸多不足，政府通过主导作用的发挥能够减少推行集体协商制度时普遍存在的障碍，如企业不愿谈，担心协商工资损害了企业方的利益；职工不敢谈，担心提出协商要求被企业解雇；职工对相关工资法规政策不熟悉不会谈；工会组织不健全不能谈①。这时政府可以派员专门到企业从事劳动关系协调的指导工作，既掌握劳动关系的现实状态，又对集体协商进行指导，还负责解决企业的劳资纠纷。

第二，政府在劳资双方集体协商的运作过程中应当发挥协调作用。在这种复合型的角色定位中，政府应当如何履行职责，在劳动关系治理中是一个极具现实意义的话题。在政府主导的集体协商制度建设中，自上而下的建构过程与劳动者自发的自下而上的促进过程是相互补充的②。一方面，对自下而上的促进过程，政府应当予以吸纳和适当的引导，发挥其作为劳动关系第三方主体的协调作用，倾听劳动者的诉求，促进劳资双方自治的实现，以此提升化解劳资矛盾的能力；另一方面，对自上而下的建构过程，政府在进行积极的制度干预时，应当为劳资自治留下必要的空间，为促进劳资双方平等的对话发挥协调作用。综上而言，集体协商的运作应当逐步实现政府协调下的劳资自治，这是政府劳动关系政策的最终目标。

第三，从社会发展的角度而言，政府应当通过资源的优化配置完善集体协商的基础性条件。任何事物的正当化都是一个系统的工程，需要考虑到各个相关方面的必要性与可行性，特别是能够为其正当性提供支撑的各种资源。劳动关系中的各种要素与经济发展特别是企业的发展得到同步的发展和促进，取决于资源配置的优化程度。资源的优化配置受到时空条件的限制，这是资源配置的一个前提。任何市场主体都只能在一定的社会和法制条件下

---

① 参见陈英凤：《工资集体协商要破除“四大障碍”》，2010 年 5 月 24 日，见 http：//views. ce. cn/view/economy/201005/24/t20100524_21436776. shtml。

② 参见常凯：《劳动关系的集体化转型与政府劳工政策的完善》，《中国社会科学》2013 年第 6 期。

进行市场行为或者资源配置。社会保障体系和企业民主管理等配套制度作为社会保护和社会促进的重要内容，亦是资源配置所必要的一项法制条件。如果缺少了必要的限制，那么资源配置将难以维系，更无法得到“优化”，甚至产生更为严重的新问题。

（二）劳动争议的预警和处置职能

法律制度之外的维权方式由于其私力救济的特点，在一定范围内仍然会存在破坏社会公共利益的潜在危险。与此同时，劳动关系治理的法治化期望劳资双方的行为重新回归到集体协商的层面或者是采取理性的劳动争议解决途径等一系列有序的秩序。但是这种法治化的预期可能会失效，即劳资双方可能抛弃这种法治化的途径，仍然采取非正式规则在集体行动的过程中进行博弈。因此，政府应当建立预警机制，做好相应的应急管理预案，一方面，保证集体行动产生的风险在可控范围内，避免造成不必要的损失和伤害；另一方面，对集体行动予以积极的引导，促使劳资双方采取理性措施，将劳资双方的行为快速纳入法治化的轨道之中。为了实现这些效果，笔者认为应当从如下几方面明确政府的职能配置。

第一，畅通劳动争议的警情识别机制。为了充分发挥警情识别的作用，信息工作平台的建设是一项重要的基础工作。政府可以制定劳资矛盾监测数据清单，明确警情识别的核心要素，作为风险隐患发现的重要参考，并根据风险隐患的性质和可控性等因素，可以将其设定不同的权重值，进行警情的研判。信息工作平台立足于劳动关系矛盾的早发现、早着手、早化解，建立和完善多层次、全覆盖的信息情报网络，对于健全信息发现渠道、保障预警监测的数据来源具有重要意义。为了有效跟踪舆情动态变化，工作信息交流制度也是尤为必要的。例如，劳动争议仲裁机构将日常审理中发现的争议多发型企业信息和违法劳动法律法规的案件信息交换给劳动保障监察部门，由劳动保障监察部门根据上述信息进行跟踪走访，符合立案条件的予以立案，对有违法嫌疑的企业进行全面检查。

第二，强化劳动关系治理的警情研判机制。针对排查出来的风险隐患，政府部门应当对风险隐患产生的原因进行深层次的分析，以便能够对劳动关系问题提出具体的处理措施和相关建议。劳动争议虽发生在劳动者与企业之间，但由其引发的劳资冲突却很可能影响到一个复杂的社会网络，包括劳动者、企业、工会、政府、法院和社会部门等。准确把握风险隐患的起因成为研判和处置的首要工作内容。对一些影响社会稳定的较为严重的问题，政府可以组织有关部门、单位进行专门研讨，就当前的背景、发生的原因、解决的措施、落实的方案等进行分析。根据企业的行业特点，通过分类管理，有针对性地对劳动争议高发频发领域及突出问题进行重点跟踪，做到有的放矢，提高预警的效能和准确性。政府部门还应当加强与重点行业的行业管理部门的沟通联系，形成对劳动者集体行动高发频发领域的有效跟踪。

第三，健全劳动争议的联动处置机制。劳动争议突然发生或者极其可能发生时，政府应当启动联动处置机制，整合处置劳动争议的资源和力量，统一部署、联合行动、集中处置，促进劳资矛盾的化解，减少劳动争议造成的危害和损失。为了快速控制风险和化解劳资纠纷，达成有效的治理举措，政府应当建立健全应急预案。劳动争议的应急预案是针对可能发生的劳动争议，在其突发之后能够保证政府部门迅速、有序、有效地开展应急与处置行动，降低因劳资纠纷产生的各种损失，在风险分析与评估的基础上制定的有关计划或方案。这些方案应当包括预防、处置、响应、救援、恢复等一系列应急管理过程。一旦发生大规模的集体行动，各相关部门则可以按照现有应急处置预案积极应对处置。联动处置的最终目的在于快速化解劳资矛盾的风险，在平衡劳资关系的同时保障劳动者权益。既引导劳动者在权益遭侵害时通过法律途径维护合法利益，也通过典型案例的宣传对非理性维权进行约束，消解不合理诉求，引导劳动者依法维权、规范维权。在企业已停业停产的情况下，政府相关部门应当及时督促做好劳动者与企业劳动关系终止等相关手续，固定企业欠付工资、经济补偿金等数额，避免出现企业实际已停业，企业法人出逃或无力解决劳资纠纷，劳动者继续“正常上班”而导致劳动关系终止日期不明、欠薪金额与日俱增等更复杂的矛盾。同时，指导劳动者及时启动法律程序，向法院申请查封企业资产，为矛盾后续处理提供保障。

案例 上海某烘焙食品公司欠薪纠纷调处案例

上海某烘焙食品公司于2010年落户上海某经济园区，主要生产经营食品烘焙及销售，此后在上海各地共开设了30余家门店。本部员工135人，门店员工341人。一直以来，该公司生产销售较为正常，其品牌在同行业中享有一定的知名度。

2015年初，该公司资金链断裂，欠债已经高达1亿多元，加之其他诸多负面因素导致企业停产。企业负债中，拖欠的员工工资就达数百万元。2015年4月初，劳动监察、总工会和园区工会联合会等部门陆续接待来自该公司本部和门店部分员工的上门咨询，反映了该企业拖欠工资、门店零售货源减少等问题。2015年5月中旬，该公司本部100多名员工因企业拖欠工资、负责人失联等原因，发生群体性上访事件。随后，劳动监察、镇总工会、镇稳定办、劳动保障部门以及园区公司召开协调会，调查该企业情况、摸清劳资矛盾产生的原因，与该公司管理人员和员工沟通协商，提出化解这起劳资矛盾的措施与方法。经过各方面的协同，该事件得到了妥善的处理。

（一）全面摸排、提前介入，强化预警机制建设

该企业员工发生群访事件的前一个月，园区工会联合会已经密切关注该企业动态，及时收集劳动保障、劳动监察部门在接访和提供咨询服务中掌握的情况，并专门到企业了解生产、员工工资发放的情况，及时启动劳动关系预警机制，同时按规定向同级党组织、行政和上级工会报告事态进展。

（二）各部门联动处置，明确矛盾化解方案

该公司事件发生后，镇总工会联合镇稳定办牵头召开了由劳动监察、劳动仲裁、信访办、人保中心、法律援助服务站、园区公司、派出所等单位参加的矛盾处置协调会议，成立联合调查组，在摸清该企业已无力偿还债务必

须关闭的情况下，果断制定了处置措施。

1. 明确有关企业与供应商之间的债务纠纷，企业的银行贷款以及民间借贷、门店会员卡等请政府有关部门做好登记，当事人应通过法律途径解决。

2. 着重解决劳动者工资和一次性补偿问题，促进启动劳动仲裁程序，代理劳动者申请劳动仲裁，申请法院强制执行，协助做好启动欠薪保障金的发放。

（三）积极实施法律援助，促进依法维权工作

为了保障员工权益、顺利平息欠薪矛盾，法律援助服务站为该公司全体员工提供法律援助，代理员工申请劳动仲裁，申请法院强制执行，协助做好启动欠薪保障金的发放及公司资产拍卖，拍卖所得用于归还垫付的欠薪保障基金。同时，镇人保中心、法律援助服务站做好员工的解释及接待工作，快速办理员工的登记、工资核对造册确认、材料收集、委托手续、仲裁申请文书制作等法律援助、劳动仲裁必要的准备工作。

法律援助服务站在镇人保中心、园区公司的配合下，对所有材料进行整理、分类、员工编号造册，同时要求该公司人事主管迅速对员工及工资进行核对、确认。最终认定完毕拖欠员工的工资和应当支付的经济补偿金。6 月上旬，劳动人事争议仲裁委作出了裁决，员工的诉求全部得到了支持。在下一步的申请法院执行阶段，法律援助服务站在相关单位、部门的配合下，继续开展援助工作。

一起因欠薪引发的涉及人数多、人员分布广、数额大的群体性矛盾在各方的共同努力下，在多个单位、部门的通力协作下终于得到有效平息。

该案例中的这起群体性劳资纠纷有以下特点：事件发生较为突然，涉及的劳动者人数较多，劳动者分散，欠薪欠保数额大，企业债权债务关系复杂，企业负责人基本处于失联状态。各方面能够在较短的时间内摸清情况，有效控制和平息矛盾，归纳起来主要有以下几方面的原因。

第一，建立了有效的发现机制。由镇负责政法工作的党委副书记挂帅，稳定办牵头定期召开企业劳资纠纷处理的专题会议，树立由事后处置化解劳资矛盾变事前预防、以防为主的意识，镇总工会和镇人力资源保障事务中心共同研究制定工作方案，部署阶段性工作计划，坚持以条为主，重点对矛盾已发企业和集中排摸中的问题企业进行抽查、跟踪、督促整改，镇总工会组织各工会联合会对区域内问题企业就员工工资、员工体检、高温津贴、集体合同、带薪年休假等事项进行系统摸底调查，一企一表，各企业工会主席认真负责、实事求是上报。

第二，建立了有效的调处机制。这些年来，针对区域群体性劳资矛盾发生的特点，依据市总、区总对构建和谐劳动关系的总体要求，结合地方实际，逐步形成了党委统一领导，条块相结合，多部门协同参与联合预防、处置的良好格局。从运行结果看，企业群体性劳资纠纷的发生率明显下降。

第三，建立了科学的参与机制。工会在参与群体性劳资纠纷调处过程中一定要注意角色定位，既不要缺位，也不要越位。镇各级工会组织在党委、政府主导的调处区域内群体性劳资矛盾中积极参与、积极配合，无论是建有工会的企业还是尚未建立工会的企业，都引导好员工表达合理诉求，安抚好员工情绪，提供维护劳动者权益的法律援助。

二、完善具有中国特色的工会角色和功能定位

劳资关系是劳动力市场自发调节的产物，它能否有效地平稳运行，有赖于劳动关系主体之间力量的相互平衡与制约。提供从属性劳动的劳动者处于经济上的弱势地位，劳动者个人在劳动关系中难以与雇主相抗衡，加之劳动力市场供过于求的现状更加重了这种状态的失衡。因此，劳动者通过结社的力量实现了对共同利益的维护，工会便是劳动者寻求组织力量的一个重要的劳动者团体，也是代表劳动者利益的群众性组织。它可以代表劳动者与雇主交涉劳动过程中的相关事宜，有助于改变劳动关系内在的不平衡性，通过力

量的联合增强了劳动者一方的经济地位。因此，积极培育工会组织，充分发挥工会在劳资博弈过程中的重要作用，促使工会组织真正成为推动劳资利益平衡的重要力量，这无疑是一种绝佳的选择。针对当前工会维权弱化的问题，要使工会在劳动关系协调机制中发挥应有的作用，必须要培育和强化工会的组织职能，增强工会在劳动关系协调中的作用；必须深化工会改革，增强基层工会的广泛性和代表性；必须加强工会联系引导社会组织的协同治理作用。

（一）培育和强化工会的组织职能

在劳动关系治理的自治路径上，工会并非是可有可无的，而是具有不可替代的作用。对于劳动者而言，它是代表劳动者利益的合法社团，是劳动者的“娘家人”和权益的“守护神”；对于政府而言，它是政府协调劳动关系、处置劳资纠纷的“缓冲剂”和“安全阀”。工会要发挥其应有的作用，扭转维权弱化与组织参与不足的局面，必须要培育和强化工会的组织职能。

第一，发挥工会的参与管理职能，积极参与到企业和社会的管理活动之中，推动雇主伦理实践和社会治理创新。工会的参与管理职能，不仅是法律赋予的权利和义务，也是劳动者多元利益诉求的使命，更是社会治理创新的必然要求。随着生产关系和经济体制改革的进行，劳动者从之前单一的国有和集体所有制下的职工逐步分化为与多种所有制相联系的不同群体。在这种情况下，不同劳动者群体存在着不同的价值取向和利益偏好，在思想观念和利益诉求等方面发生了变化，对工会组织的期望越来越迫切。在企业层面，工会应当推动雇主经营规范化、合法化，强化雇主对劳动者的法定义务和伦理义务。针对雇主无故拒绝集体协商、劳动保护条件不到位、强迫从事有害于身体健康的工作、未积极履行法律义务、变相降低劳动报酬或者待遇等违反照护义务、违背公平正义原则、有失尊重等行为，未尽到雇主应尽的伦理和法定义务的①，工会应当以组织的形式向雇主提出意见，并敦促雇主进行

---

① 参见陈继盛：《劳动关系之伦理课题》，《新世纪智库论坛》2000 年第 12 期。

纠正。

此外，工会还应当积极参与社会治理，创新有效预防和化解劳资矛盾的体制机制，不断改进工作方式方法，与政府职能实现有效衔接和良性互动。党的十八届三中全会提出的创新社会治理体制，强调主体的多元参与，形成党委领导、政府主导、社会各方面参与，实现政府治理和社会自我调节、居民自治良性互动的社会治理格局。工会在这一过程中应当充分发挥其作为劳动关系主体的作用，创新社会治理的工作局面，共同致力于构建和谐劳动关系。工会具有深入基层的优势，掌握劳动者的现实诉求和生活状况，了解企业经济发展，能够承担起政府与劳动者、企业之间沟通的桥梁和中介作用，为党和政府出谋划策、做好群众工作。

第二，发挥工会的教育和维权职能，在维护劳动者权益的过程中，引导理性表达诉求。工会代表劳动者利益，必然要发挥其维权的职能。这不仅是党和政府对工会职能的重要定位，也是劳动者权益保障的组织诉求。工会的维权工作是工会存在和发展的重要命脉，如果缺少了维权的动力，劳动者对工会就会缺少认同，导致其广泛性和代表性不足。工会维权要以实现劳动者的全面发展和体面劳动为目标，不断满足劳动者日益增长的物质文化需要，切实保障劳动者的政治、经济、文化和社会权益；在劳动就业、收入分配、劳动条件等方面，工会应发挥积极的促进作用，依靠劳动者共建和谐劳动关系并共享经济发展的成果。

工会的教育职能和维权职能应当是同步发展和相互促进的。工会作为党领导下的群团组织，对劳动者进行教育既是工会的基本任务，也是保持引导劳动者理性维权的主要途径。正如涂尔干所说：“在职业群体里，我们尤其能够看到一种道德力量，它遏制了个人利己主义的膨胀，培植了劳动者团结互助的极大热情，防止了工业和商业关系中强权法则的肆意横行。”① 在劳

① ［法］埃米尔·涂尔干：《社会分工论》，渠东译，生活·读书·新知三联书店 2000 年版，第 22 页。

动关系中，工会的教育职能，不仅有助于劳动伦理的强化，促进劳动者履行忠实、勤勉和服务等义务，还有助于改善工作之间的责任推脱、信息隐瞒等同事伦理，更有助于在企业形成协同、合作、融洽的劳动氛围。

（二）深化工会改革，增强基层工会的广泛性和代表性

现实中部分劳动争议无序的状态和突发性的特点，说明劳动者在追求其权利或者利益诉求的过程中，往往抛开工会组织而采取自发性的行动，甚至在维权的进程中与基层工会存在一定的博弈和冲突。这些问题要求在劳动关系治理中完善工会的广泛性和代表性，其根本途径在于深化工会改革。深化工会改革的关键在于深化中国特色社会主义工会发展道路，将党的群众路线作为工会的根本工作路线，深入关注劳动者的现实需求和全面发展，增进与劳动者的感情，把服务劳动者、维护劳动者合法权益的旗帜牢牢掌握在手中，根据劳动者的客观需求开展工作，使广大劳动者在共建共享发展中具有更多的获得感，增强对工会的认同感。

第一，创新工会工作机制，大力推进工会建设，增强基层工会的广泛性。当前工会组织还存在与实际需求不相适应的问题，特别是工会组织机构组成人员广泛性和代表性不够，基层基础工作薄弱，组织覆盖不到、覆盖不全等，与党的要求和劳动者的期待还有差距。解决这些问题，根本上还是要通过改革的举措来增强基层工会的广泛性。推进工会改革，坚持问题导向和劳动者需求导向，通过创新工会工作的机制方法，完善维护劳动者权益制度和机制，为劳动者提供创新创业的发展平台，增强劳动者对工会的感召力和凝聚力，将工会工作植根于广大劳动者的服务之中，把工会组织建设得更加充满活力、更加坚强有力，更好地适应基层工作和劳动者的需要。

第二，改进基层工会组织的产生方式，提高维权能力，增强工会的代表性。增强基层工会的代表性有很多途径，基层工会可以通过行使知情权、选举权、参与权、评议权、监督权等权利，加强工会自身建设，但是最基础的途径还是工会组织的产生方式。也就是说，基层工会的代表性首先体现在基

层工会委员会是劳动者自己选出来的组织，而并非来自于雇主的委派和任命。基层工会的民主选举，为企业民主管理奠定了深厚的群众基础，既能提高劳动者的民主规则意识，又能够培养劳动者的参与能力，对劳动关系的稳定起到直接的促进作用。因此，基层工会民主选举成为工会代表性的主要来源。

基层工会是否发挥代表性的作用，还取决于基层工会能否体现与反映劳动者的利益需求，是否愿意并且能够为劳动者服务。基层工会这种作用的发挥又主要表现在基层工会委员会成员的作用发挥上，特别是工会主席的思想政治觉悟和工作能力水平，他们的意识、态度、能力直接影响到基层工会作用的发挥与活力的增强。只有通过民主选举，基层工会组织才能产生出符合劳动者认同的人选。

第三，以劳动争议的治理为契机推动基层工会建设。在实践中，一些工会在劳动关系中未能发挥积极的维权作用，或者企业本身并未建立工会或者职工代表大会，在这种情况下，劳动者与企业之间的沟通就可能面临着组织上的障碍。在发生劳动争议之后，党政机关和上级工会进行化解纠纷的最终途径仍然是通过搭建协商的平台以促进达成劳资双方之间的合意，而无法对劳资之间具体事务作出直接的裁决。根据笔者实际调研的经验来看，劳动关系治理的这一过程正是组建工会和发展会员的重要时机。在此期间推进工会建设的作用往往容易被企业所接受，也能够获得劳动者的认同和积极参与，更能够在治理上取得法治化的效果。

（三）加强工会联系引导社会组织的协同治理作用

在劳动关系“三方”机制的“三层”互动架构中，尽管社会组织并不作为一方主体角色，但是它起到了有益的补充作用。在劳动者通过制度外的途径寻求权利救济的过程中，社会组织通过其专业知识和资源网络能够为劳动者维权提供法律援助、资源动员和行动策略方面的服务；甚至在劳动者与雇主进行集体协商过程中，社会组织能够在技术和资源层面为劳动者提供相应的救济。他们在一定程度上能够满足劳动者对于维权的迫切需求，具有即时、快捷、便利的特点，能有效降低隐性和非隐性的劳资风险，减少维权成本，起到化解或者缓和劳资冲突的作用①。因此，当通过正式制度难以获得快速的法律救济之时，劳动者便倾向于通过正式的或者非正式的社会组织渠道寻求帮助。

当前我国社会组织的发育状况还不够健全，特别是一些非正式的社会组织在劳动者维权方面还缺乏有效的引导。作为现代工业社会服务的一项重要内容，社会组织对劳动者维权的服务与工会具有一脉相承的联系。因此，由工会联系引导社会组织具有重要的积极作用，这种作用是双向的。一方面，联系引导社会组织的维权职能，对于发挥工会枢纽型社会组织具有重要的意义，这源于工会自身创新发展的现实需求；另一方面，工会联系和引导社会组织的协同治理，对于社会组织的健康发展起到政治引领、示范带动和联系服务的作用。工会通过联系引领社会组织，共同致力于劳动争议的治理，能够推动政府治理、社会治理和劳资自我调节的良性互动，促进劳动关系“三方”机制“三层”互动架构的协同运作、互相促进和有益补充。

针对企业盲目追求经营效率而忽视劳动关系的公平正义，社会组织能够通过提供企业社会责任服务来纠正市场的逐利本性；在政府部门因为职能转变中的“寻租行为”而造成劳动保障方面的低效执法现象，社会组织通过承担公共服务的职能来解决劳动关系治理中的“政府失灵”问题；同时，劳动者和基层工会在劳动关系协调机制中话语权缺失、行动能力缺乏等状况，社会组织亦可通过专业服务提高劳动者的权能、改善劳资失衡的局面②。

---

① 参见刘泰洪：《法团主义视角下的劳资冲突治理》，《中国特色社会主义研究》2009 年第 6 期。

② 参见钱宁：《劳动关系治理与工业社会秩序的建构——社会治理创新背景下的企业社会工作》，《社会工作》2014 年第 1 期。

三、推进企业民主参与制度的有效实施

劳动关系治理自治路径的最终落脚点是企业层面制度的实施。劳资双方是劳动关系中最为直接、最为重要的主体，也是劳动关系治理的最直接利益相关者。在“三方”机制的“三层”互动架构中，推进企业民主参与制度的有效实施，在企业层面的集体劳动关系中，通过对管理层控制权的制衡，有效遏制资本权力的无限扩张，畅通劳动者利益表达的渠道，促进实质性集体协商的有效达成；同时，在个别劳动关系层面，有助于劳动者与雇主之间的平等协商和诚意交流，维持劳动合同对于劳动关系的稳定功能。劳动关系治理的法治化，推进企业民主参与制度的实施，可以通过以下两个层面来实现。

（一）集体协商机制与企业民主管理的同步推进

“集体协商机制”是通过建立一种公平代表、有效参与的“制度过程”，搭建劳资双方利益表达、交流、协商、妥协的平台，并在此过程中使劳资政策和决定合法化。其正当化机制的核心是平等而理性的协商。集体协商制度所建立的一系列制度化关系则主要基于合作和共识，而非斗争。它能够促使劳资双方在力量基本对等的情形下，基于“合则两利、斗则两伤”的互惠理性，而趋近于选择和平的方式解决矛盾。集体协商所具有的共识、合作、和平的行为特点，与社会通行的价值观和道德规范相吻合。在劳动关系治理中，集体协商作用的发挥可以体现在如下两方面：

一方面，明确集体协商的程序性价值，以集体协商作为劳动争议的回归路线。劳动者通过群体形式的维权行动通常作为一项从权利或者救济权利而存在。一般认为，当资方不能或者不愿意与劳动者进行集体协商，为解决劳动者的合理诉求，劳动者可以行使自助的手段来保护其实体权利免受更严重

的损害①。劳动者与资方通过集体协商确定彼此权利义务，实行国家指导下的劳资自治，是一种“自力救济”的手段②。即使在西方国家，集体行动权也只能是为了劳资双方集体谈判的达成而存在的，只是“集体谈判”的救济权利，并非是劳动者实体权利的救济权利。因此应当明确，劳动争议应当回归到集体协商的程序之中，同时也是集体行动诉求的最终解决途径。

另一方面，在推进产业民主中强化集体协商的机制建设。集体协商是产业民主的核心过程。在一个特定的工作场所或者产业中，劳资双方代表通过集体协商的程序，共同处理企业内部基本问题，劳动者得以参与到企业的生产经营活动中来。首先，这是一个劳资关系问题，或者是劳资内部事务的问题。建立在产业民主基础上的集体协商制度能够有效地克服内部组织沟通不畅的问题。民主决策、公司治理和民主监督稳固了劳动关系存在的基础，对于劳动者代表参与的过程，也更具有认知合法性的基础，更易于获取公众的心理认知和预期。与此同时，健全的集体协商制度使劳动者摆脱劳资关系以外的问题。通过集体协商，劳动者权利的保障和劳资关系的协调直接进入企业内部的法治化层面，并通过民主参与的形式来得以体现。

（二）在企业管理决策中强化劳动者参与

在企业管理决策中强化劳动者参与，使劳动者能够直接或者间接行使企业经营的职权，对与自身权益密切相关的企业决策具有参与的权利，有利于达成企业组织结构的合理化和劳动者待遇的人性化。因而，无论是在企业伦理、社会民主，还是在经济发展方面，推进劳动者参与都具有重要的意义。企业在伦理方面，肯定劳动者的劳动尊严，使劳动者有自我发展、自我实现的机会；通过劳动者参与企业的决策，将民主的原则贯彻在产业之中，借以

---

① 参见陈步雷：《罢工权的属性、功能及其多维度分析模型》，《云南大学学报（法学版）》2006 年第 5 期。

② 参见常凯：《劳动关系的集体化转型与政府劳工政策的完善》，《中国社会科学》2013 年第 6 期。

改善企业结构和组织氛围，增强组织内部的人际关系，因而有助于劳动关系的和谐稳定；在一个民主的产业环境之中，劳动者参与有助于企业经营效率的提升，促进企业成果的分享，增强了劳动生产的能力①。

劳动者参与并非是单项的举措，而是通过多元的方式介入企业的决策过程中。Plummer and Taylor（2004）根据参与者涉入决策程度，将参与由低至高划分为六个层次：告知、出席、表达、讨论、决策，以及倡议与自我管理，如图 6.1 所示②。在“告知”和“出席”的层次上，劳动者参与是一种被动的立场，只是单项的通道。在“表达”和“讨论”的层次上，企业和劳动者之间得以建立双向的沟通，彼此能够交换意见，对最终的企业决策拥有一定的影响力。而在“决策”和“倡议与自我管理”的层次上，劳动者能够对于自身权益相关的事项进行捍卫，并促进最终目标的达成。

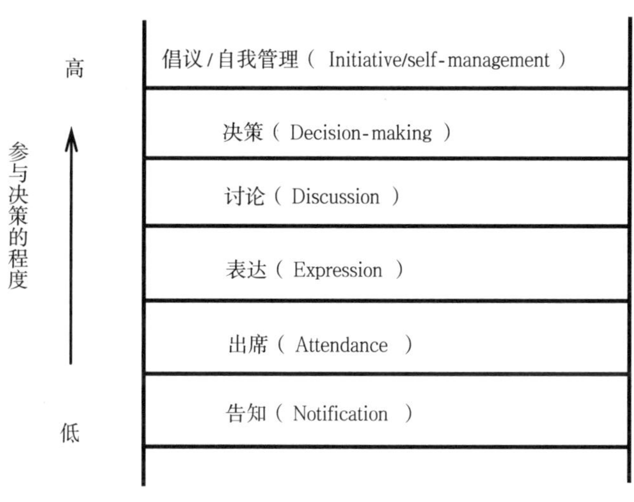

图 6.1　参与决策程度阶梯示意图

劳动者参与的这六个层次在我国企业中的表现和适用情况参差不齐，这

---

① 参见林振裕：《劳工参与与劳资关系》，《台湾劳工季刊》2010 年 6 月刊第 22 期。

② See Plummer，J.，Taylor，J. G.，“The Characteristics of Community Participation in China”，Plummer，J.，Taylor，J. G.（Eds），*Community Participation in China*：*Issues and Processes for Capacity Building*，London：Earthscan，2004.

与企业的客观条件和主观意愿具有很大的关系。在企业管理决策中推进劳动者参与，应当根据企业的客观条件进行区分，不能整齐划一地要求在同一个层次的劳动者参与。企业自身的决策权、企业的技术性高低、企业规模和企业结构等方面的差别，往往会导致劳动者参与的程度高低不同。例如，无论是公有制企业还是非公有制企业，如果管理者在进行决策时仍然受制于上级机关或者母公司，那么劳动者参与可能就会处于较低的层次；而技术性较强且复杂的企业较之于技术性低的企业，就较不易实施劳动者参与制度；至于大企业，由所有劳动者直接参与企业决定的可能性又较中小企业来得不易，只能派选代表间接参与。此外，劳动者参与企业经营决策的范围和能力，也往往与企业管理者对此的态度和观念有很大的关系。因此，推进劳动者参与企业决策的路径，在参与程度上应当是一个由低到高逐步推进的过程。

第三节　认同之道：和谐劳动关系构建法治化的归宿

构建和谐劳动关系要真正地实现法治化，必然需要劳动关系主体的认同。这种认同是主观性的认知和接受的程度，必然需要强调治理过程中最直接利益相关者的主体地位。劳资双方之间对利益的相互承认和共识就是这种认同的物质动力。培育和践行社会主义核心价值观，并使之在全社会广为认同，是认同的思想观念基础。在此基础之上，我们才能探索和谐劳动关系法治化的认同路径，寻找一条让劳资之间的利益冲突逐渐走向劳资合作的方式。

探讨劳动关系治理的认同路径，决不能只是就文化而谈文化，更不能只停留在价值观对劳动关系影响及其作用的浅表层次的讨论上，我们必须能够找到一条实现劳动关系和谐的现实文化路径，让劳资之间的利益冲突逐渐走向劳资合作的方式。

认同型法治化强调文化与认同性要素在法治化中的作用，突出共同信念的日益客观化在法治化中的功能。托尔波特与朱克尔（Tolbert，P. S. & Zucker，L. G.）将制度化的过程分为三个阶段，即习惯化、客观化和积淀，如表6.1所示。笔者认为，根据目前我国社会经济文化环境和劳动关系的实际情况，增强劳动关系治理法治化的认同路径，至少可以通过三个维度加以建设。认同路径的建构应该沿着情感认同（习惯化）→价值认同（客观化）→行为认同（积淀）的路径而递进式展开，这是一个从感性到理性，再到实践的发展过程。它们彼此之间存在相互依赖、相互依存的统一关系，共同统一于劳动关系治理法治化之中，实现和谐劳动关系的和谐发展。

表6.1　制度化阶段的比较维度①

	前制度化阶段	半制度化阶段	全制度化阶段
过程	习惯化	客观化	积淀
接受者的特征	同质	异质	异质
扩散的动力	模仿	模仿/规范	规范
理论化活动	没有	高	低
实施差异	高	中等	低
结构失效率	高	中等	低

一、强化劳动关系主体之间的情感认同

情感是一个笼统的概念，是指与人的社会性需求相联系的一种主观体验，反映着人们的社会关系与生活状况，并渗透到人们社会生活的各个领

① See Tolbert，P. S. & Zucker，L. G.（1996），“The Institutionalization of Institutional Theory”，In S. Clegg，C. Hardy and W. Nord（Eds.），*Handbook of Organization Studies*，London：SAGE，pp. 175-190.

域，具有鲜明的社会历史性①。因此我们说，情感是一种主观态度或者主观反映，其基本特征表现为“体验”，是人们对客观事物所持有的一种态度或者反映。从认同路径来看，首先需要培育情感认同，在经济社会转型时期劳动关系面临复杂变化的情势下，劳动关系中的情感认同主要表现为劳动者的一种情感认同。这种情感认同必然要有一个依托的载体和实现的途径，而劳动关系中情感认同的培育主要反映在企业文化的调整之中。因此，增进劳动者情感认同，关键要在企业文化的调整中实现。就劳动争议的治理而言，劳动者的情感主要包括劳动关系建立的信任感、对制度与规则的敬畏感，以及对社会的责任感，这些情感因素共同构成了认同路径的主观意识基础。

（一）强化劳动关系建立的信任感

信任，是劳动关系建立的重要基础，同时也是劳动争议产生的主要来源之一。劳动关系不仅仅表现为一种契约关系，同时还隐含着信任与合作的关系，这些在劳动争议的法律实践中已经得到了认可②。那么，什么是信任呢？迈尔（Roger C. Mayer）等人认为，信任是指一方不顾监管或者控制他方的能力，仅基于他方会执行一项对于自己来说非常重要的特定行为的期望，而接受自己变得脆弱的意愿③。由此我们得知，信任存在两方面的要素：一是依赖性，自己对对方的行为或者决策具有一种积极向上的心理预期，相信对方能够给予自己利益；二是风险性，信任意味着愿意承担信任结果不确定性所带来的风险，这可能是因为自己不具备监管或者控制对方的能力，也可能是不去使用这一能力。所以，在劳动关系中增进双方的信任感，主要取决于两方面。一方面，要能够保持这种依赖性不被破坏。从劳动者的

---

① 参见叶奕乾、何存道、梁宁建：《普通心理学》，华东师范大学出版社 2010 年版，第 217 页。

② 参见上海市浦东新区人民法院（2014）浦民一（民）初字第 18702 号民事判决书。

③ See Roger C. Mayer, James H. Davis and F. David Schoorman, “An Integrative Model of Organizational Trust”, *The Academy of Management Review*, Vol. 20, No. 3 (Jul., 1995), pp. 709-734.

角度而言，需要基本权益能够得到保障，雇主的承诺能够得以兑现，具有合理的薪酬分配和可靠的工作保障；从雇主的角度来讲，劳动者能够爱岗敬业、忠于职守、勤勉履约，能够与企业同甘共苦。另一方面，又要将信任的风险性降低至合理的程度。当信任的依赖性受到破坏之时，双方能够选择理性协商的方式来进行沟通解决，能够设身处地考虑对方的困难。通过这种方式，双方在心理上能够相互信任和相互满足，最终达成劳资双方的“心理契约”。满足了上述条件，劳动者对劳动关系的信任感和认同感也就会逐步树立起来，即使存在矛盾也能够在信任和理性的基础上沟通解决，而不至于发生劳动争议。

事实上，这种信任感对于我国劳动关系的调整显得尤为重要，甚至发挥着比契约和规章制度更大的效应。我国以“家文化”为基础文化传统使得劳动关系协调中更加崇尚情感的认同而非“契约”的约束，双方的信任往往要比契约本身更具有实际的应用价值。我国传统的文化讲究“投桃报李”“你敬我一尺、我敬你一丈”等价值，往往具有浓厚的信任感夹杂其间。当这种信任感遭到严重破坏之后，劳资矛盾就凸显出来，严重的则会引发劳动争议。而劳动争议的解决也往往是建立在信任感的基础之上，只有建立形成了信任才能够将纠纷顺利化解，只不过信任感越强，冲突的可能性就越低。

由于“情感调节”的特殊作用，我国劳动关系所塑造的一种伦理价值，与西方国家存在着很大的不同。西方的契约是劳资双方之间进行斗争、谈判的结果，是私人关系的替代物；而我国的契约往往是一种“君子协定”，主要是起到备忘录作用，而非一种私人关系的替代物①。所以，我国劳动合同或者集体合同签订率虽然比例较高，但是基本上是格式合同条款，契约起到的作用是非常有限的，真正起到更大作用的往往是建立在双方信任基础上的“心理契约”。

① 参见刘湘国：《影响私营企业劳资关系冲突和协调的文化因素分析》，《北京市计划劳动管理干部学院学报》2006 年第 4 期。

（二）强化劳资双方对制度和规则的敬畏感

敬畏是一个极具宗教色彩的哲学概念，其基本含义是敬重和畏惧。所谓敬畏感，就是为了实现主体的价值追求而自律、自省、自知的一种道德情感，它是一种内在的道德追求①。因此，敬畏感能够引导人们产生一种积极向上的人生境界，这种内在的情感力量得以防止人性的堕落②，激发人们对正确、主流、正统价值观念的认同。尽管信任作为劳动关系的重要基础不可或缺，但是最终仍然需要通过市场经济的规则来进行约束。孟子曰："不以规矩，不能成方圆。"劳资冲突的解决终究要回归到规则的轨道上来，通过规则的建立来形成法治化的治理方式。我们强调对规则的敬畏感，具有两方面的效果：（1）对规则的敬畏，是规则意识形成的重要因素和内在品质。道德主体任何自觉的道德行为都是在道德意识的驱使下完成的，然而道德意识又会因道德情感的变化而发生变化。无论是劳动者还是雇主，如果具备了对规则的敬畏感，便会产生与其相应的规则意识，并形成与之相应的意志和冲突，最终转化为自觉地对规则的遵循。（2）对规则的敬畏，是对规则的一种内化的、人格化的情感品质，能够始终对人们的内心和行动有所规约。劳动关系的制度与规则因其模式的固化和适用的广泛，在劳动关系的调整中处于相对稳定的状态并为劳动关系主体提供了确定性的指引。因此它决定了劳资双方在规则基础上稳定而持久的行为方式，这也易于产生法治化的积极效果，从而增强劳动关系的认同。

劳动者与企业之间如果没有一种规则作为约束，劳动关系系统将会陷入一种混乱而又疲惫不堪的境地。对规则的敬畏，既包含对外在的法律、制度、政策、契约等正式规则的敬畏，也包含对人们内心的道德原则等非正式

---

① 参见王晓丽：《中国语境中的"敬畏感"》，《道德与文明》2009 年第 4 期。

② 参见张伟胜：《敬畏感及其中西比较》，《浙江社会科学》2012 年第 8 期。

规则的敬畏①。劳动关系治理中暴露出的问题，恰恰呼唤着规则的敬畏。劳动关系中的规则是争议得以处理的必经程序，是企业经营秩序形成和运行的保障，是劳动者成就全面发展的指南针，是企业文化得以获得生命力的保护神。无论是企业还是劳动者，如果对劳动关系的规则没有敬畏感，规则就是一纸空文，再过于美化的企业文化也只能是一些漂亮的口号而已。

（三）强化劳资双方对社会的责任感

责任感也是一种自律意识，它是在敬畏感基础上的一种升华，是个体或者群体对其在人类社会发展中应当承担相应责任的一种情感体验②。社会责任感将人们与其利益相关者和社会紧密地绑定在了一起，正如马克思和恩格斯所说，作为确定的人和现实的人，你就有规定、有使命、有任务，至于你是否意识到了这一点，那都是无所谓的③。

劳动关系本身尽管表现为一种契约关系，但是作为最基本、最主要的社会关系之一，劳动关系所具有的关联性的特质都决定着其与社会责任密不可分的关系。我们将劳动关系的社会责任分为两个方面。（1）企业的社会责任感是企业应当具有的一种道德意识，这不仅仅是遵守法律和履行契约的基本要求，还应当将企业的经营活动与利益相关者的利益紧密联系起来。在劳动关系中，最为重要的一项社会责任就是企业对员工的社会责任。国际劳工组织提出的体面劳动的要求已经被我国所认可，应当成为企业社会责任的基本目标和基本准则，致力于促进无论任何性别的劳动者都应当在自由、公正、安全和具备人格尊严的条件下能够获得体面的、生产性的工作机会。（2）企业社会责任感对于社会的发展是最为主要和关键的，但并不能说劳

① 参见龙静云、熊富标：《论道德敬畏及其在个体道德生成中的作用》，《道德与文明》2008 年第 6 期。

② 参见刘飞、刘义：《责任感问题的理论研究》，《安徽工业大学学报（社会科学版）》2006 年第 3 期。

③ 参见《马克思恩格斯全集》第 3 卷，人民出版社 1960 年版，第 328—329 页。

动者仅仅是一种社会责任照扶的对象，同时也应当具有社会责任感，这种社会责任表现在对劳动争议发生的社会风险有一个理性的判断并将其风险降至最低。此外，劳动者的这种社会责任感还包括对公益告发的一个理性认知，例如为了社会公共利益，劳动者能够将企业内部的违法或者不当行为向外部揭露、举报，在国家机关调查取证过程中劳动者能够作为证人的指证①，而没有必要与不法企业“同流合污”。

二、以社会主义核心价值观引领劳动关系治理

人们经过情感体验、理性认知的环节之后，将某种价值升华为自身的内在需求和追求目标，这种主体自觉的状态就是价值认同②。劳动争议在形式上表现为双方利益的冲突，但是深层次的问题则是价值观的冲突，这也是导致认同危机的根本所在。我国经济社会转型加剧了劳动关系层面的深刻变化，与此同时也导致了劳资双方价值观的深层碰撞。当传统的以“家文化”为依托形成起来的劳动关系逐步被契约关系替代，雇主盲目地追求利润和效益，瓦解了劳动者曾经建立起来的对美好生活与工作的向往。这种冲突给劳资双方在价值追求上带来了困惑，加剧着劳动关系的转型和激变，但同时也不断激发着劳资双方对新的价值观和社会主流价值观探求的热情，而政府在治理劳动争议的过程中不断地在劳资双方的协调之间寻找价值观的共识。社会主义核心价值观的提出为这个问题提供了解决的契机。

一种价值观只有被人民群众普遍接受、广泛认可并形成共识，转化为社会群体的共同意识，成为人们自觉的价值追求，才能发挥其应有的作用。社会主义核心价值观是凝聚社会共识的“最大公约数”。习近平总书记指出，

---

① R. Duska, *Contemporary Reflections on Business Ethics*, Springer Netherlands, 2007, pp. 139-147.

② 参见陆树程、崔昆：《论社会主义核心价值体系认同的元问题——基于对马克思主义意识形态观的一种理解》，《马克思主义研究》2011 年第 8 期。

我们提出的社会主义核心价值观，把涉及国家、社会、公民的价值要求融为一体，既体现了社会主义本质要求，继承了中华优秀传统文化，也吸收了世界文明有益成果，体现了时代精神。社会主义核心价值观的提出给我们指明了方向，增进价值认同、达成劳资共识，在现实中就是如何增进社会主义核心价值观的认同问题。社会主义价值观认同过程的核心是要将严谨的、系统的科学理论和社会主义意识形态转化为人民群众生活实践经验中的意识和观念，做到“内化于心”，成为自觉奉行的理念追求①，才能“外化于行”，成为人们自觉遵从的行为准则。

（一）把握劳动关系法治化与核心价值观的契合性

劳动立法与社会主义核心价值观的契合性，既是一个理论问题，也是一个实践问题。马克思主义的灌输理论告诉我们，先进的、科学的思想意识不会在工人运动之中自发产生，需要外部的“灌输”和内在的消化②。劳动立法与社会主义核心价值观相契合并不能视为一种自然而然的自发过程，也不是按照一般化的道德观念去审视立法的过程，而是需要高度的理论自觉和实践自觉去进一步推动，才能更好地发挥政治优势、理论优势和制度优势。

第一，基于劳动关系的现实把握二者契合的本质和要点。劳动关系法治化与社会主义核心价值观的契合，应当立足于我国劳动关系的具体现实，不仅不能脱离我国劳动关系的文化传统，也不能忽视我国劳动关系转型期的历史阶段。在具体现实的基础上把握契合性，深刻理解二者相契合的本质和要点，避免以偏概全、牵强附会。如果认为劳动立法中的全部文本都应当与社会主义核心价值观的表达内容相互呼应，这只是人为地将二者的契合庸俗化了、简单化了和表面化了。基于工人阶级立场的劳动立法在内容的规定性方

---

① 参见赵伟：《人的需要：社会主义核心价值观认同的现实根基——培育践行社会主义核心价值观的路径探索》，《社会主义研究》2014 年第 5 期。

② 参见舒新：《“灌输论”的逻辑进路及对实现中国梦的启示》，《东岳论丛》2016 年第 2 期。

面不可能面面俱到，它必须有所侧重和倾斜，即从实质分配正义的角度对劳动关系私法自治状态下产生的失衡局面进行矫正。因此，劳动者权益的保护是劳动立法的主要侧重点。

第二，基于系统论视角把握二者契合的社会条件。劳动立法与社会主义核心价值观的契合，应当从整体出发来研究系统整体及其组成部分，并以此为基础确定二者契合的社会条件。对待二者契合的问题，需要将劳动关系与社会主义价值观相关联的要素放在一个系统中来总体理解与把握，劳动关系的主体、环境、意识形态和规则等要素之间相互影响与互动，直接影响劳动关系的运行。因此，社会主义核心价值观融入劳动立法之中，并不意味着只是按照核心价值观个别词语的表述去审视劳动立法的文本。这实际上是一种孤立地、片面地分析问题的方法，人为地割裂了社会主义核心价值观内在的整体关联，导致对劳动关系问题形成抽象化的价值判断，最终使二者关系仅仅停留在静态化的文本和形式化的设计之中。

第三，基于实践的目的把握二者契合的实现机制。一是内涵层次的契合性，社会主义核心价值观从国家、社会、公民三个层面进行了概括，在层次结构上高度契合了我国劳动立法中“产业关系、集体劳动关系和个别劳动关系”的三层模式架构①，使得二者的契合在国家、社会和个体三个层次实现有机结合。二是培育方式的契合性，社会主义核心价值观需要通过积极的宣传和灌输，才能实现内化于心、外化于行；我国劳动立法具有促进企业规范管理和社会经济转型的功能，它并不会自发形成，需要发挥法的主动性及其教育功能。三是伦理价值的契合性，社会主义核心价值观追求人与社会、自然相互之间的有机统一与和谐发展，这与劳动立法中“尊重劳动者个体发展的主体价值”“实现体面劳动”和“构建和谐劳动关系”的劳动关系伦理不谋而合。

---

① 参见常凯：《劳动关系的集体化转型与政府劳工政策的完善》，《中国社会科学》2013年第6期。

（二）理性认识核心价值观与劳动关系法治化的差异性

第一，二者的表现形式不同。劳动立法是国家干预劳动关系的制度化活动，通过特定的形式来体现国家意志，为劳动关系主体的行为提供确定性和可预期性的指引。在一般意义上，它会以某种特定形式的法律文件表现出来，可以是法典，也可以是单行法律，而且在法律的基础上还可以形成地方性的法规和规章。社会主义核心价值观则不然，尽管由中国共产党凝练和提出，具有扩散性与可持续性的规则特征，但是在“入法”之前，它并不直接体现国家意志，只是起到一种非正式规则的作用，作为一种精神存在于全体社会成员的观念之中并通过一定的行为表现出来。因此，它并不需要国家机关的制定和认可，也无须在某些文件中加以文字表述。

第二，二者的作用机制不同。劳动立法通过确定劳动关系中的权利义务直接调整劳动者和用人单位的行为。尽管在立法中注入了对劳动者倾斜保护的思想，但是在作用机制上，它只是要求行为外部具有合法性，并不过问该行为是否出于自觉、惧怕或者盲目服从。因此，思想、情感和认知不是立法活动直接关注的对象。社会主义核心价值观则不同，它建立在以“义务”为纽带的社会连带关系之中，个体不仅仅是独立的主体，还具有以“社会共同体”形态存在的集体属性的一面。它要求人们的外部行为和内在动机都符合道德准则，只有行为和思想相一致才能获得基本的正当性。甚至相对于行为举止而言，动机和世界观的问题要更为重要①。

第三，二者的保障实施力量与制裁方式不同。劳动立法由国家强制力保障实施，对于劳动者和用人单位违反义务的不利后果均有明确的规定。尽管劳动关系的运行依赖于双方的契约自由，但是其中一方的违法行为引起惩罚性责任时，另一方可以通过国家强制力的保障来实现自己的权利救济，并按

① 参见张文显：《法理学》，高等教育出版社 2007 年版，第 383—384 页。

明确的标准对责任人给予相应制裁①。社会主义核心价值观主要通过社会舆论倡导以及依靠传统习惯和人们内心的信念来维持，并无专门的国家机关和国家强制力来保障其实施。作为一种精神观念，它对违反义务、离心离德的行为应给予何种处置也并无确定性的规定，但是并不意味着不存在惩罚和谴责，而是这种惩罚和谴责往往基于社会共同体对其集体属性作出否定性评价而潜移默化地影响其社会活动的范围和空间。

（三）提升核心价值观引领劳动关系法治化的自觉性

第一，注重社会主义核心价值观认同的逻辑起点。立足于劳动关系主体的现实需求，注重社会主义核心价值观认同的逻辑起点。以劳动关系主体的现实需求作为价值认同的逻辑起点，就是要根据马克思主义的实践观，从现实的社会生产实践来看待劳动关系的主体和价值认同，注意劳动关系调整中的社会结构、历史传统和文化心理等，保证价值认同方法应用的科学性。这就是说，要在劳动关系这一特定的系统之中关注劳资双方的感性意识和实际需求，从其主体意识出发来实现对社会主义核心价值观的认同，实现劳资双方主体意识和社会意识的“双向规约”②。以劳动关系主体的实际需求作为考察现实劳动关系的核心，是社会主义核心价值观认同的现实基础，而需求必然是和一定的利益联系在一起的。马克思和恩格斯指出：“‘思想’一旦离开了‘利益’，就一定会让自己出丑。”③ 因此，通过对劳动关系的利益调节来实现劳资双方对社会主义核心价值观的认同，需要注意如下两方面的内容：其一，劳动关系是利益的伙伴关系，在微观、中观和宏观层面分别集成了个人利益、集体利益和国家利益。社会主义核心价值观的认同，应当注重利益传导机制在不同层面的作用，使劳动关系的目标能够达成。其二，劳

---

① 参见公丕祥：《法理学》，复旦大学出版社 2002 年版，第 252 页。

② 参见曾琰：《社会主义核心价值观认同的制约因素及其破解》，《思想理论教育》2015 年第 10 期。

③ 《马克思恩格斯文集》第 1 卷，人民出版社 2009 年版，第 286 页。

动关系主体的利益需求构成了社会主义核心价值观认同的现实基础和强大的推动力量，对这些需求的引导和满足并不是没有限制的，生产力的发展水平决定了需求的内容和水平。即使在同等的生产力水平下，劳动关系的主体具有什么样的需求以及需求满足的状况，也会受生产关系的制约。

第二，明确社会主义核心价值观认同的中国语境。围绕当代中国经济社会的转型期和经济全球化的时代背景，明确社会主义核心价值观认同的中国语境。社会主义核心价值观的认同要立足于中国的转型期和全球化背景，这是劳动关系治理所面临的重要变革，同时也是价值观多元化格局下对主流价值观认同的挑战，对此必须明确以下两个方面的内容。一方面，社会主义核心价值观来自百年来的民族复兴传统、六十多年来的社会主义传统、四十多年来的改革开放传统以及作为所有这些传统底蕴的五千年中国文化传统，是对历史的总结与升华；而西方“普世”价值的理论基础是抽象人性论、社会契约论和形式逻辑演绎，最高的目的是对“自由”或私有财产的保护①。两者虽有共通之处，但是仍然存在着本质的区别。因此，对社会主义核心价值观的认同，就应当自觉抵制西方理论指导下的劳动关系治理的理念。价值观的不同决定了我们不能效仿西方的做法来进行劳动争议的治理。西方劳动关系的治理主要是从劳资之间的斗争而逐步发展起来的。从自由市场的角度来看，工会变质为“卡特尔”，垄断了劳动者联合的力量，通过罢工与资方进行抗衡和谈判。然而，频繁罢工使得民众不厌其烦，生活受到严重的影响，罢工的动力和最终结局往往都是伴随着经济的衰退。这种情形显然不是我国处理劳动争议时所期望看到的，这不仅仅是对社会利益的一种伤害，更有着侵蚀国家安全的严重风险。另一方面，要在价值认同的中国语境中实现劳动关系文化心理的现代转型。毋庸置疑，我国当前劳动关系正处于经济社会转型期和经济全球化双重的时代背景之中，面临着新旧价值体系、利益分

① 参见李健：《社会主义核心价值观与西方“普世”价值的四大区别》，《思想理论教育导刊》2015 年第 3 期。

配格局、转型社会结构等多方面的急剧变迁。尽管社会主义市场经济体制下的劳动关系已经形成，但是在文化心理、价值观念上还存在着诸多的碰撞和摩擦。因此，实现劳动关系文化心理认同的现代转型，需要借助当代中国时代背景下劳动关系市场化运行的体制机制，使价值认同与市场机制协同并进，相互促进、相得益彰。

第三，把握社会主义核心价值观认同的意识形态。厘清认同本质，把握社会主义核心价值观认同的意识形态。习近平总书记强调，意识形态工作是一项极端重要的工作，事关党的前途命运，事关国家长治久安，事关民族凝聚力和向心力。社会主义核心价值观的认同在本质上是对马克思主义意识形态的认同，应当在加强理论研究的同时强化宣传教育和积极引导。马克思主义的灌输理论告诉我们，先进的、科学的思想意识不会在工人运动之中自发产生，需要外部的“灌输”和内在的消化。因此，社会主义核心价值观的认同是基于中国文化的四重传统，增进人民群众对马克思主义意识形态的认同，能够用马克思主义的意识形态来实现主流价值观的追求、凝聚劳资治理的共识、提升劳资双方的道德水平。同时，我们还应当自觉抵制西方意识形态在劳动关系领域的渗透，特别是在劳动争议过程中，一些所谓的社会组织借助境外势力在劳动者维权过程中培植其代理人渗透西方意识形态，加剧了劳动关系治理的难度。

三、完善企业管理方式，促进劳资认同

法律的生命在于执行，社会主义核心价值观的意义在于践行，劳动关系的文化也都始于实践、依存于实践并以实践为其重要的表现形态。从情感认同到价值认同，经历了一个从感性到理性的过程，同时也是由习惯化到客观化的过程，但是这仅仅是心理的、观念的认同，最多只能是半法治化的状态。法治化只有通过行为来体现，将情感认同、价值认同沉淀到具体的文化实践之中，才能说是完成了法治化的一个过程。行为认同是指在情感认同、

价值认同等内化认同基础上形成的外化认同，表现为劳资双方对劳动关系治理所确立的主导价值原则和行为规范的自觉践行。在劳动关系治理中，行为认同的形成不仅证实了社会主义核心价值观的生命力、引领了和谐劳动关系的文化实践，也标志着劳动关系治理法治化的实现。

在劳动关系中，劳资双方的情感体验、价值观的冲突往往来源并表现为行为认同的问题。无论是劳动者还是企业，都会根据自身的经验或科学知识以对方的行为来预测和判断其面临的风险。如果据其判断某种行为会带来收益，或者至少不会带来损失，那么他们不但不会反对这种行为，随着预期收益的增加，甚至还可能主动支持这种行为。反之，则可能招致他们的强烈抵制，最终可能超越劳动关系系统的承受限度，加剧劳动关系矛盾，甚至演化为劳动争议①。从认同的角度来看，劳动争议产生的原因和治理难点都在于对他方行为的不认同，相应地，争议解决的归宿也就是促进对他方行为的认同。这种认同或者不认同我们可以通过两个方面进行权衡：一是其中一方实施的行为，这主要取决于自身对行为的认知。因为雇主对企业享有控制权，能够对劳动关系实施影响力并导致劳动争议的，主要来源于雇主行为的实施，例如经营策略的调整、劳动合同的变更等。二是另一方的评价，劳动者处于受支配的从属地位，对企业不享有任何控制权，因此主要处于接受行为的一方。企业的行为能否得到认同，并不取决于企业对自身行为的认知，而是取决于劳动者对行为的评价。所以，认同的分歧在于劳资双方对雇主行为的评价标准不同，企业对行为的认知与劳动者对行为的评价并不总是完全一致的。从这一视角出发，针对劳动争议的治理，我们应当通过两个方面来增进行为认同，即通过一致性的策略促进相互认同、通过包容性的策略消减双方之间的分歧。

（一）通过一致性的策略促进劳资双方的相互认同

劳动者与企业之间尽管存在对抗性的一面，但是双方之间的关系仍然处

① 参见夏支平：《认同视角下的社会风险治理策略》，《中国社会科学报》2017 年 3 月 8 日。

于“利益共同体”的层面，他们之间的利益具有一致性。因而，通过一致性的策略来促进劳资双方的认同具有现实的可能性。所谓一致性的策略，就是在劳资双方之间强化普遍性的行为规范的作用，这种规范既可能是技术性的，也可能是观念性的，作用的目的在于缩小劳资之间在行为判断上产生的分歧和差异，增进劳资双方在观念上的和技术上的共识，促进双方的相互认同。

对于正处于社会快速转型和全球化背景下的劳动关系治理而言，一致性的策略主要包括如下几方面的内容。首先，积极开展教育活动，在教育与劳动相互结合的过程中，实现行为认同的共识。马克思在《资本论》中曾经提出，从工厂制度中萌发出了未来教育的幼芽，未来教育就是将生产劳动同智育和体育相互结合起来，这不仅是提高社会生产的一种方法，而且是造就人的全面发展的唯一方法①。因此，教育同生产劳动的相互结合不仅使劳动关系中对行为认同的一致性得到增强，也是实现劳动者的全面发展和体面劳动的有效方法。其次，践行社会主义核心价值观，积极推进企业文化建设。社会主义核心价值观是全社会的一种共识，无论是劳动者还是企业主都无一例外地包括在内。一个富有责任感的企业，其文化责任集中体现在企业价值观的建构上。一个优秀企业必须以社会主义核心价值观为引领，才能不断增强企业文化的影响力和凝聚力。具体而言，只有符合“富强、民主、文明、和谐”的共同理想，才能更好地统一劳动者和企业的思想和意志；只有坚持“自由、平等、公正、法治”的时代精神，才能促进企业的持续发展并保障劳动者的合法权益；只有奉行“爱国、敬业、诚信、友善”的崇高理念，才能树立企业和劳动者良好的行为规范。最后，建立现代企业分配制度，规范企业内部治理结构。现代企业的分配制度是根据市场经济原则建立起来的，能够实现生产要素按贡献分配，即按劳动、资本、土地、技术、管

① 参见《马克思恩格斯文集》第5卷，人民出版社2009年版，第556—557页。

理等各种生产要素在社会财富（价值）的创造中所作出的贡献大小进行分配[①]。企业行为要获得劳动者的认同，实现劳资双方利益的共享，就应当从内部治理结构来改善劳动者被支配的从属地位。例如，通过员工持股的形式改善治理结构，建立一种利益分享的机制，从而使劳动者增进对企业行为的认同。

（二）通过包容性的策略消除、缓解双方之间的分歧和冲突

尽管强调一致性，但是劳动关系因其利益的不同取向使劳资双方之间的分歧和冲突在所难免，这就要求在增进认同的过程中需要通过包容性的策略消除、缓解劳资双方之间的分歧和冲突。所谓包容性的策略，主要在于通过管理方式的改进和文化的调整，在企业劳动关系层面形成开放、共享、和谐的文化氛围，提升劳资双方行为评价上的弹性和包容度，形成求同存异的局面，从而消减非认同行为，缓解劳资关系的紧张，促进劳动关系治理的和谐。

包容性的策略主要包括如下两方面的机制。一是强化民主协商机制，建设劳资协商文化，并使之成为企业文化中的有机组成部分。集体协商作为解决劳资冲突的有效方式和最终归宿，尽管需要制度建设的保障，但是更加需要在企业内形成一种文化氛围，获得劳资双方的普遍认同。劳资双方的协商不能仅仅作为事后解决冲突的一种无奈的选择，通过企业文化的建设，形成一种利益分享的有效机制，对于防止劳资冲突、消解双方分歧将更具有实际意义。集体协商的过程，从外在形式来看，是劳资之间就劳动条件、工资待遇等方面进行意见的交流和磋商，但是从其内在实质上而言，则是劳资双方就行为的评价标准进行意见的交流、交换和调整的过程。劳资双方是利益的“共同体”，任何一方利益的实现都有赖于对方的配合；相应地，任何一方

---

① 参见蔡继明：《按生产要素贡献分配理论：争论和发展》，《山东大学学报（哲学社会科学版）》2009 年第 6 期。

为了实现自身利益，都需要作出必要的妥协和让步。在集体协商这一平台上，在自身利益最大化的目标与对方的压力之下，劳资任何一方都需要在增强包容度的基础上不断地调整己方的行为评价标准来达成双方的共识。二是强化社会治理机制创新，建设和谐劳动关系的文化氛围。包容性并非出于忍让或者慈善的动机，更不是一种软弱无力的姿态，而是强调劳动关系主体之间的相互负责、劳资秩序的协调有序、劳动过程的机会公平、劳动成果的利益分享，这是一种更加全面、更趋公平、更具人文关怀的发展理论①。因此，强化劳资双方行为的认同，应当将其放置在社会治理的视阈之下，通过社会治理机制的创新强化行为的认同。一方面，在政府主导下，通过劳动法专业律师、劳动关系领域的社会组织以及专家学者等社会资源的整合与有序参与，能够为劳资双方的平等协商创造一个机制更为健全、对话更为畅通、制度更有保障的平台，使劳资双方能够更加客观、理性地看待自己的行为。另一方面，科技的发展、社会的协同和资源的共享越来越处于广阔的发展空间，这将为劳动者在不同地域、职业、阶层之间的畅通流动创造一个有活力的生活与工作空间。当然，这更加有赖于雇主包容性态度的支持与合作，能够为劳动者提供一个多样化的生活空间，而并非将其绑定在工厂和宿舍的劳动体制之中。劳动者的多样化生活实践不仅仅是劳动者的一种体面，而且更加有助于消解与企业行为的分歧和冲突，因为相对于封闭的生活空间而言，多样化的生活实践会带给劳动者更加广阔的视野和轻松的心态，也能够促使他们不断地更新对行为的认识，对行为评价的包容性也得以逐渐增强，从而消除和缓解非认同的行为，降低劳动关系的风险，有助于劳动关系的和谐与发展。

① 参见高传胜：《论包容性发展的理论内核》，《南京大学学报（哲学·人文科学·社会科学）》2012 年第 1 期。

参考文献

一、图书

常凯:《劳动关系·劳动者·劳权——当代中国的劳动问题》，中国劳动出版社1995年版。

陈瑞华:《看得见的正义》，中国法制出版社2000年版。

程延园:《劳动关系》，中国人民大学出版社2011年版。

邓中夏:《中国职工运动简史（1919—1926)》，人民出版社1949年版。

董保华:《社会法原论》，中国政法大学出版社2001年版。

董保华:《劳动合同立法的争鸣与思考》，上海人民出版社2011年版。

冯同庆:《劳动关系理论研究》，中国工人出版社2012年版。

顾昂然:《立法札记：关于我国部分法律制定情况的介绍：1982—2004年》，法律出版社2006年版。

郭捷、冯彦君、郑尚元、谢德成:《劳动法学》，高等教育出版社2014年版。

黄茂荣:《法学方法与现代民法》，中国政法大学出版社2001年版。

李宜琛:《民法总则》，胡骏勘校，中国方正出版社2004年版。

刘俊:《劳动与社会保障法学》，高等教育出版社2017年版。

刘金祥、吴慧芳:《走向和谐：上海金桥开发区构建和谐劳动关系实践与探索》，中国劳动社会保障出版社2013年版。

刘明逵、唐玉良:《中国近代工人阶级和工人运动》，中共中央党校出版社2002年版。

刘星:《法理学导论》，法律出版社2005年版。

龙卫球:《民法总论》，中国法制出版社2001年版。

罗长海、陈小明、肖春燕、郭灿希:《企业文化建设个案评析》，清华大学出版社2006年版。

马俊峰:《马克思主义价值理论研究》，北京师范大学出版社2012年版。

史尚宽：《劳动法原论》，世界书局 1934 年版。

舒国滢、王夏昊、梁迎修：《法学方法论问题研究》，中国政法大学出版社 2007 年版。

王全兴：《劳动法》（第四版），法律出版社 2017 年版。

王泽鉴：《民法总则（增订版）》，中国政法大学出版社 2001 年版。

谢晖：《法律哲学》，湖南人民出版社 2009 年版。

徐永康：《法理学》，上海人民出版社 2003 年版。

叶奕乾、何存道、梁宁建：《普通心理学》，华东师范大学出版社 2010 年版。

张千帆：《国家主权与地方自治——中央与地方关系的法治化》，中国民主法制出版社 2012 年版。

张文显：《法理学》，法律出版社 2007 年版。

张希坡：《革命根据地的工运纲领和劳动立法史》，中国劳动出版社 1993 年版。

郑杭生：《社会学概论新修》，中国人民大学出版社 1994 年版。

郑尚元：《劳动合同法的制度与理念》，中国政法大学出版社 2008 年版。

［德］W. 杜茨：《劳动法》，张国艾译，法律出版社 2005 年版。

［德］迪特尔・梅迪库斯：《德国民法总论》，邵建东译，法律出版社 2000 年版。

［德］哈贝马斯：《交往与社会进化》，张博树译，重庆出版社 1989 年版。

［德］卡尔・拉伦茨：《法学方法论》，陈爱娥译，商务印书馆 2003 年版。

［德］鲁道夫・冯・耶林：《为权利而斗争》，胡宝海译，中国法制出版社 2004 年版。

［德］马克斯・韦伯：《经济与社会》，阎克文译，上海人民出版社 2003 年版。

［法］埃米尔・涂尔干：《社会分工论》，渠东译，生活・读书・新知三联书店 2000 年版。

［法］古斯塔夫・勒庞：《乌合之众——大众心理研究》，冯克利译，中央编译出版社 2000 年版。

［法］卢梭：《社会契约论》，何兆武译，商务印书馆 2003 年版。

［法］雅克・盖斯旦、［法］吉勒・古博：《法国民法总论》，陈鹏等译，法律出版社 2004 年版。

［古希腊］亚里士多德：《政治学》，吴寿彭译，商务印书馆 1965 年版。

［美］W. 理查德・斯科特：《制度与组织：思想观念与物质利益》，姚伟、王黎芳译，中国人民大学出版社 2010 年版。

［美］W. 理查德・斯科特、［美］杰拉尔德・F. 戴维斯：《组织理论——理性、

自然与开放系统的视角》，高俊山译，中国人民大学出版社 2011 年版。

［美］博登海默：《法理学：法律哲学与法律方法》，邓正来译，中国政法大学出版社 1999 年版。

［美］道格拉斯·C. 诺思：《制度、制度变迁与经济绩效》，杭行译，格致出版社 2014 年版。

［美］哈里·布雷弗曼：《劳动与垄断资本：二十世纪中劳动的退化》，方生、朱基俊、吴忆萱等译，商务印书馆 1978 年版。

［美］罗斯科·庞德：《通过法律的社会控制法律的任务》，沈宗灵、董世忠译，商务印书馆 1984 年版。

［美］迈克尔·罗斯金：《政治科学》，林震译，中国人民大学出版社 2009 年版。

［美］约翰·W. 巴德：《人性化的雇佣关系：效率、公平与发言权之间的平衡》，解格先、马振英译，北京大学出版社 2007 年版。

［美］约翰·罗尔斯：《正义论》，何怀宏、何包钢、廖申白译，中国社会科学出版社 1986 年版。

［日］棚濑孝雄：《纠纷的解决与审判制度》，王亚新译，中国政法大学出版社 2004 年版。

［英］戴维·米勒：《社会正义原则》，江苏人民出版社 2001 年版。

［英］弗兰克·帕金：《马克斯·韦伯》，刘东、谢维和译，四川人民出版社 1987 年版。

［英］霍布斯：《利维坦》，黎思复、黎廷弼译，商务印书馆 1985 年版。

［英］科林·斯科特：《规制、治理与法律：前沿问题研究》，安永康译，清华大学出版社 2018 年版。

［英］理查德·海曼：《劳资关系：一种马克思主义的分析框架》，黑启明译，中国劳动社会保障出版社 2008 年版。

［英］洛克：《政府论（下篇）——论政府的真正起源、范围和目的》，叶启芳、瞿菊农译，商务印书馆 1996 年版。

二、文章

白天亮、刘峰：《大学生就业呈现多样性灵活性　经济发达地区就业比例下降》，2017 年 4 月 28 日，见 http：//edu. cnr. cn/list/20170428/t20170428_523730369. shtml。

班小辉：《“零工经济”下任务化用工的劳动法规制》，《法学评论》2019 年第

3 期。

北京市第一中级人民法院课题组:《新就业形态下平台用工关系法律性质的界定规则》,《人民法院报》2021 年 9 月 23 日。

蔡昉、都阳:《〈劳动合同法〉颁布实施的意义、争议与相关政策取向》,《领导之友》2008 年第 2 期。

蔡继明:《按生产要素贡献分配理论:争论和发展》,《山东大学学报(哲学社会科学版)》2009 年第 6 期。

曹凤月:《文化研究:建构劳动关系和谐的新思维》,《当代世界与社会主义》2013 年第 6 期。

曹燕:《合意在劳动法中的命运》,《政法论坛》2016 年第 3 期。

曾湘泉:《中国就业市场的新变化:机遇、挑战及对策》,《中国经济报告》2020 年第 3 期。

曾琰:《社会主义核心价值观认同的制约因素及其破解》,《思想理论教育》2015 年第 10 期。

常凯:《论社会保险权》,《工会理论与实践:中国工运学院学报》2002 年第 3 期。

常凯:《罢工权立法问题的若干思考》,《学海》2005 年第 4 期。

常凯:《劳资冲突处理法制化:构建和谐劳动关系中一项急迫的政治任务》,《中国党政干部论坛》2006 年第 12 期。

常凯:《劳动法调整对象再认识与劳动法学科重构》,《法学论坛》2012 年第 3 期。

常凯:《劳动关系的集体化转型与政府劳工政策的完善》,《中国社会科学》2013 年第 6 期。

常凯:《中国特色劳动关系的阶段、特点和趋势——基于国际比较劳动关系研究的视野》,《武汉大学学报(哲学社会科学版)》2017 年第 5 期。

陈步雷:《罢工权的属性、功能及其多维度分析模型》,《云南大学学报(法学版)》2006 年第 5 期。

陈步雷、陈朝闻:《劳资自治中的劳动者"自赋权维权模式"——以广州利得鞋业公司集体劳动争议为例》,《中国人力资源开发》2016 年第 8 期。

陈春萍:《论和谐劳动关系的人本价值》,《湖南科技大学学报(社会科学版)》2016 年第 6 期。

陈国富:《用效率诠释正义》,《读书》2001 年第 5 期。

陈继盛：《劳工法体系之基本认识》，《劳工研究》1984 年第 4 期。

陈继盛：《劳动关系之伦理课题》，《新世纪智库论坛》2000 年第 12 期。

陈建伟：《我国当前面临的就业结构性矛盾与应对之策》，《工人日报》2020 年 3 月 2 日。

陈金钊：《司法过程中的法律方法论》，《法制与社会发展》2002 年第 4 期。

陈金钊：《现代化语境的法治化探寻》，《山东大学学报（哲学社会科学版）》2021 年第 4 期。

陈军亚：《法治化、“缝隙社会”与国家建构》，《理论与改革》2022 年第 3 期。

陈晓强：《和谐劳动关系探析》，《长白学刊》2009 年第 3 期。

陈璇：《社会相当性理论的源流、概念和基础》，载陈兴良主编：《刑事法评论（第 27 卷）》，北京大学出版社 2010 年版。

陈英凤：《工资集体协商要破除“四大障碍”》，2010 年 5 月 24 日，见 http：//views. ce. cn/view/economy/201005/24/t20100524_21436776. shtml。

成之约：《“民主化”及其对我国集体劳资关系法制发展的意涵》，2014 年 11 月 27 日，见 http：//old. npf. org. tw/PUBLICATION/SS/094/SS-R-094-013. htm。

程淑娟：《“商人”的类型化思考》，《河北法学》2013 年第 8 期。

程延园：《政府在劳动关系中的角色思考》，《中国劳动保障报》2002 年 12 月 10 日。

程延园：《“劳动三权”：构筑现代劳动法律的基础》，《中国人民大学学报》2005 年第 2 期。

程延园：《世界视阈下的和谐劳动关系调整机制》，《中国人民大学学报》2011 年第 5 期。

乔健：《略论中国特色和谐劳动关系》，《中国劳动关系学院学报》2015 年第 2 期。

崔勋、吴海艳、李耀锋：《从近代西方劳资关系研究视角的变迁看劳资冲突走向》，《中国人力资源开发》2010 年第 5 期。

单耀军：《公共政策认受性研究的内容分析》，《河北大学学报（哲学社会科学版）》2014 年第 1 期。

丁文：《权利限制论之疏解》，《法商研究》2007 年第 2 期。

丁晔：《从国家与社会运动的互动看社会运动的“制度化”》，《国外理论动态》2013 年第 9 期。

董保华：《和谐劳动关系的思辨》，《上海师范大学学报（哲学社会科学版）》

2007 年第 2 期。

董保华：《〈劳动合同法〉的十大失衡问题》，《探索与争鸣》2016 年第 4 期。

樊士德、金童谣：《“七普”数据昭示的我国人口流动新趋势》，2021 年 6 月 21 日，见 https：//www. thepaper. cn/newsDetail_forward_12902468。

范和生、唐惠敏：《论转型期中国社会心理的重构》，《吉首大学学报（社会科学版）》2015 年第 1 期。

房广顺、隗金成：《社会主义核心价值观与中华传统文化的契合性》，《马克思主义研究》2015 年第 10 期。

费孝通：《反思 · 对话 · 文化自觉》，《北京大学学报（哲学社会科学版）》1997 年第 3 期。

冯同庆：《劳资关系理论考察——从对立到协调》，《江苏社会科学》2010 年第 3 期。

冯同庆：《成长和展现中的工人主体性：一个延续 30 年的判断及检验》，《广东社会科学》2011 年第 3 期。

冯喜良：《雇主在构建和谐劳动关系中的作用机制研究》，《中国人力资源开发》2013 年第 19 期。

冯彦君：《中国特色社会主义社会法学理论研究》，《当代法学》2013 年第 3 期。

冯彦君：《“和谐劳动”的观念塑造与机制调适》，《社会科学战线》2015 年第 7 期。

高爱娣：《社会主义和谐劳动关系理论概述》，《工会理论研究》2006 年第 5 期。

高传胜：《论包容性发展的理论内核》，《南京大学学报（哲学 · 人文科学 · 社会科学）》2012 年第 1 期。

龚廷泰：《法治文化的认同：概念、意义、机理与路径》，《法制与社会发展》2014 年第 4 期。

龚向和：《社会权的概念》，《河北法学》2007 年第 9 期。

郭凤志：《价值、价值观念、价值观概念辨析》，《东北师范大学学报（哲学社会科学版）》2003 年第 6 期。

郭军：《〈劳动法〉伟大的历史作用和现实意义》，2014 年 7 月 8 日，见 http：//politics. people. com. cn/n/2014/0708/c1001-25252124. html。

郭军：《构建高质量和谐劳动关系助推高质量发展》，《工人日报》2021 年 5 月 31 日。

郭庆松：《发展国有企业和谐劳动关系的理论反思与实践启示》，《中国人力资源开发》2007 年第 6 期。

国务院发展研究中心“人口结构变化与就业形势研究”课题组:《未来十年我国劳动力供求趋势分析》,《经济日报》2020 年 10 月 15 日。

韩秉志:《就业结构性矛盾如何破解》,《经济日报》2019 年 2 月 3 日。

韩桂君:《从劳资正义角度思考和谐劳动关系之构建》,《云南社会科学》2016 年第 6 期。

韩立新:《从“人伦的悲剧”到精神的诞生——黑格尔耶拿〈精神哲学〉草稿中从个人到社会的演进逻辑》,《哲学动态》2013 年第 11 期。

韩喜平、徐景一:《和谐劳动关系的演进逻辑及发展方向》,《社会科学战线》2011 年第 3 期。

何燕珍、林永基:《劳动关系调整模式的比较及启示》,《当代经济管理》2005 年第 4 期。

洪芳:《我国劳动关系调整模式转型》,《人民论坛》2014 年第 14 期。

侯玲玲:《比较法视野下的劳动者集体争议行动之法律规制》,《法律科学》2013 年第 4 期。

胡光志、靳文辉:《论法律的不完备性及其克服》,《理论与改革》2009 年第 2 期。

胡建淼:《国家治理现代化关键在法治化》,《学习时报》2014 年 7 月 14 日。

胡磊:《和谐劳动关系构建中的政府行为优化研究》,《行政论坛》2014 年第 2 期。

胡晓燕:《社会转型的制度化阐释及其治理反思》,《探索》2009 年第 5 期。

黄丁全:《社会相当性理论研究》,载陈兴良主编:《刑事法评论(第 5 卷)》,中国政法大学出版社 1999 年版。

黄竹胜、陈国华:《论中国宗教事务治理法治化》,《广西师范大学学报(哲学社会科学版)》2017 年第 2 期。

教军章:《政府社会管理制度化建设及其限度——社会稳定发展的视角》,《苏州大学学报(哲学社会科学版)》2014 年第 5 期。

康拾才:《论制度化教育的合理性及局限》,《教育研究与实验》2007 年第 2 期。

孔德永:《当代中国社会转型时期的政治认同问题研究》,博士学位论文,山东大学,2006 年。

孔德永:《和谐社会构建中的制度认同分析》,《求实》2008 年第 5 期。

孔泾源:《中国经济生活中的非正式制度安排》,《经济研究》1992 年第 7 期。

李安：《法律直觉是什么》，《杭州师范大学学报（社会科学版）》2013 年第 5 期。

李桂华：《和谐管理：中国特色的企业人力资源管理模式》，《中国流通经济》2011 年第 12 期。

李贺楼、王郅强：《信访制度的现实处境与改革方向：制度传统和现实需求视角下的分析》，《中国行政管理》2017 年第 1 期。

李健：《社会主义核心价值观与西方“普世”价值的四大区别》，《思想理论教育导刊》2015 年第 3 期。

李磊：《和谐劳动关系构建的伦理视角》，《工会博览》2021 年第 34 期。

李培志：《试论和谐劳动关系的构建》，《中国劳动关系学院学报》2005 年第 6 期。

李强、袁志刚：《中国劳动力市场技能缺口研究》，2016 年 10 月，见 https：//www. tsinghua. edu. cn/_ _local/4/E6/DA/A12EB75B9D564353167D4F107C5_D711D7DB_79EC7D. pdf。

李杏果：《论市场经济条件下政府介入劳动关系的界限》，《人文杂志》2010 年第 6 期。

李雄：《如何构建新时代和谐劳动关系》，《人民法院报》2018 年 2 月 27 日。

李雄：《新时代我国劳动关系治理的重大转型》，《学术界》2020 年第 8 期。

林嘉、范围：《劳动关系法律调整模式论——从〈劳动合同法〉的视角解读》，《中国人民大学学报》2008 年第 6 期。

林嘉：《论我国劳动法的法典化》，《浙江社会科学》2021 年第 12 期。

刘彩凤：《英国劳动关系的调整路径及其对中国的借鉴意义》，《中国劳动关系学院学报》2009 年第 6 期。

刘诚：《劳动法与劳动伦理的调整机制及其相互关系》，《东南大学学报（哲学社会科学版）》2009 年第 4 期。

刘大伟、康健：《迁徙自由的法经济学分析》，《辽宁大学学报（哲学社会科学版）》2008 年第 9 期。

刘飞、刘义：《责任感问题的理论研究》，《安徽工业大学学报（社会科学版）》2006 年第 3 期。

刘家和、陈新：《历史比较研究的一般逻辑》，《北京师范大学学报》2005 年第 5 期。

刘金祥：《多元化路径：我国劳资关系调整模式的反思和重构》，《社会科学研究》2011 年第 1 期。

刘林元：《和谐与矛盾》，《毛泽东邓小平理论研究》2007年第5期。

刘松山：《当代中国处理立法与改革关系的策略》，《法学》2014年第1期。

刘泰洪：《法团主义视角下的劳资冲突治理》，《中国特色社会主义研究》2009年第6期。

刘铁明、罗友花：《中国和谐劳动关系研究综述》，《马克思主义与现实》2007年第6期。

刘湘琛、曾嵘：《集体劳动争议的法律调整问题——以和谐社会的构建为视角》，《求索》2007年第2期。

刘湘国：《影响私营企业劳资关系冲突和协调的文化因素分析》，《北京市计划劳动管理干部学院学报》2006年第4期。

刘志：《新民主主义革命时期劳动立法中一些问题的探讨》，《法律学习与研究》1992年第5期。

刘作翔：《法治文化的几个理论问题》，《法学论坛》2012年第1期。

龙静云、熊富标：《论道德敬畏及其在个体道德生成中的作用》，《道德与文明》2008年第6期。

龙文懋：《“自由与秩序的法律价值冲突”辨析》，《北京大学学报（哲学社会科学版）》2000年第4期。

卢萍：《马克思劳动价值论的时代境界及实践意义》，《财经问题研究》2021年第3期。

鲁元珍：《我国市场主体达1.7亿户》，2023年2月15日，见https://www.gov.cn/xinwen/2023-02/15/content_5741558.htm。

陆树程、崔昆：《论社会主义核心价值体系认同的元问题——基于对马克思主义意识形态观的一种理解》，《马克思主义研究》2011年第8期。

陆学艺：《中国社会阶级阶层结构变迁60年》，《中国人口·环境与资源》2010年第7期。

罗伦：《法治化：代际、困境与选择》，《江苏社会科学》2017年第3期。

吕晨曦：《建国初期的城市失业问题治理及其启示》，《天府新论》2005年第7期。

吕景春、李永杰：《论和谐劳动关系的文化机制与路径选择》，《经济问题》2008年第4期。

孟泉、刘明月：《什么是社会劳动关系？——概念辨析、调整对象与分析框架》，《中国人力资源开发》2017年第6期。

孟涛：《紧急权力法及其理论的演变》，《法学研究》2012 年第 1 期。

孟宪平：《法治视野中的非制度化生存论析》，《天府新论》2015 年第 2 期。

莫纪宏：《法治与小康社会》，《中国法学》2013 年第 1 期。

莫纪宏：《国家治理现代化首先是国家治理法治化》，《学习时报》2014 年 10 月 13 日。

穆随心：《论精准劳动法治——以劳动力市场结构性矛盾的解决为中心》，《思想战线》2018 年第 5 期。

倪好：《新时代西部地区高质量发展的人才支撑策略》，《宏观经济管理》2020 年第 8 期。

彭定光、李桂梅：《论道德知觉中的认同机制》，《学习与探索》1990 年第 6 期。

戚建刚：《论群体性事件的行政法治理模式》，《当代法学》2013 年第 1 期。

钱诚、刘理晖：《人口老龄化对劳动力市场产生了哪些影响》，《中国经济时报》2021 年 7 月 12 日。

钱箭星：《劳动者维权中的政府行为》，《国家行政学院学报》2007 年第 1 期。

钱箭星：《发达国家罢工权的演进、实效与规制》，《学术界》2013 年第 8 期。

钱宁：《劳动关系治理与工业社会秩序的建构——社会治理创新背景下的企业社会工作》，《社会工作》2014 年第 1 期。

秦国荣：《建国前中国共产党劳动立法的演变及其启示》，《江海学刊》2008 年第 4 期。

秦国荣：《论全面建成小康社会中和谐劳动关系的法治保障》，《东南学术》2021 年第 5 期。

全国工商联课题组：《工商联参与劳动争议调解仲裁问题研究》，《中国劳动》2012 年第 9 期。

沈传宝：《马克思主义中国化在“文化大革命”中的曲折命运和经验教训》，《中共党史研究》2008 年第 2 期。

沈琴琴：《全球化下的劳动关系调整路径变化及其启示》，《中国劳动关系学院学报》2011 年第 3 期。

沈宗灵：《从〈中国 21 世纪议程〉看法律的作用》，《中国法学》1994 年第 5 期。

史璞、孟溦：《我国大学绩效管理的制度基础探究——基于新制度主义社会学的视角》，《华东师范大学学报（教育科学版）》2012 年第 3 期。

史探径：《中国劳动争议情况分析和罢工立法问题探讨》，《法学研究》1999 年第 6 期。

舒新:《"灌输论"的逻辑进路及对实现中国梦的启示》,《东岳论丛》2016 年第 2 期。

司春燕:《社会转型期的心理失衡与和谐社会心理构建》,《思想政治工作研究》2010 年第 7 期。

司志通:《我们需要什么样的集体协商文化》,《工会信息》2015 年第 15 期。

隋戊:《论"法治"的至关重要性》,2017 年 8 月 31 日,见 http://sc.cnr.cn/sc/2014pl/20170831/t20170831_523927786.shtml。

孙锐:《对程序正义与实体正义之冲突关系的质疑》,《政法论坛(中国政法大学学报)》2007 年第 1 期。

孙育玮:《法治文化:都市法治化的深层底蕴——关于上海都市法治文化的理论思考》,《上海师范大学学报(哲学社会科学版)》2006 年第 2 期。

孙兆阳:《平衡劳动关系的冲突与合作——关于和谐劳动关系的理论思考》,《中国劳动关系学院学报》2012 年第 2 期。

田思怡:《日本工会不积极要求加薪 冲击安倍经济学》,2016 年 2 月 24 日,见 http://a.udn.com/focus/2016/02/24/18149/index.html。

童玉芬、刘志丽、宫倩楠:《从七普数据看中国劳动力人口的变动》,《人口研究》2021 年第 3 期。

涂永前:《新时代中国特色社会主义和谐劳动关系构建研究:现状、问题与对策》,《社会科学家》2018 年第 1 期。

涂永前:《应对灵活用工的劳动法制度重构》,《中国法学》2018 年第 5 期。

汪建华、郑广怀、孟泉、沈原:《在制度化与激进化之间:中国新生代农民工的组织化趋势》,《二十一世纪》2015 年第 4 期。

汪全胜:《法律均衡的制度经济学解析》,《哈尔滨工业大学学报(社会科学版)》2005 年第 7 期。

汪永清:《法治思维及其养成》,《求是》2014 年第 12 期。

汪毓:《立法条件的论证》,《法学》1992 年第 4 期。

王虎:《不完备法律理论下我国食品安全治理改革——从立法完善主义到合理分配剩余执法权》,《公共管理学报》2009 年第 2 期。

王俊杰:《和谐劳动关系构建中的利益协调》,《求实》2013 年第 1 期。

王理:《正确认识西方经济学的非正式制度演化理论——基于马克思主义经济学的视角》,《海南大学学报(人文社会科学版)》2010 年第 2 期。

王全兴：《关于我国劳动关系稳定问题的基本思考》，《学术评论》2012 年第 4—5 期。

王全兴：《经济新常态形成中和谐劳动关系构建的思考》，《中国人力资源社会保障》2015 年第 8 期。

王全兴、王茜：《我国“网约工”的劳动关系认定及权益保护》，《法学》2018 年第 4 期。

王全兴、石超：《新中国 70 年劳动法的回顾与思考》，《求索》2020 年第 3 期。

王天玉：《基于互联网平台提供劳务的劳动关系认定——以“e 代驾”在京、沪、穗三地法院的判决为切入点》，《法学》2016 年第 6 期。

王天玉：《超越“劳动二分法”：平台用工法律调整的基本立场》，《中国劳动关系学院学报》2020 年第 4 期。

王贤森：《当前和谐劳动关系构建中的新视角——〈工会法〉实施中若干问题的反思》，《中国劳动关系学院学报》2005 年第 5 期。

王显勇：《论平等就业权的司法救济》，《妇女研究论丛》2020 年第 2 期。

王晓丽：《中国语境中的“敬畏感”》，《道德与文明》2009 年第 4 期。

魏治勋：《“善治”视野中的国家治理能力及其现代化》，《法学论坛》2014 年第 2 期。

温松、刘剑：《社会治理视阈下和谐劳动关系的构建——以深圳市的政策实践为例》，《广东行政学院学报》2015 年第 2 期。

沃耘：《民事私力救济的边界及其制度重建》，《中国法学》2013 年第 5 期。

邬砚：《从单一走向多元：〈劳动合同法〉主体模型的解析与重构》，《现代法学》2013 年第 4 期。

吴宏洛：《资本逻辑与劳动伦理》，《当代经济研究》2011 年第 2 期。

吴清军：《整合式还是多元化？——劳动关系研究范式的争辩与研究发展趋向》，《中国人民大学学报》2015 年第 4 期。

吴要武、陈梦玫：《中国劳动参与率变化：继续下降还是已经反弹》，《劳动经济研究》2021 年第 4 期。

夏明月：《劳动关系伦理的提出及其价值旨归》，《哲学研究》2014 年第 5 期。

夏支平：《认同视角下的社会风险治理策略》，《中国社会科学报》2017 年 3 月 8 日。

肖凤城：《行政程序法的三个前提》，《行政法学研究》2005 年第 4 期。

肖小芳：《道德与法律——哈特、德沃金与哈贝马斯对法律正当性的三种论证模式》，博士学位论文，中山大学，2009 年。

肖竹：《群体性劳动争议应对中的政府角色》，《行政法学研究》2014 年第 2 期。

谢德成：《新时代劳动法的功能拓展与制度调适》，《当代法学》2019 年第 4 期。

谢富胜、邓建伟：《市场化进程中的制度相容》，《教学与研究》2001 年第 1 期。

谢海军：《我国群体性事件范畴的历史演变及其属性认知变迁分析》，《马克思主义研究》2014 年第 5 期。

谢天长：《集体劳动关系抑或群体劳动关系：现状、根由与进路》，《东南学术》2012 年第 6 期。

谢晓尧：《对待司法直觉需要一种“问题转向”》，《深圳特区报》2014 年 3 月 25 日。

谢玉华、李红、杨玉芳：《集体行动走向集体谈判的条件——基于珠三角案例的分析》，《中国人力资源开发》2015 年第 23 期。

谢增毅：《我国劳动关系法律调整模式的转变》，《中国社会科学》2017 年第 2 期。

谢增毅：《加强重点领域民生法治建设》，2017 年 8 月 8 日，见 http：//theory. people. com. cn/n1/2017/0808/c40531-29455586. html。

谢增毅：《互联网平台用工劳动关系认定》，《中外法学》2018 年第 6 期。

谢志岿、曹景钧：《低制度化治理与非正式制度——对国家治理体系与能力现代化一个难题的考察》，《国外社会科学》2014 年第 5 期。

徐汉明、张新平：《提高社会治理法治化水平》，2015 年 11 月 23 日，见 http：//theory. people. com. cn/n/2015/1123/c40531-27843327. html。

徐昕：《私力救济的正当性及其限度——一种以社会契约论为核心的解说》，《法学家》2004 年第 2 期。

许建宇、王怀章：《论罢工权应该缓行》，《山西大学学报（哲学社会科学版）》2003 年第 6 期。

许建宇：《劳动权的位阶与权利（力）冲突》，《浙江大学学报（人文社会科学版）》2005 年第 1 期。

许晓军：《中国工会在构建和谐劳动关系中的合作博弈》，《中国劳动关系学院学报》2011 年第 1 期。

闫海：《罢工权的法理分析与规范设计》，载吴志攀主编：《经济法学家（2003 年）》，北京大学出版社 2005 年版。

杨海坤、郝炜：《国家治理及其公法话语》，《政法论坛》2015 年第 1 期。

杨强：《从权利到利益：我国劳动争议的新特点及其应对》，《中国劳动关系学院学报》2010 年第 6 期。

杨述明：《智能互联驱动公益慈善现代化转型——基于武汉公益慈善抗疫实践的研究》，《社会科学动态》2021 年第 8 期。

杨伟国、张成刚、辛茜莉：《数字经济范式与工作关系变革》，《中国劳动关系学院学报》2018 年第 5 期。

杨育民：《略论“制度化”》，《社会科学辑刊》2001 年第 6 期。

杨云霞：《习近平中国特色社会主义和谐劳动关系思想研究》，《中国特色社会主义研究》2018 年第 6 期。

尹蔚民：《致力推进中国特色和谐劳动关系的构建》，《求是》2015 年第 4 期。

游正林：《制造认同的又一种模式——G 公司协调劳资关系的基本经验》，《社会》2009 年第 1 期。

游正林：《对中国劳动关系转型的另一种解读——与常凯教授商榷》，《中国社会科学》2014 年第 3 期。

于桂兰、梁潇杰、孙瑜：《基于扎根理论的企业和谐劳动关系质性研究》，《管理学报》2016 年第 10 期。

余金富：《马克思主义经济学与新制度经济学的主要区别与科学综合》，《经济纵横》2008 年第 9 期。

俞吾金：《我们该在何种意义上使用文化——对“文化自觉”的元批判》，《探索与争鸣》2013 年第 1 期。

郁建兴、秦上人：《制度化：内涵、类型学、生成机制与评价》，《学术月刊》2015 年第 3 期。

詹婧：《企业民主参与动力研究——基于劳资双赢的经济学视角》，博士学位论文，首都经济贸易大学，2008 年。

张嘉昕：《马克思经济学与现代西方经济学劳动关系理论的比较研究》，《经济纵横》2011 年第 9 期。

张美云：《非正式制度理论：马克思经济学与西方经济学的比较》，《理论月刊》2015 年第 6 期。

张其山：《法律体系的建构：从完美无缺到不完备》，《东岳论丛》2010 年第 4 期。

张淑翠、孟凡达、谢雨奇、关兵：《警惕制造业劳动力素质差距大，加剧区域发展不平衡》，2021 年 11 月 11 日，见 https：//www. thepaper. cn/newsDetail_forward_

15294649。

张伟胜：《敬畏感及其中西比较》，《浙江社会科学》2012 年第 8 期。

张翔：《基本权利冲突的规范结构与解决模式》，《法商研究》2006 年第 4 期。

赵桂民、程国栋：《刑法解释的社会相当性考评》，《学术交流》2015 年第 2 期。

赵健杰：《公平与正义：劳动关系调整中的伦理维度》，《中国劳动关系学院学报》2007 年第 1 期。

赵伟：《人的需要：社会主义核心价值观认同的现实根基——培育践行社会主义核心价值观的路径探索》，《社会主义研究》2014 年第 5 期。

赵晓芳：《从程序正义看社会保障碎片化》，《理论月刊》2012 年第 12 期。

郑杭生：《克服城乡二元结构　重建百姓社会信任》，《中国教育报》2006 年 3 月 10 日。

周春梅：《构建和谐劳动关系的困境与对策》，《南京社会科学》2011 年第 6 期。

周濂：《政治正当性的四重根》，《学海》2007 年第 2 期。

周雪光：《从“黄宗羲定律”到帝国的逻辑：中国国家治理逻辑的历史线索》，《开放时代》2014 年第 4 期。

周永坤：《“集体返航”呼唤罢工法》，《法学》2008 年第 5 期。

中国个体私营经济与就业关系研究课题组：《中国个体私营经济与就业关系研究报告》，《中国工商管理研究》2015 年第 11 期。

朱振：《国家治理法治化进程中的包容性秩序观》，《法制与社会发展》2022 年第 3 期。

左亚文：《论和谐思维、矛盾思维与辩证思维的关系》，《哲学研究》2009 年第 5 期。

［美］卡塔琳娜·皮斯托、许成钢：《不完备法律：一种概念性分析框架及其在金融市场监管发展中的应用》，载吴敬琏主编：《比较》（第三辑），中信出版社 2002 年版。

责任编辑:李媛媛
封面设计:胡欣欣

图书在版编目(CIP)数据

和谐劳动关系的法治化建构/高建东 著. —北京:人民出版社,2024.2
ISBN 978-7-01-025872-0

Ⅰ.①和… Ⅱ.①高… Ⅲ.①劳动关系-劳动法-研究-中国 Ⅳ.①D922.504

中国国家版本馆 CIP 数据核字(2023)第 154124 号

和谐劳动关系的法治化建构
HEXIE LAODONG GUANXI DE FAZHIHUA JIANGOU

高建东 著

人民出版社 出版发行
(100706 北京市东城区隆福寺街 99 号)

北京中科印刷有限公司印刷 新华书店经销

2024 年 2 月第 1 版 2024 年 2 月北京第 1 次印刷
开本:710 毫米×1000 毫米 1/16 印张:19.5
字数:286 千字

ISBN 978-7-01-025872-0 定价:98.00 元

邮购地址 100706 北京市东城区隆福寺街 99 号
人民东方图书销售中心 电话 (010)65250042 65289539